HELLBOY
UND DIE

BEHÖRDE ZUR UNTERSUCHUNG UND ABWEHR • PARANORMALER ERSCHEINUNGEN •

1957

Geschaffen von MIKE MIGNOLA

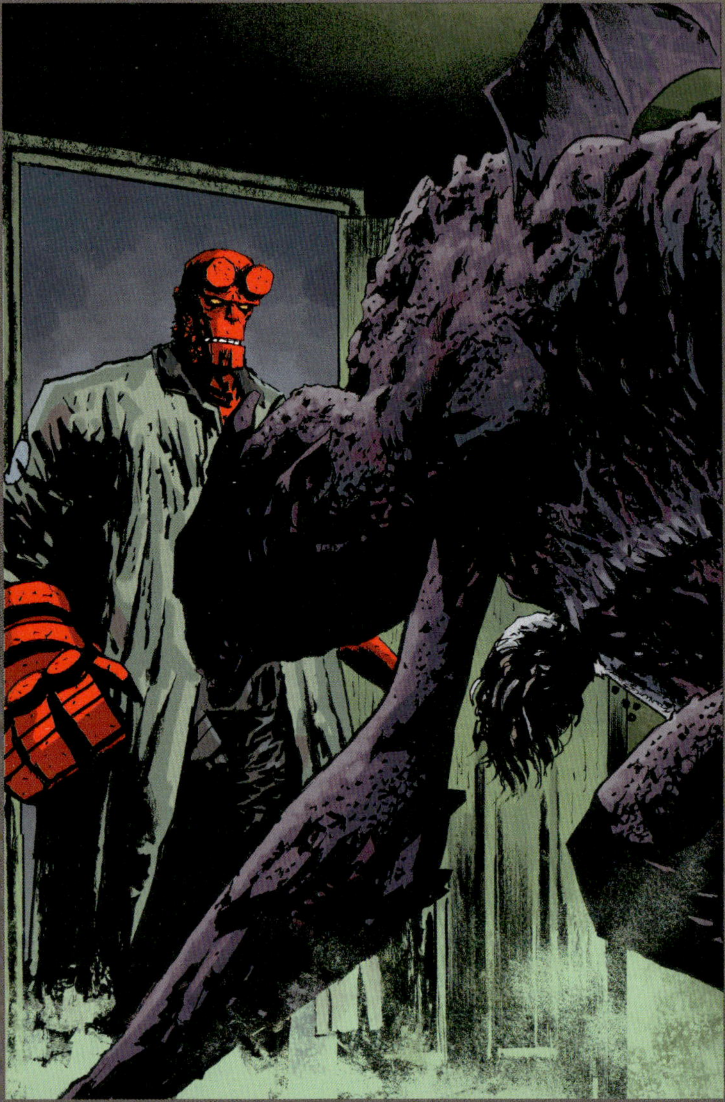

Mike Mignola's

Hellboy

und die B.U.A.P. 1957

TEXTE
Mike Mignola & Chris Roberson

Familienbande

ZEICHNUNGEN VON *Laurence Campbell*
FARBEN VON *Dave Stewart*

Der Himmel stürzt ein

ZEICHNUNGEN VON *Shawn Martinbrough*
FARBEN VON *Lee Loughride*

Von Unten

ZEICHNUNGEN VON *Mike Norton*
FARBEN VON *Lee Loughride*

Vergessene Leben

ZEICHNUNGEN VON *Steven Green*
FARBEN VON *Dave Stewart*

Angstvolle Symmetrie

ZEICHNUNGEN VON *Alison Sampson*
FARBEN VON *Lee Loughride*

Frohes Neues Jahr, Ava Galluci

ZEICHNUNGEN VON *Ben Stenbeck*
FARBEN VON *Dave Stewart*

COVER:
Mike Mignola und Dave Stewart

US-PUBLISHER
Mike Richardson

US-EDITOR
Katii O'Brien

US-ASSISTANT-EDITOR
Jenny Blenk

US-COLLECTION DESIGNER:
Patrick Satterfield

US-DIGITAL ART TECHNICIAN:
Ann Gray

ÜBERSETZUNG, LEKTORAT UND REDAKTION
Frank Neubauer, Bastian König, Clemens Frey

EINSATZLEITER
BEHÖRDE ZUR UNTERSUCHUNG UND ABWEHR PARANORMALER ERSCHEINUNGEN,
ABTEILUNG DEUTSCHLAND
Andreas Mergenthaler

Impressum: Die deutsche Ausgabe von HELLBOY und die B.U.A.P.: 1957 wird herausgegeben von der Cross Cult Entertainment GmbH & Co. Publishing KG; Verlagsleitung: Andreas Mergenthaler und Luciana Bawidamann; Teinacher Straße 72, 71634 Ludwigsburg.

LIZENZMANAGEMENT: Ruijing Qiu
ÜBERSETZUNG: Frank Neubauer
REDAKTION: Clemens Frey
LEKTORAT: Bastian König
GRAFIK: Sarah Mast
LETTERING: Barbara Müller
MARKETING: Cécile Béran
HERSTELLUNG: Hannah Düser
VERTRIEBSLEITUNG: Peter Sowade
DRUCK: Hagemayer, Wien

März 2024 // ISBN: 978-3-96658-919-2

Originalausgabe:

www.cross-cult.de

FAMILIENBANDE

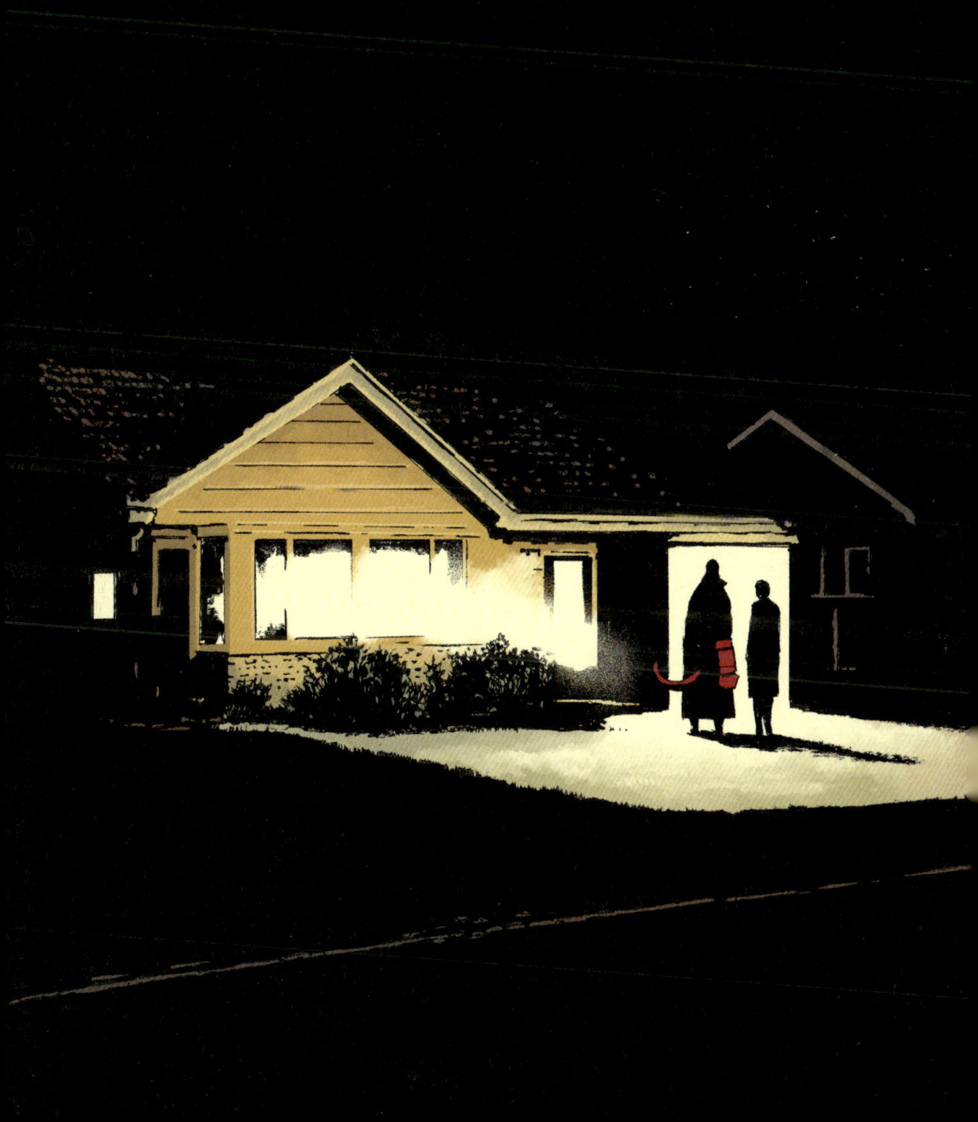

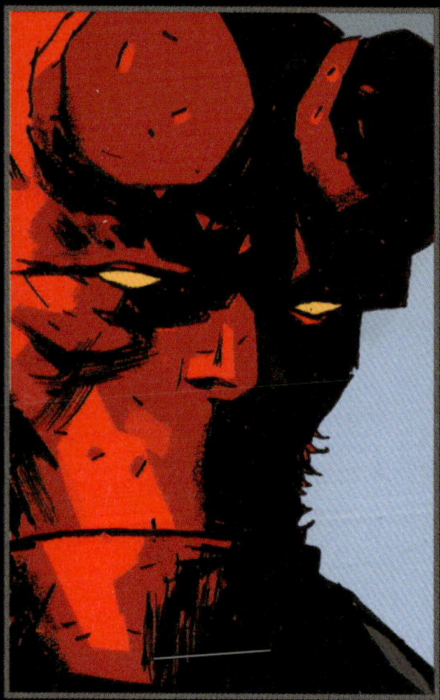

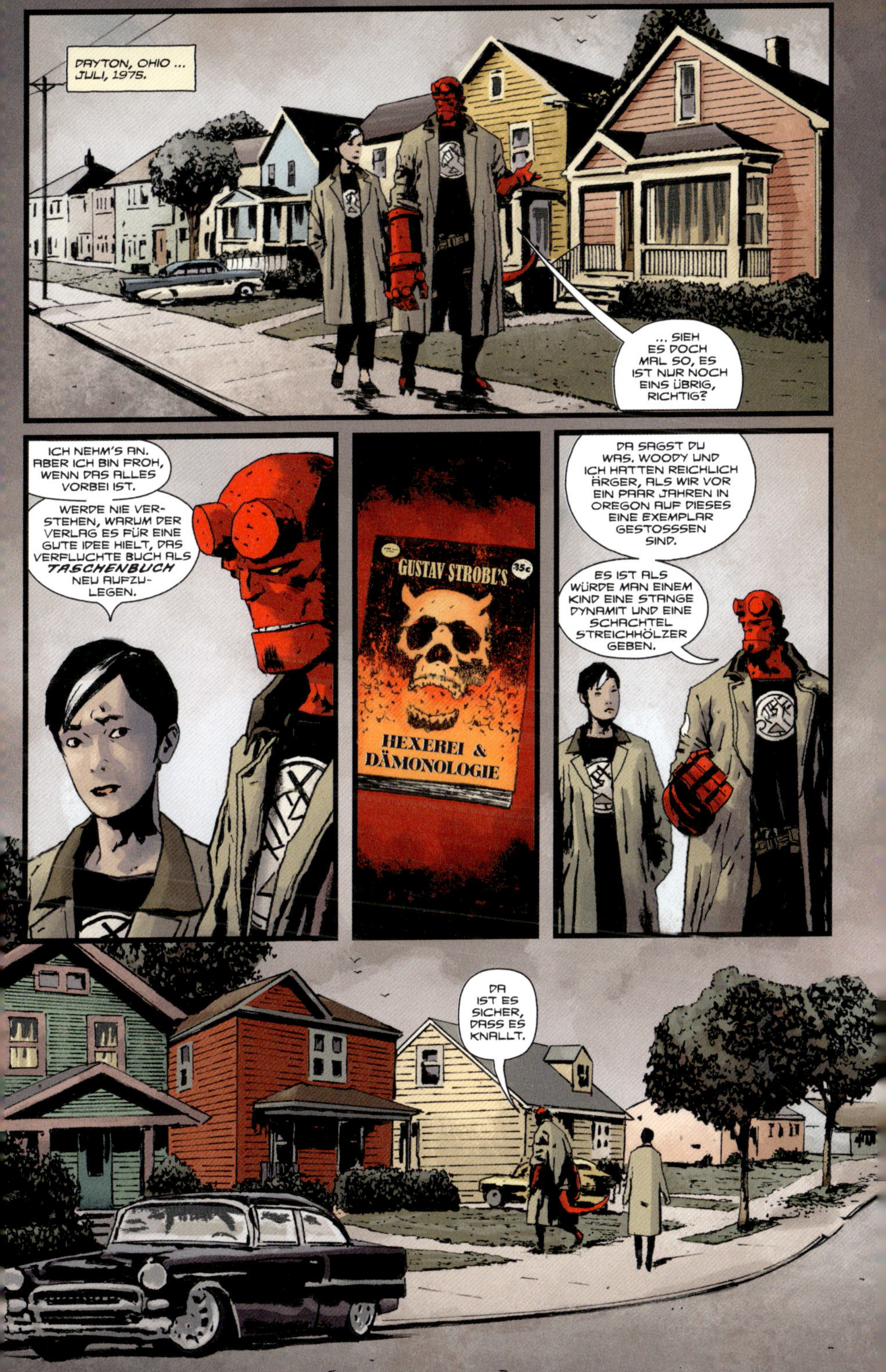
DAYTON, OHIO ...
JULI, 1975.
... SIEH ES DOCH MAL SO, ES IST NUR NOCH EINS ÜBRIG, RICHTIG?
ICH NEHM'S AN. ABER ICH BIN FROH, WENN DAS ALLES VORBEI IST.
WERDE NIE VERSTEHEN, WARUM DER VERLAG ES FÜR EINE GUTE IDEE HIELT, DAS VERFLUCHTE BUCH ALS *TASCHENBUCH* NEU AUFZULEGEN.
GUSTAV STROBL'S
35¢
HEXEREI & DÄMONOLOGIE
DA SAGST DU WAS. WOODY UND ICH HATTEN REICHLICH ÄRGER, ALS WIR VOR EIN PAAR JAHREN IN OREGON AUF DIESES EINE EXEMPLAR GESTOSSSEN SIND.
ES IST ALS WÜRDE MAN EINEM KIND EINE STANGE DYNAMIT UND EINE SCHACHTEL STREICHHÖLZER GEBEN.
DA IST ES SICHER, DASS ES KNALLT.

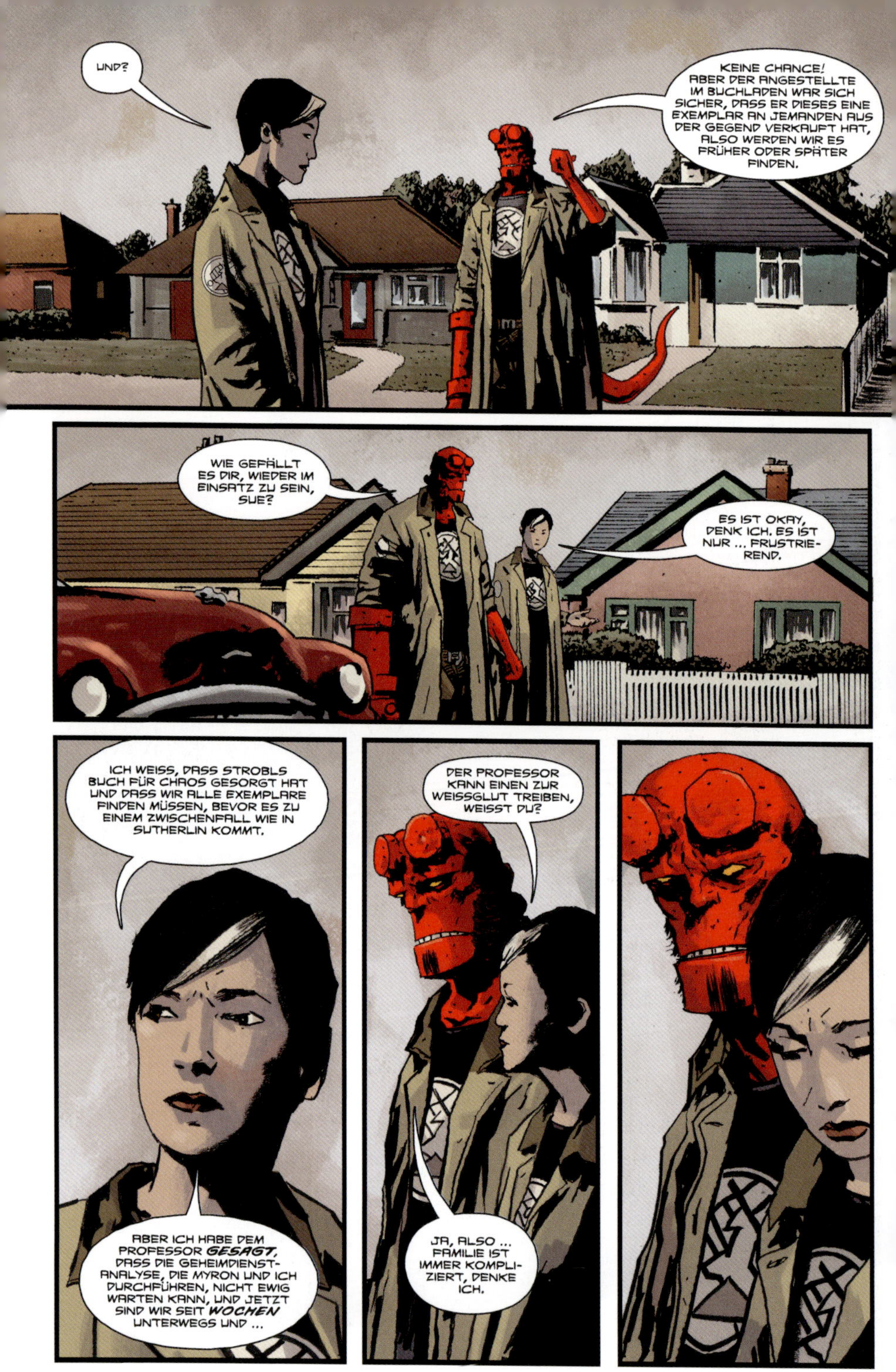
UND?
KEINE CHANCE! ABER DER ANGESTELLTE IM BUCHLADEN WAR SICH SICHER, DASS ER DIESES EINE EXEMPLAR AN JEMANDEN AUS DER GEGEND VERKAUFT HAT, ALSO WERDEN WIR ES FRÜHER ODER SPÄTER FINDEN.
WIE GEFÄLLT ES DIR, WIEDER IM EINSATZ ZU SEIN, SUE?
ES IST OKAY, DENK ICH. ES IST NUR ... FRUSTRIE-REND.
ICH WEISS, DASS STROBLS BUCH FÜR CHAOS GESORGT HAT UND DASS WIR ALLE EXEMPLARE FINDEN MÜSSEN, BEVOR ES ZU EINEM ZWISCHENFALL WIE IN SUTHERLIN KOMMT.
ABER ICH HABE DEM PROFESSOR *GESAGT*, DASS DIE GEHEIMDIENST-ANALYSE, DIE MYRON UND ICH DURCHFÜHREN, NICHT EWIG WARTEN KANN, UND JETZT SIND WIR SEIT *WOCHEN* UNTERWEGS UND ...
DER PROFESSOR KANN EINEN ZUR WEISSGLUT TREIBEN, WEISST DU?
JA, ALSO ... FAMILIE IST IMMER KOMPLI-ZIERT, DENKE ICH.

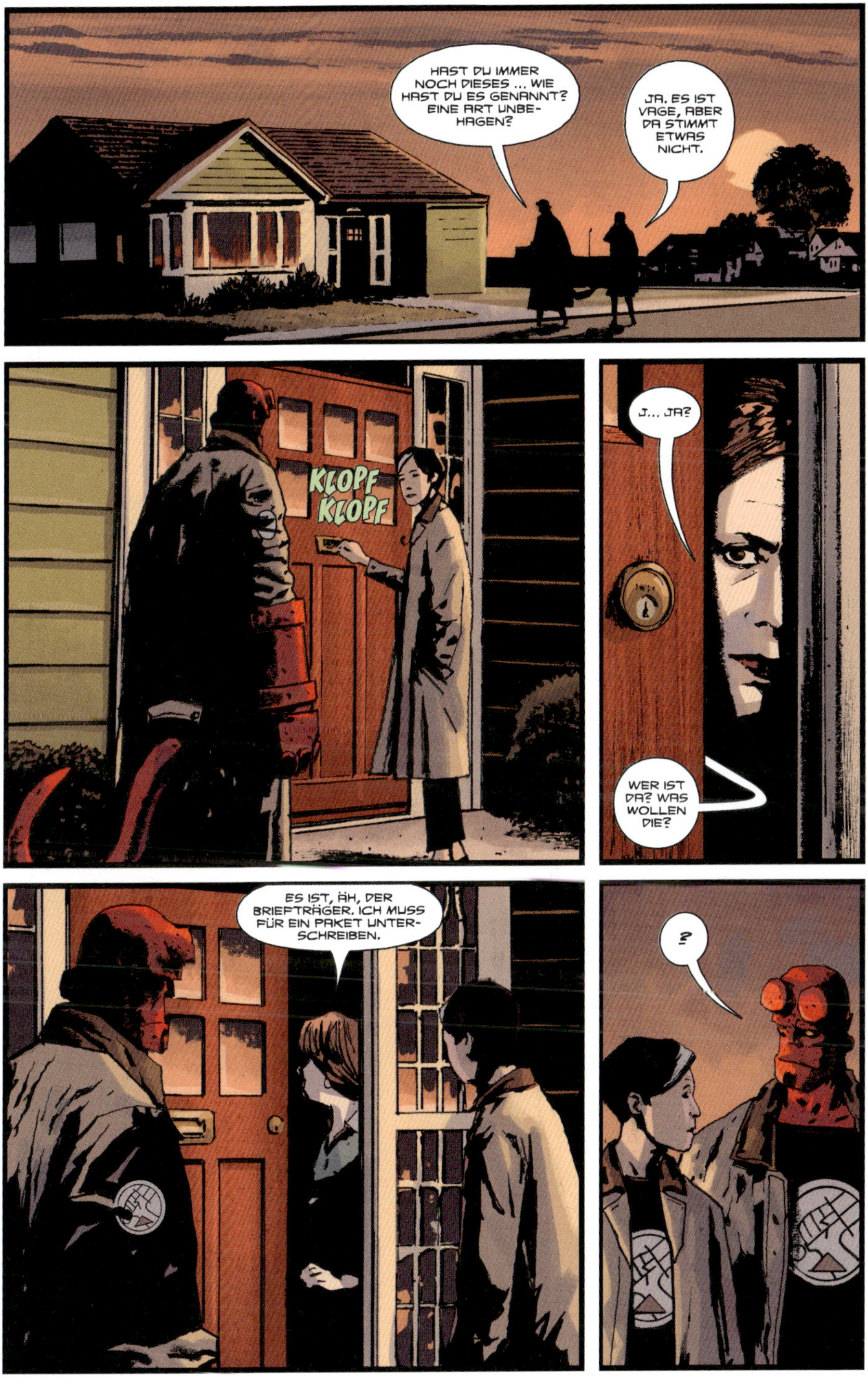
HAST DU IMMER NOCH DIESES ... WIE HAST DU ES GENANNT? EINE ART UNBEHAGEN?
JA. ES IST VAGE, ABER DA STIMMT ETWAS NICHT.
KLOPF KLOPF
J... JA?
WER IST DA? WAS WOLLEN SIE?
ES IST, ÄH, DER BRIEFTRÄGER. ICH MUSS FÜR EIN PAKET UNTERSCHREIBEN.
?

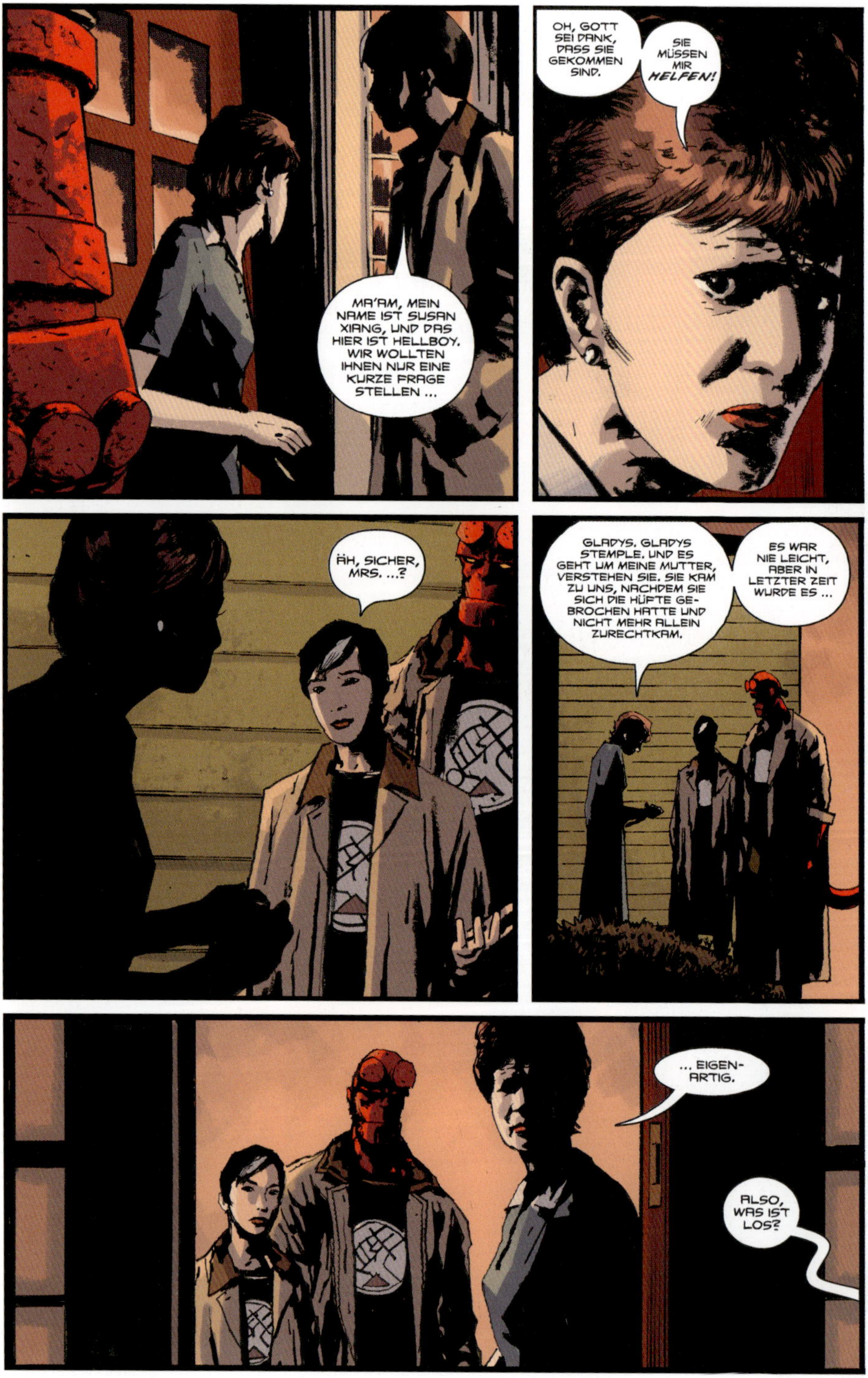
MA'AM, MEIN NAME IST SUSAN XIANG, UND DAS HIER IST HELLBOY. WIR WOLLTEN IHNEN NUR EINE KURZE FRAGE STELLEN ...
OH, GOTT SEI DANK, DASS SIE GEKOMMEN SIND.
SIE MÜSSEN MIR HELFEN!
ÄH, SICHER, MRS. ...?
GLADYS. GLADYS STEMPLE. UND ES GEHT UM MEINE MUTTER, VERSTEHEN SIE. SIE KAM ZU UNS, NACHDEM SIE SICH DIE HÜFTE GEBROCHEN HATTE UND NICHT MEHR ALLEIN ZURECHTKAM.
ES WAR NIE LEICHT, ABER IN LETZTER ZEIT WURDE ES ...
... EIGENARTIG.
ALSO, WAS IST LOS?

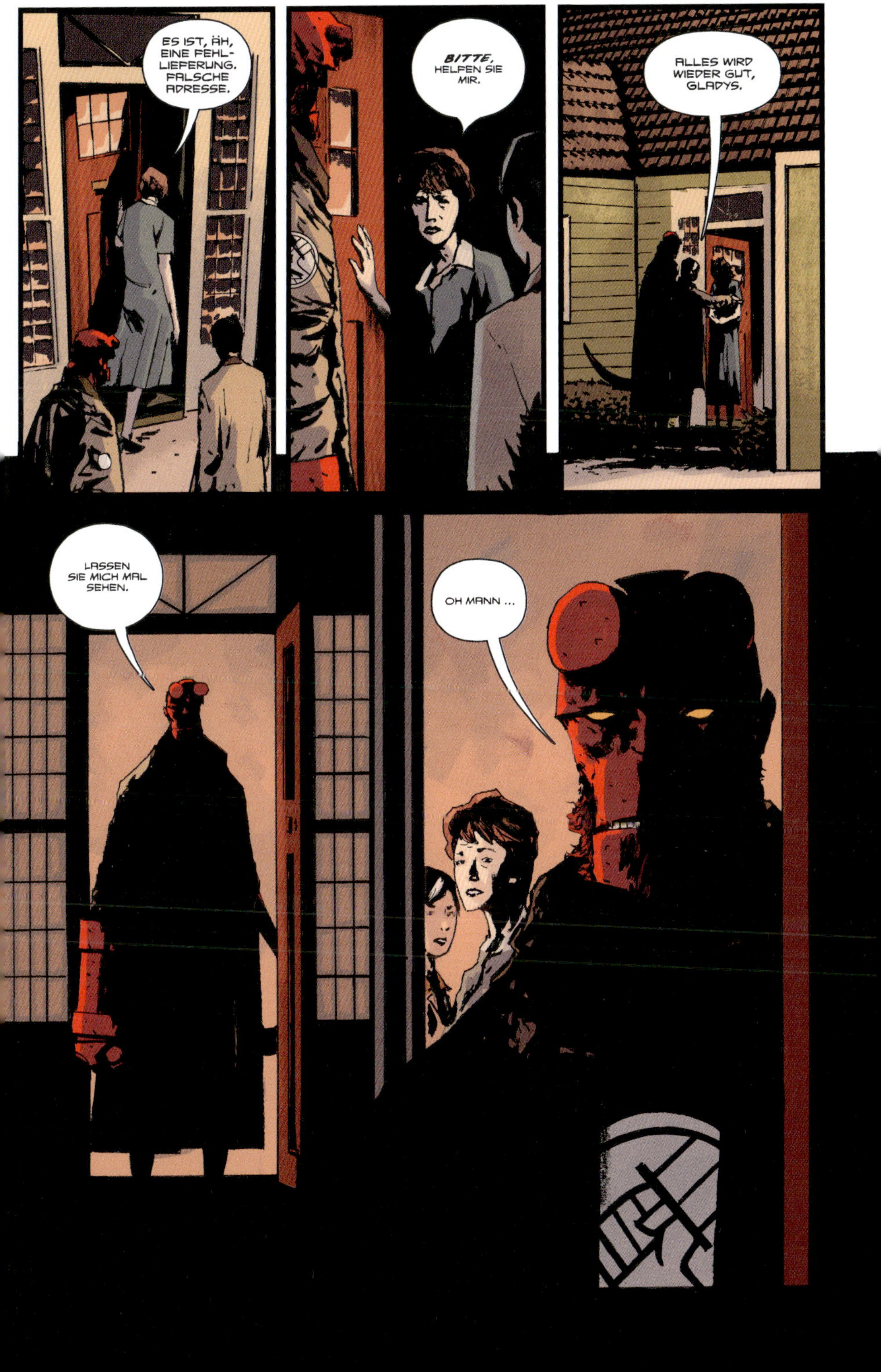
ES IST, ÄH, EINE FEHL-LIEFERUNG. FALSCHE ADRESSE.
BITTE, HELFEN SIE MIR.
ALLES WIRD WIEDER GUT, GLADYS.
LASSEN SIE MICH MAL SEHEN.
OH MANN ...

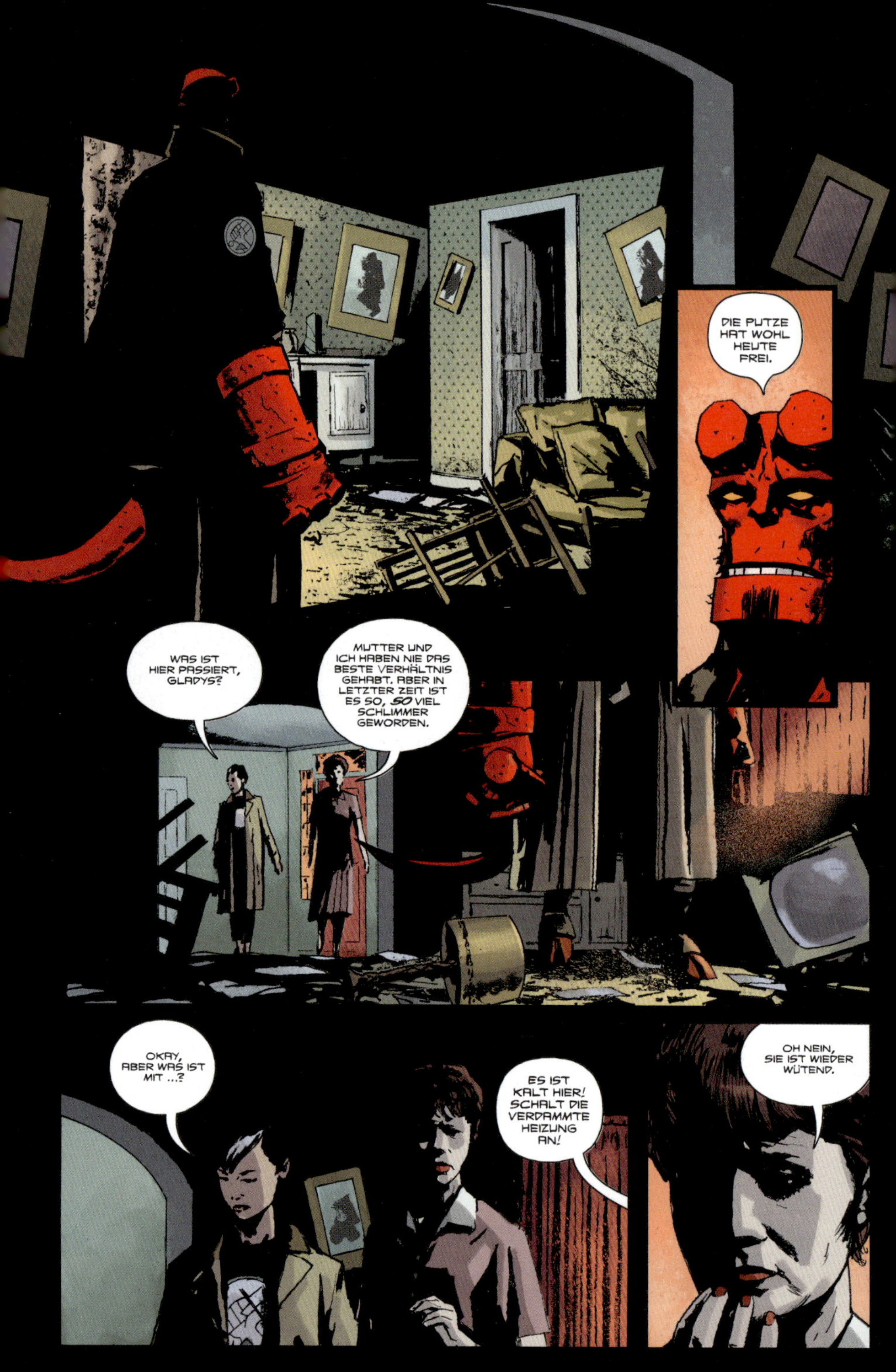
DIE PUTZE HAT WOHL HEUTE FREI.
WAS IST HIER PASSIERT, GLADYS?
MUTTER UND ICH HABEN NIE DAS BESTE VERHÄLTNIS GEHABT. ABER IN LETZTER ZEIT IST ES SO, SO VIEL SCHLIMMER GEWORDEN.
OKAY, ABER WAS IST MIT ...?
ES IST KALT HIER! SCHALT DIE VERDAMMTE HEIZUNG AN!
OH NEIN, SIE IST WIEDER WÜTEND.

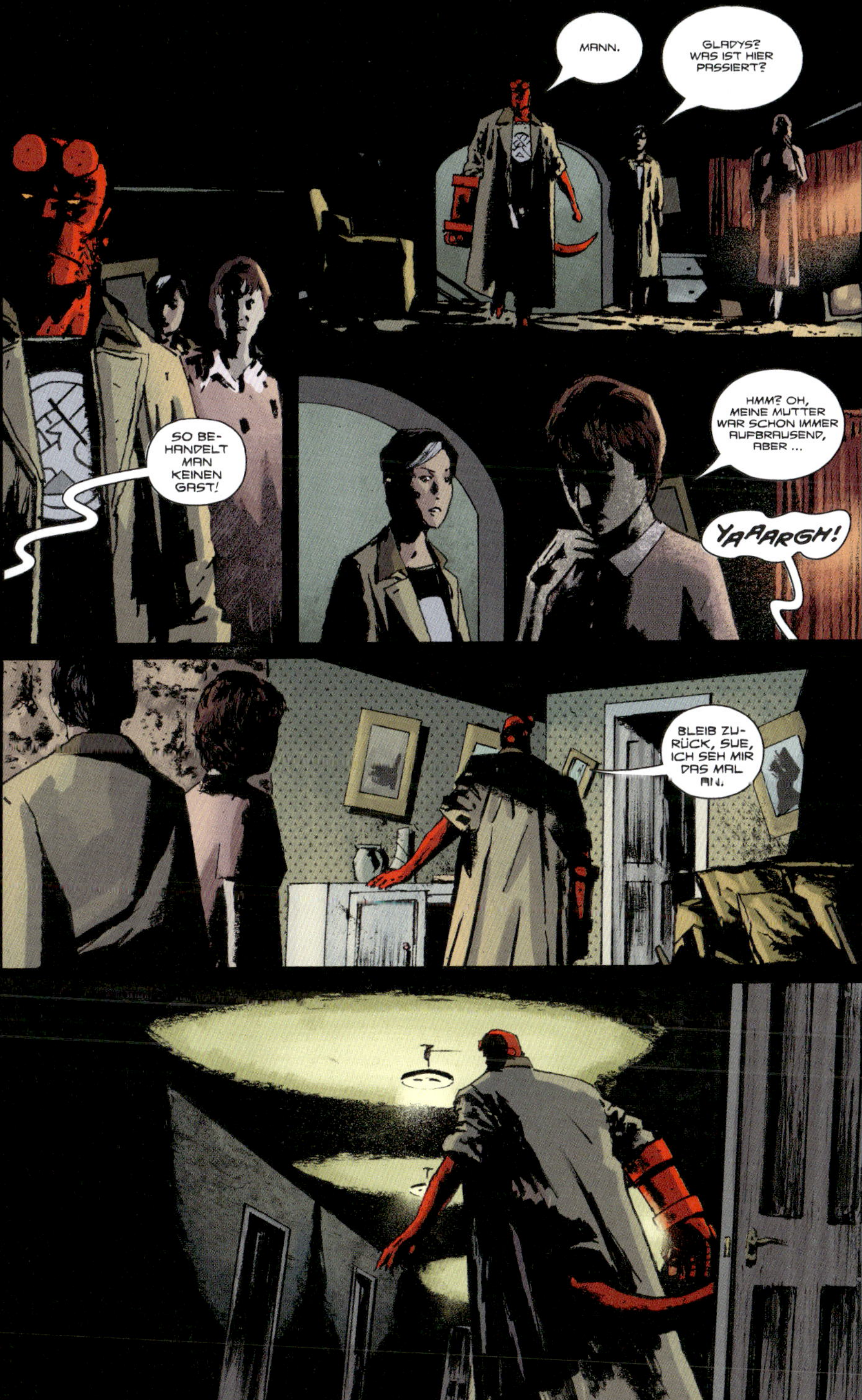
MANN.
GLADYS? WAS IST HIER PASSIERT?
SO BE-HANDELT MAN KEINEN GAST!
HMM? OH, MEINE MUTTER WAR SCHON IMMER AUFBRAUSEND, ABER ...
YAAARGH!
BLEIB ZU-RÜCK, SUE, ICH SEH MIR DAS MAL AN.

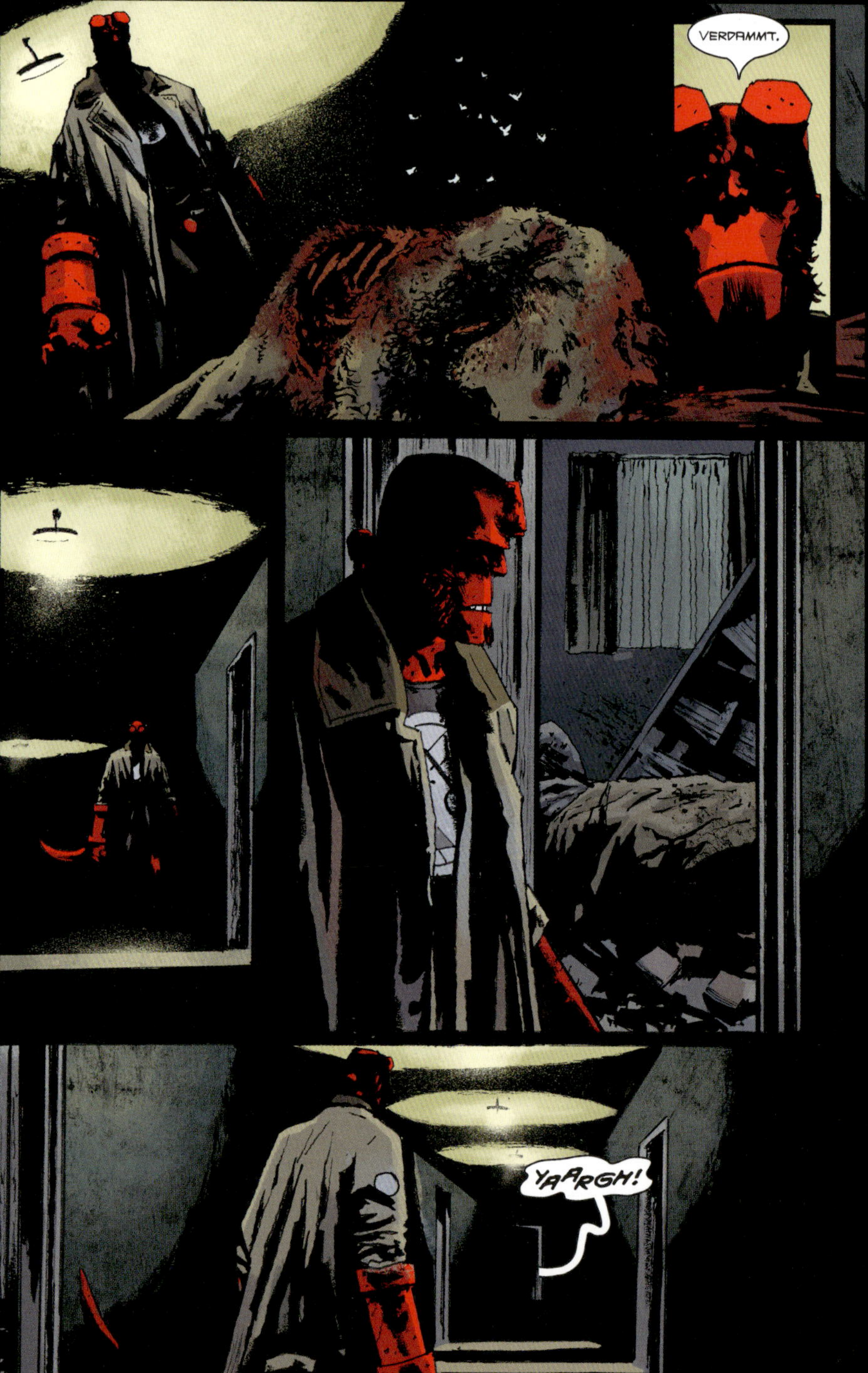
VERDAMMT.
YAARGH!

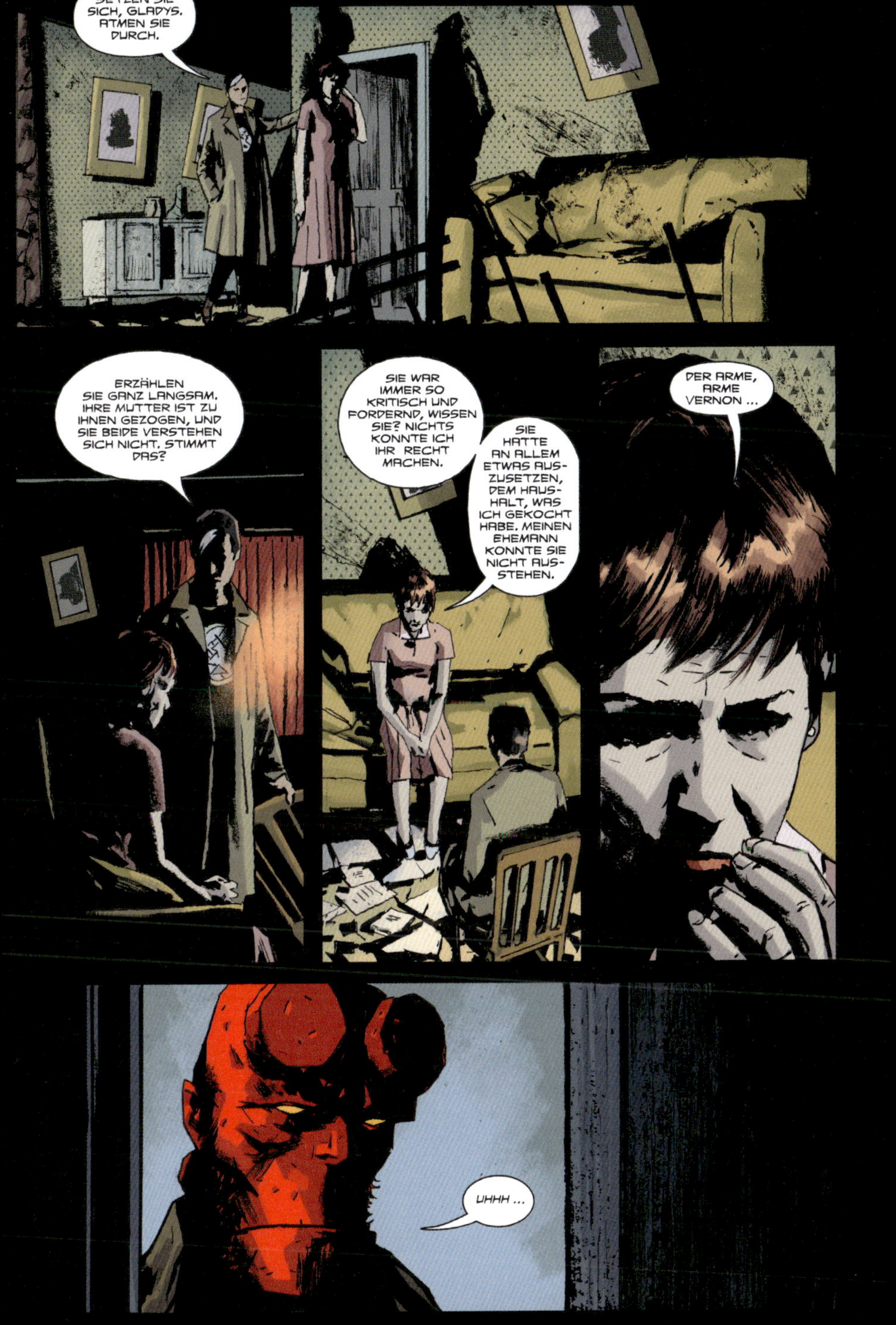
SETZEN SIE SICH, GLADYS. ATMEN SIE DURCH.
ERZÄHLEN SIE GANZ LANGSAM. IHRE MUTTER IST ZU IHNEN GEZOGEN, UND SIE BEIDE VERSTEHEN SICH NICHT. STIMMT DAS?
SIE WAR IMMER SO KRITISCH UND FORDERND, WISSEN SIE? NICHTS KONNTE ICH IHR RECHT MACHEN.
SIE HATTE AN ALLEM ETWAS AUSZUSETZEN, DEM HAUSHALT, WAS ICH GEKOCHT HABE. MEINEN EHEMANN KONNTE SIE NICHT AUSSTEHEN.
DER ARME, ARME VERNON …
UHHH …

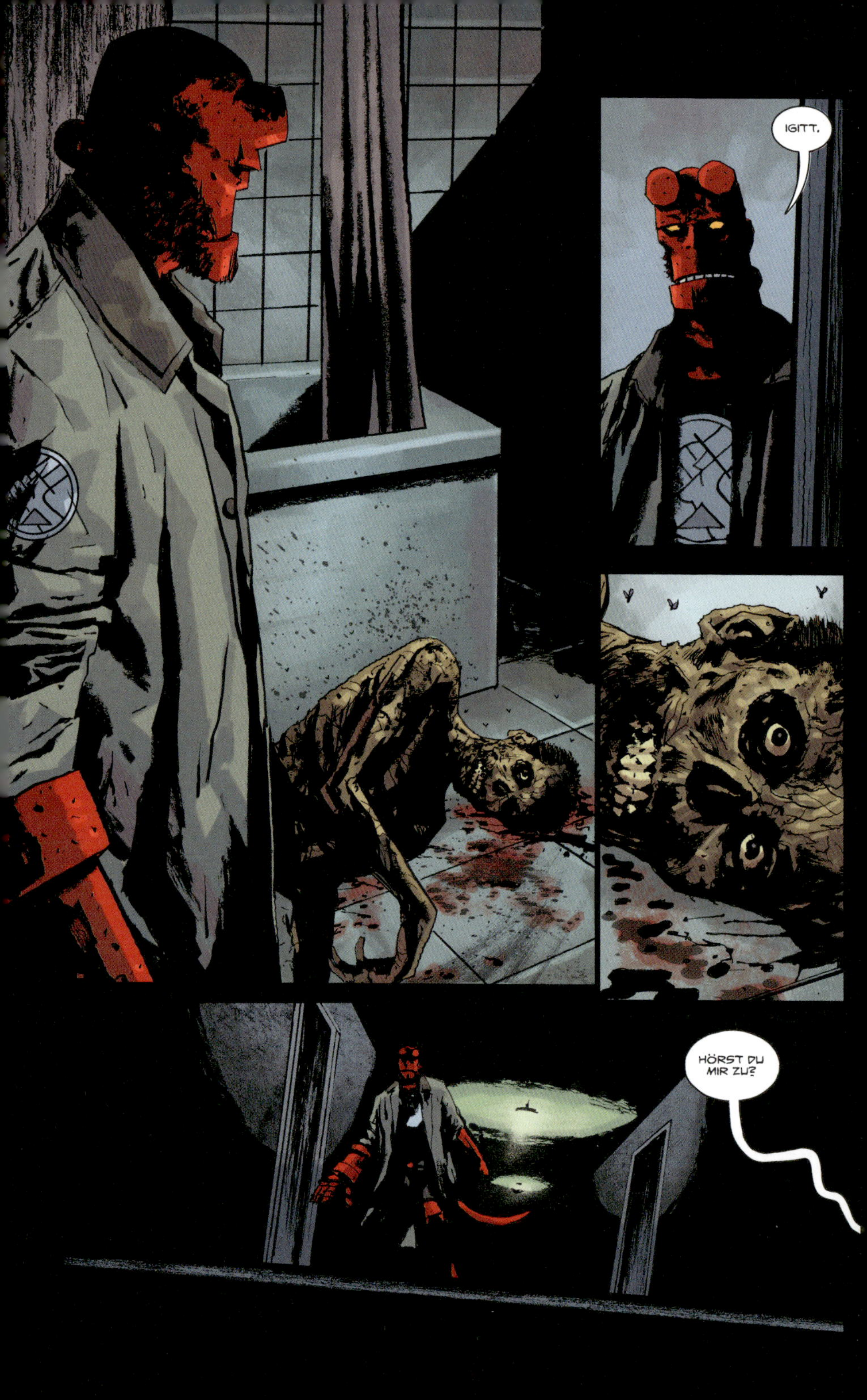
IGITT.
HÖRST DU MIR ZU?

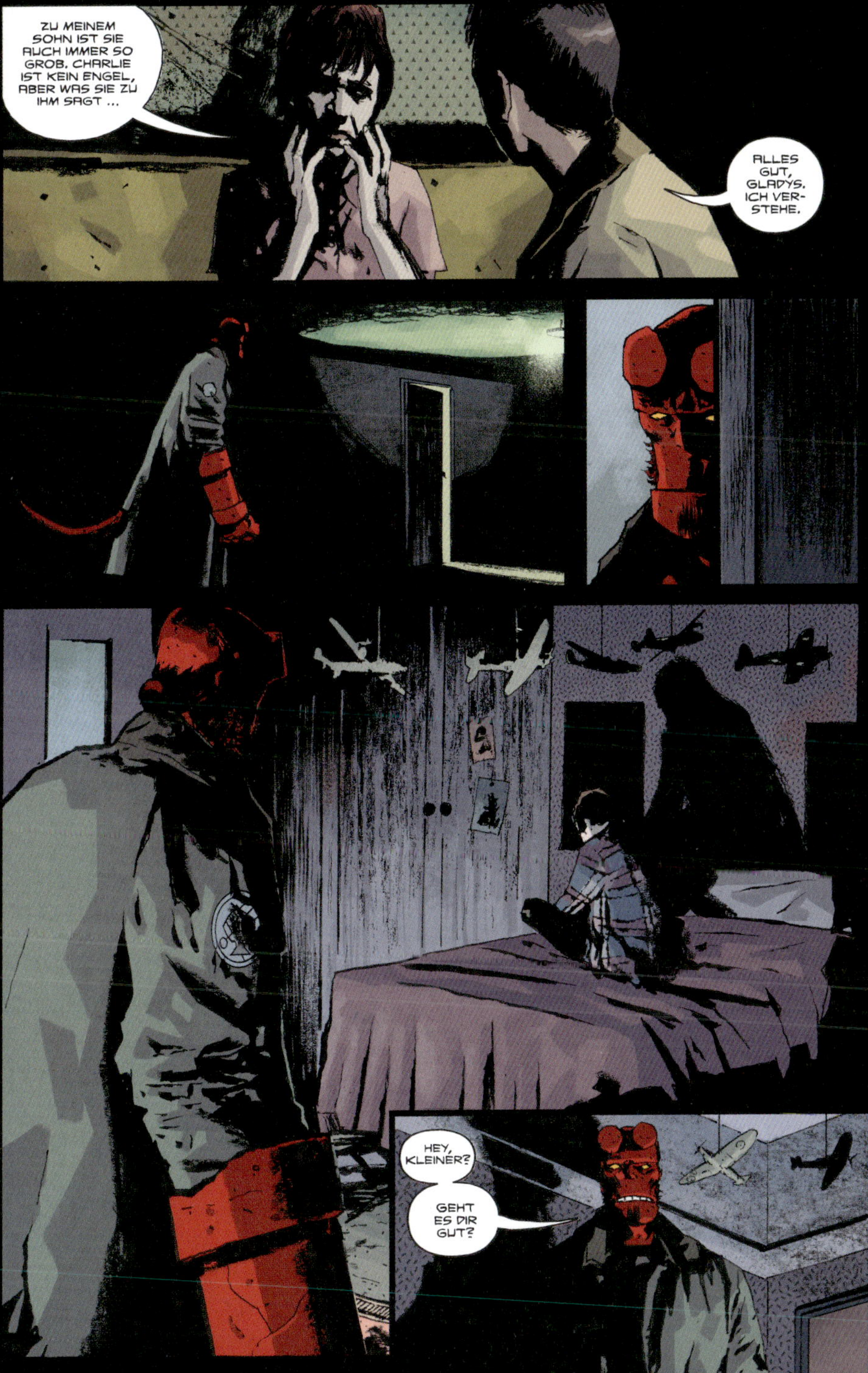
ZU MEINEM SOHN IST SIE AUCH IMMER SO GROB. CHARLIE IST KEIN ENGEL, ABER WAS SIE ZU IHM SAGT ...
ALLES GUT, GLADYS. ICH VER-STEHE.
HEY, KLEINER?
GEHT ES DIR GUT?

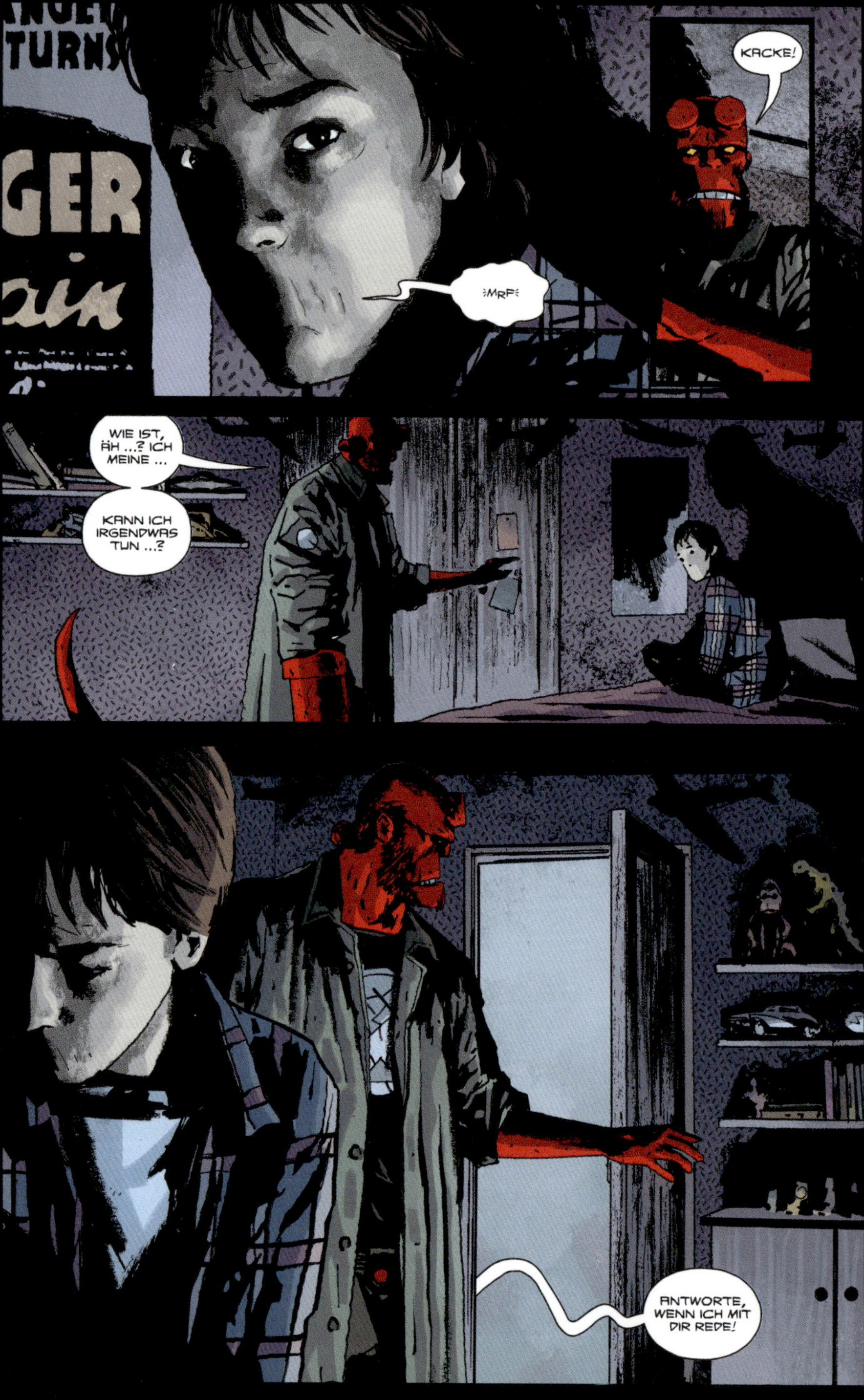
KACKE!
MRF
WIE IST, ÄH ...? ICH MEINE ...
KANN ICH IRGENDWAS TUN ...?
ANTWORTE, WENN ICH MIT DIR REDE!

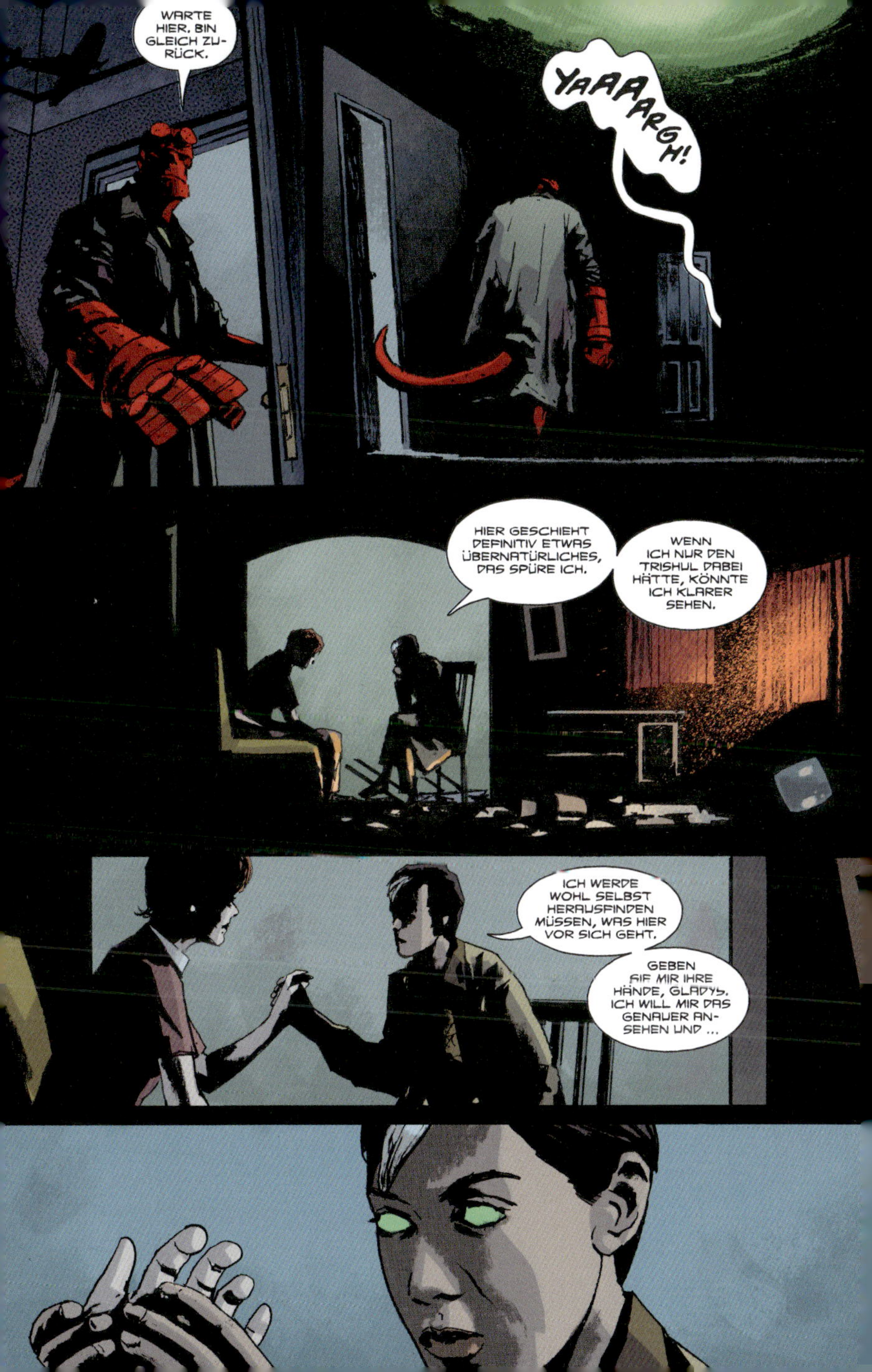

WARTE HIER. BIN GLEICH ZURÜCK.
YAAAARGH!
HIER GESCHIEHT DEFINITIV ETWAS ÜBERNATÜRLICHES, DAS SPÜRE ICH.
WENN ICH NUR DEN TRISHUL DABEI HÄTTE, KÖNNTE ICH KLARER SEHEN.
ICH WERDE WOHL SELBST HERAUSFINDEN MÜSSEN, WAS HIER VOR SICH GEHT.
GEBEN SIE MIR IHRE HÄNDE, GLADYS. ICH WILL MIR DAS GENAUER ANSEHEN UND ...

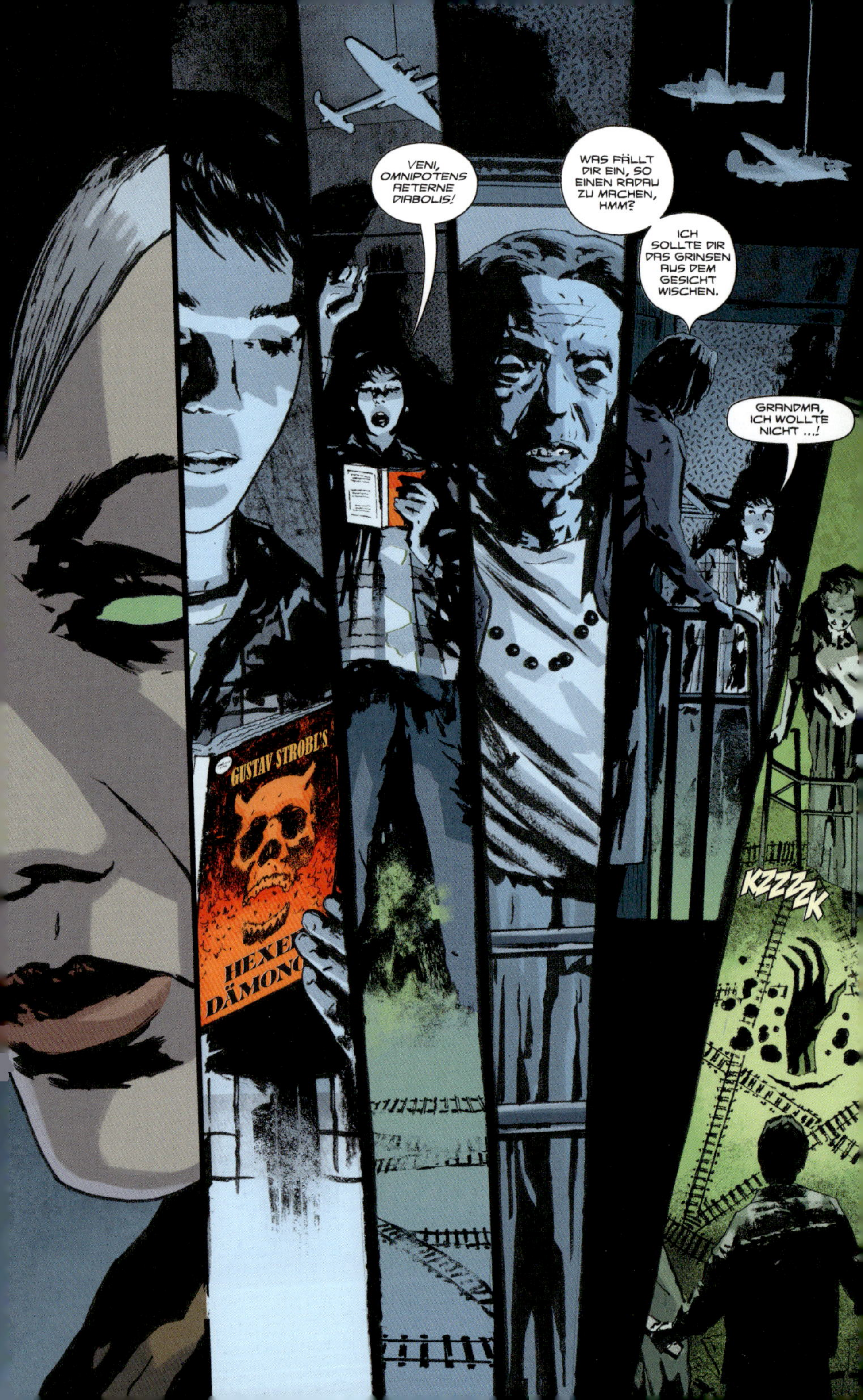
VENI, OMNIPOTENS AETERNE DIABOLIS!
WAS FÄLLT DIR EIN, SO EINEN RADAU ZU MACHEN, HMM?
ICH SOLLTE DIR DAS GRINSEN AUS DEM GESICHT WISCHEN.
GRANDMA, ICH WOLLTE NICHT ...!
GUSTAV STROBL'S
HEXEN DÄMON
KZZZZK

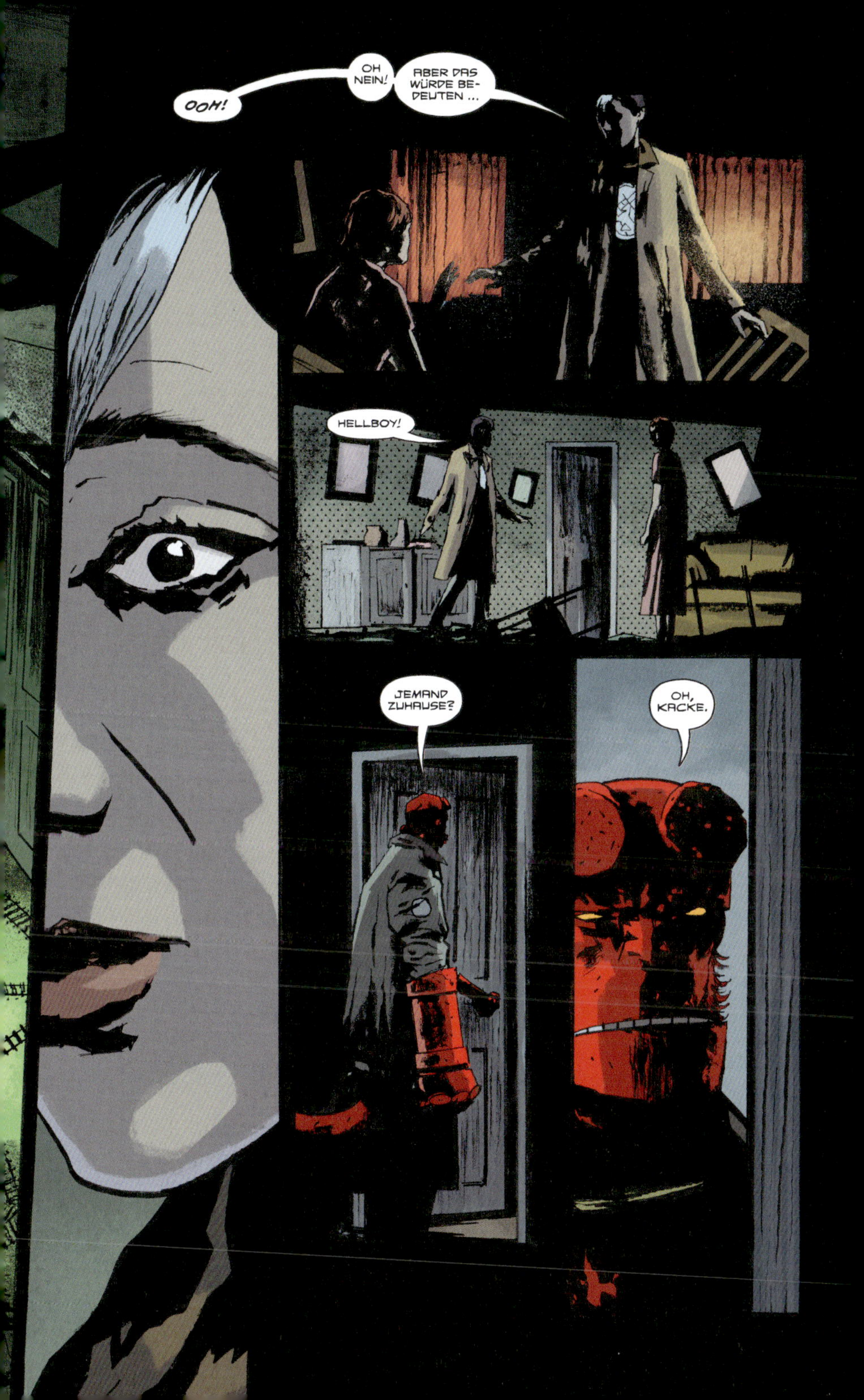
OOH!
OH NEIN!
ABER DAS WÜRDE BEDEUTEN ...
HELLBOY!
JEMAND ZUHAUSE?
OH, KACKE.

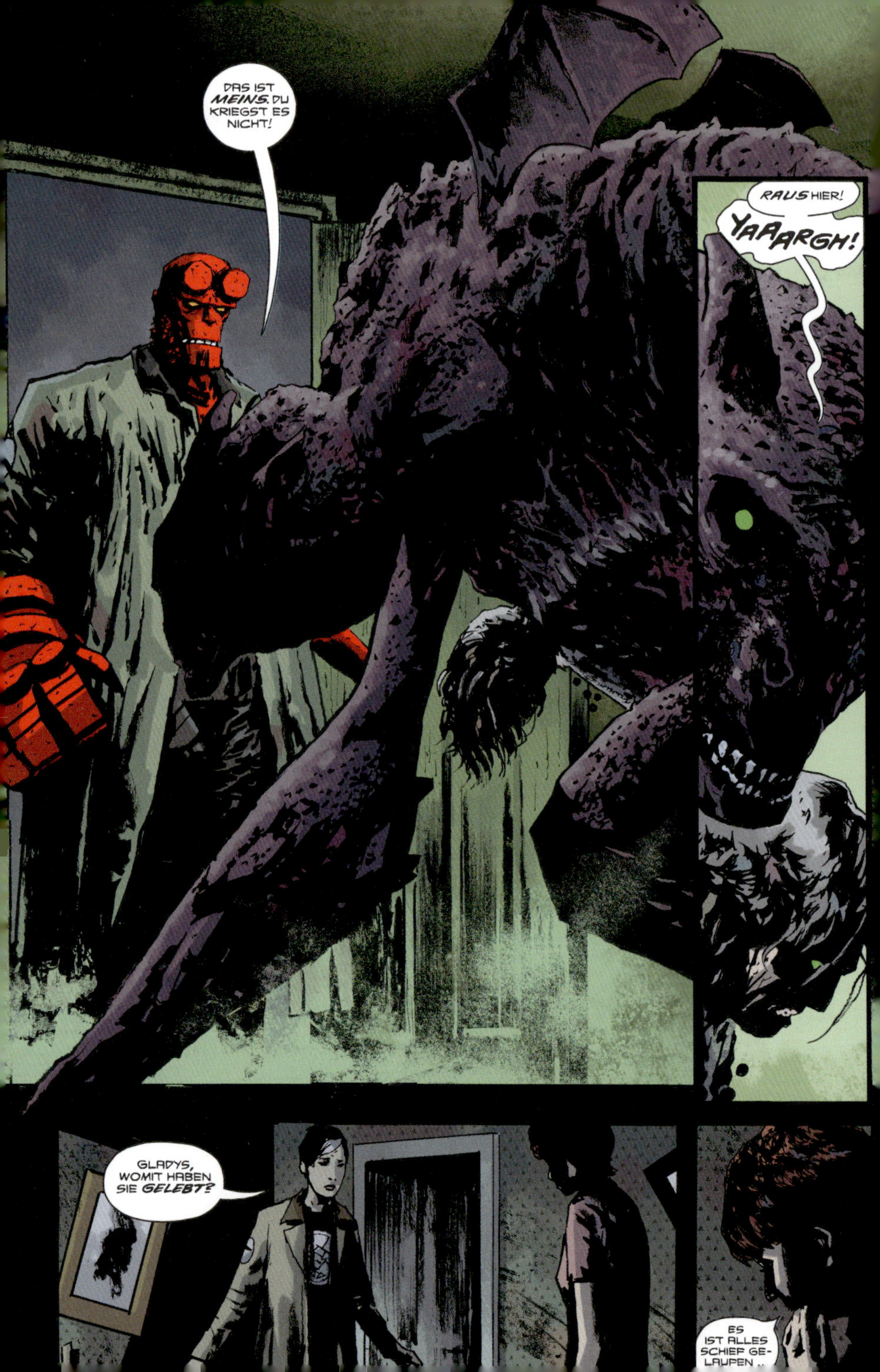
DAS IST *MEINS*. DU KRIEGST ES NICHT!
RAUS HIER!
YAAARGH!
GLADYS, WOMIT HABEN SIE *GELEBT*?
ES IST ALLES SCHIEF GE-LAUFEN ...

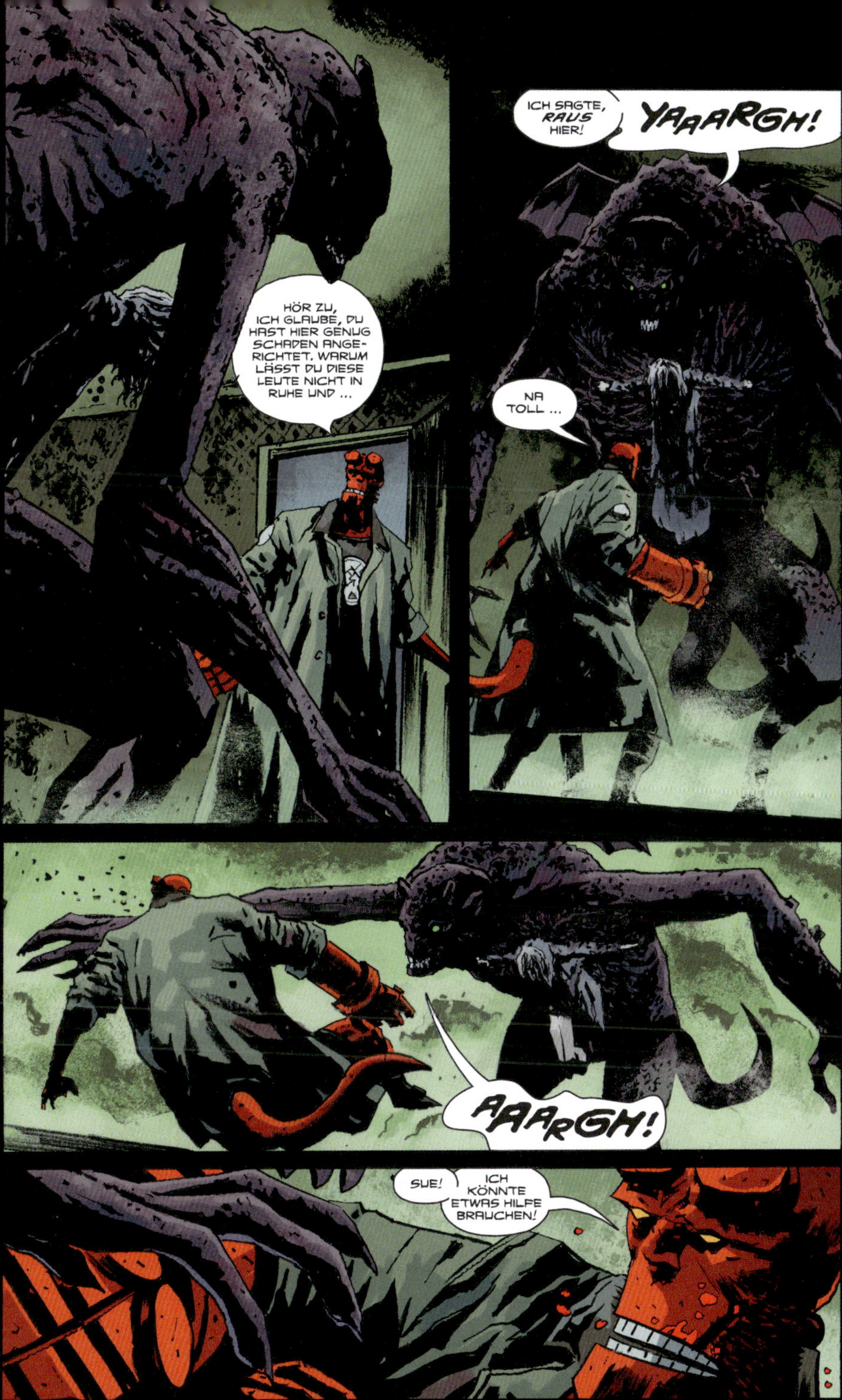
HÖR ZU, ICH GLAUBE, DU HAST HIER GENUG SCHADEN ANGE-RICHTET. WARUM LÄSST DU DIESE LEUTE NICHT IN RUHE UND ...
ICH SAGTE, RAUS HIER!
YAAARGH!
NA TOLL ...
AAARGH!
SUE!
ICH KÖNNTE ETWAS HILFE BRAUCHEN!

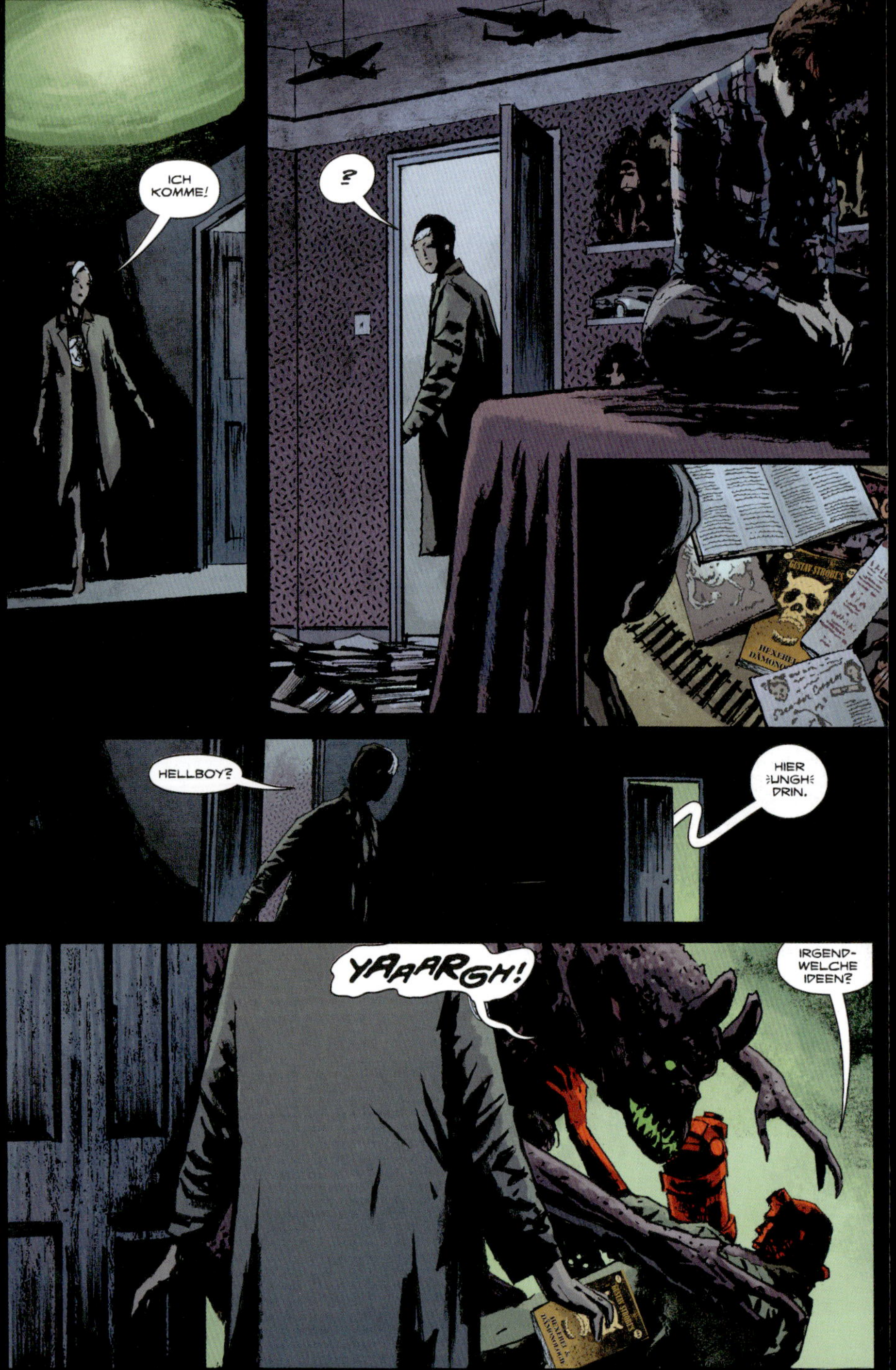
ICH KOMME!
?
HELLBOY?
HIER UNGH DRIN.
YAAARGH!
IRGEND-WELCHE IDEEN?

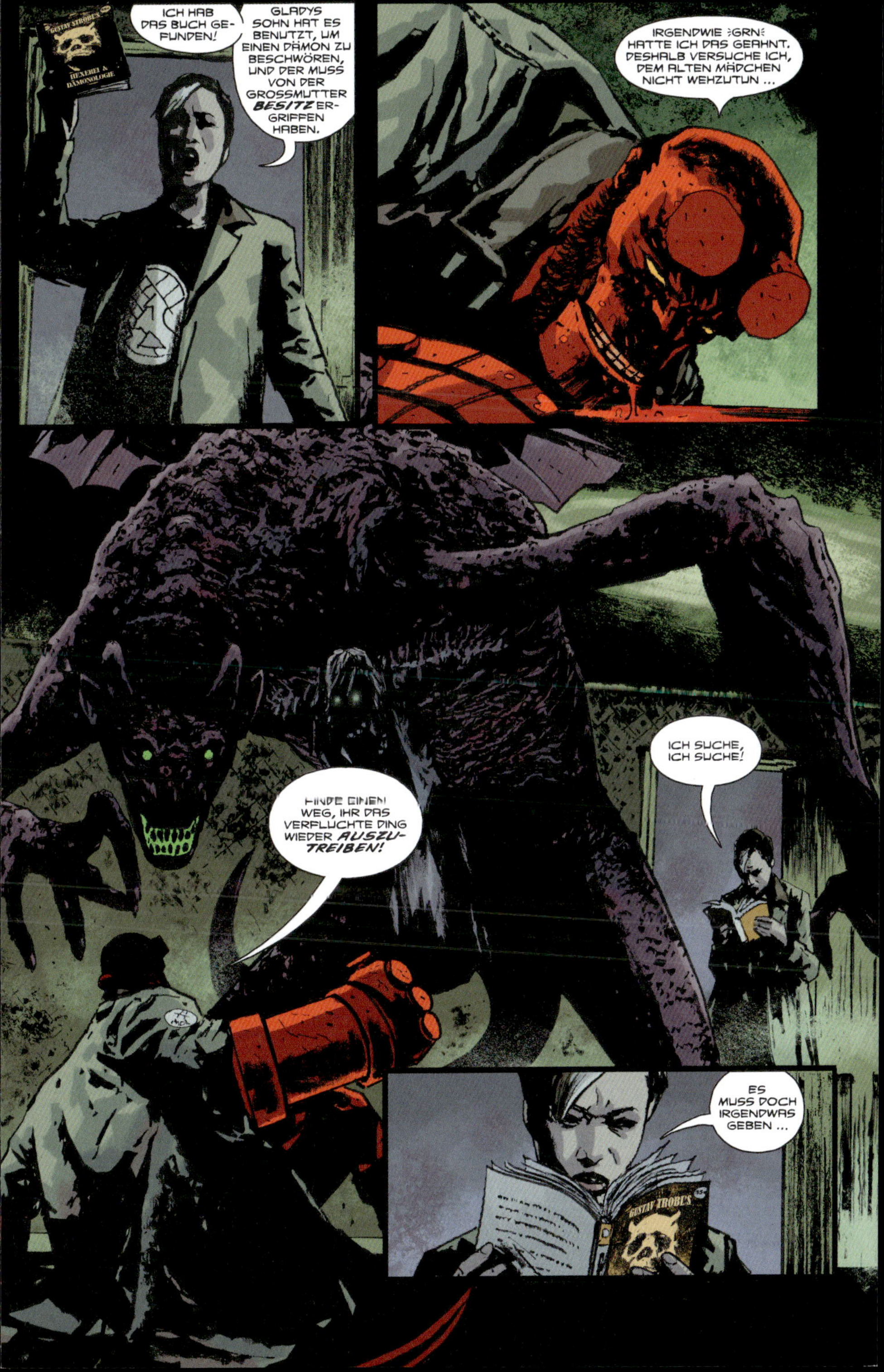

ICH HAB DAS BUCH GEFUNDEN!
GLADYS SOHN HAT ES BENUTZT, UM EINEN DÄMON ZU BESCHWÖREN, UND DER MUSS VON DER GROSSMUTTER BESITZ ERGRIFFEN HABEN.
IRGENDWIE *GRN* HATTE ICH DAS GEAHNT. DESHALB VERSUCHE ICH, DEM ALTEN MÄDCHEN NICHT WEHZUTUN ...
FINDE EINEN WEG, IHR DAS VERFLUCHTE DING WIEDER AUSZUTREIBEN!
ICH SUCHE, ICH SUCHE!
ES MUSS DOCH IRGENDWAS GEBEN ...

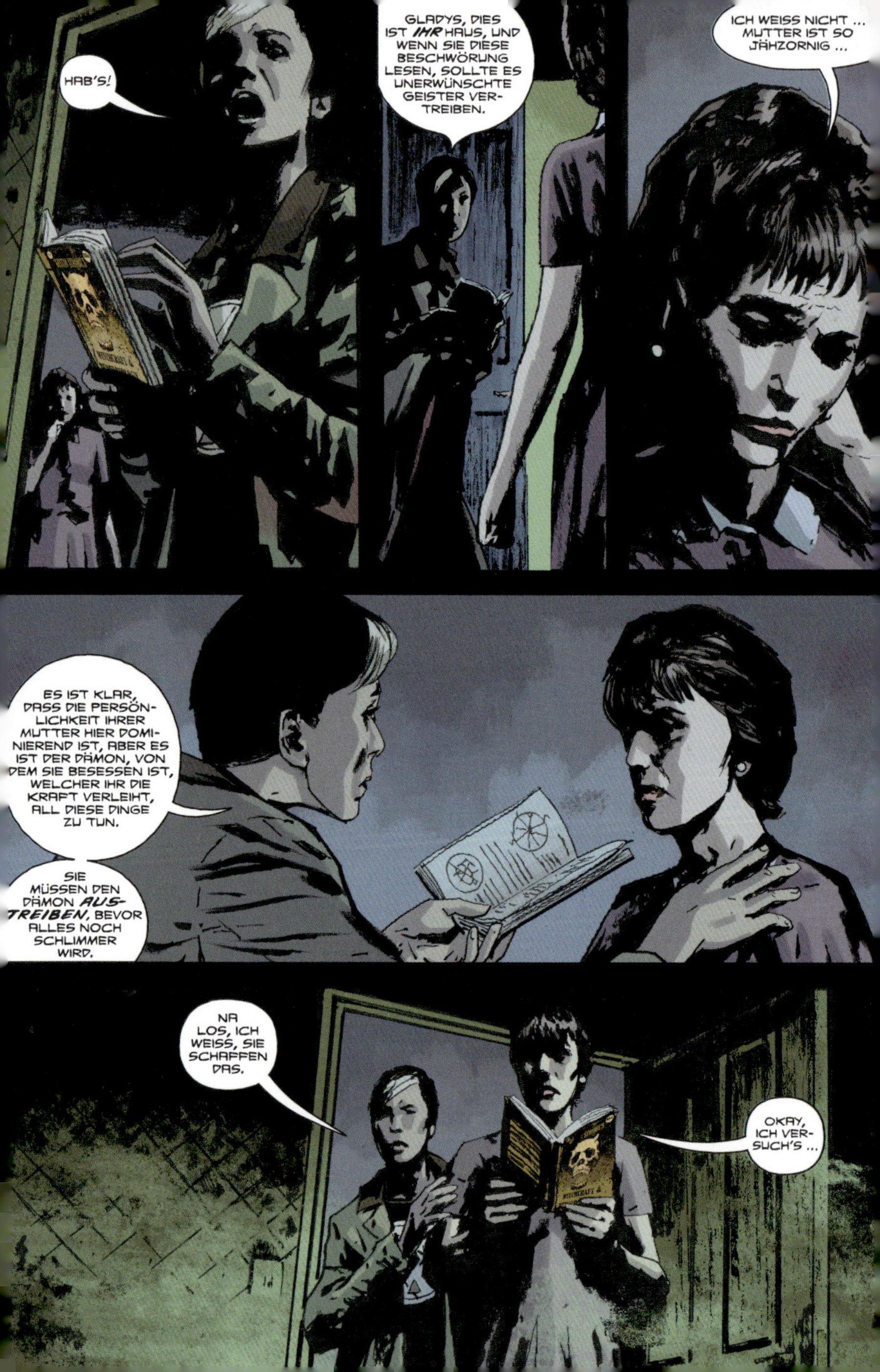
HAB'S!
GLADYS, DIES IST IHR HAUS, UND WENN SIE DIESE BESCHWÖRUNG LESEN, SOLLTE ES UNERWÜNSCHTE GEISTER VERTREIBEN.
ICH WEISS NICHT ... MUTTER IST SO JÄHZORNIG ...
ES IST KLAR, DASS DIE PERSÖNLICHKEIT IHRER MUTTER HIER DOMINIEREND IST, ABER ES IST DER DÄMON, VON DEM SIE BESESSEN IST, WELCHER IHR DIE KRAFT VERLEIHT, ALL DIESE DINGE ZU TUN.
SIE MÜSSEN DEN DÄMON AUSTREIBEN, BEVOR ALLES NOCH SCHLIMMER WIRD.
NA LOS, ICH WEISS, SIE SCHAFFEN DAS.
OKAY, ICH VERSUCH'S ...

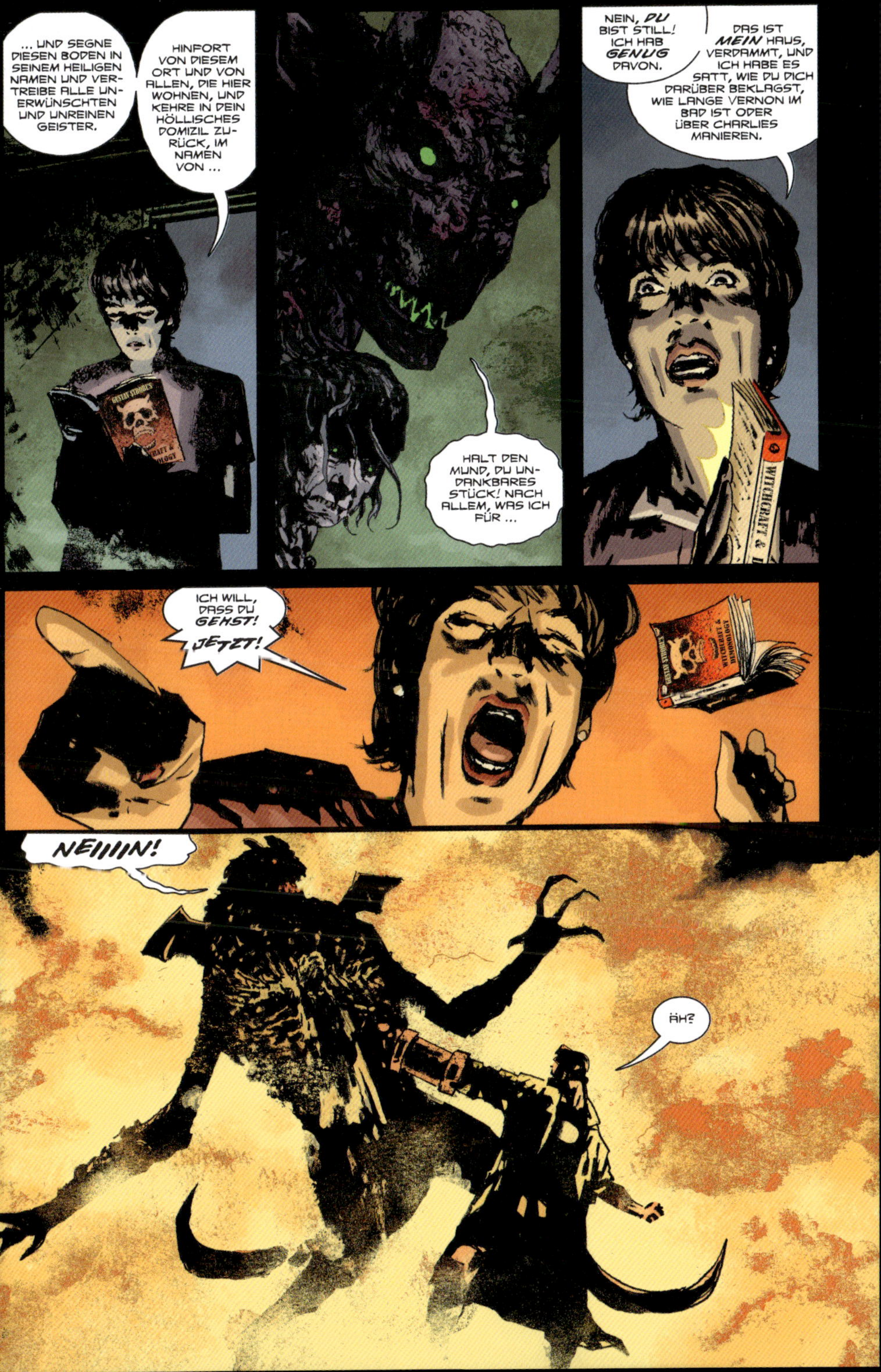
... UND SEGNE DIESEN BODEN IN SEINEM HEILIGEN NAMEN UND VERTREIBE ALLE UNERWÜNSCHTEN UND UNREINEN GEISTER.
HINFORT VON DIESEM ORT UND VON ALLEN, DIE HIER WOHNEN, UND KEHRE IN DEIN HÖLLISCHES DOMIZIL ZURÜCK, IM NAMEN VON ...
HALT DEN MUND, DU UNDANKBARES STÜCK! NACH ALLEM, WAS ICH FÜR ...
NEIN, DU BIST STILL! ICH HAB GENUG DAVON.
DAS IST MEIN HAUS, VERDAMMT, UND ICH HABE ES SATT, WIE DU DICH DARÜBER BEKLAGST, WIE LANGE VERNON IM BAD IST ODER ÜBER CHARLIES MANIEREN.
ICH WILL, DASS DU GEHST!
JETZT!
NEIIIIN!
ÄH?

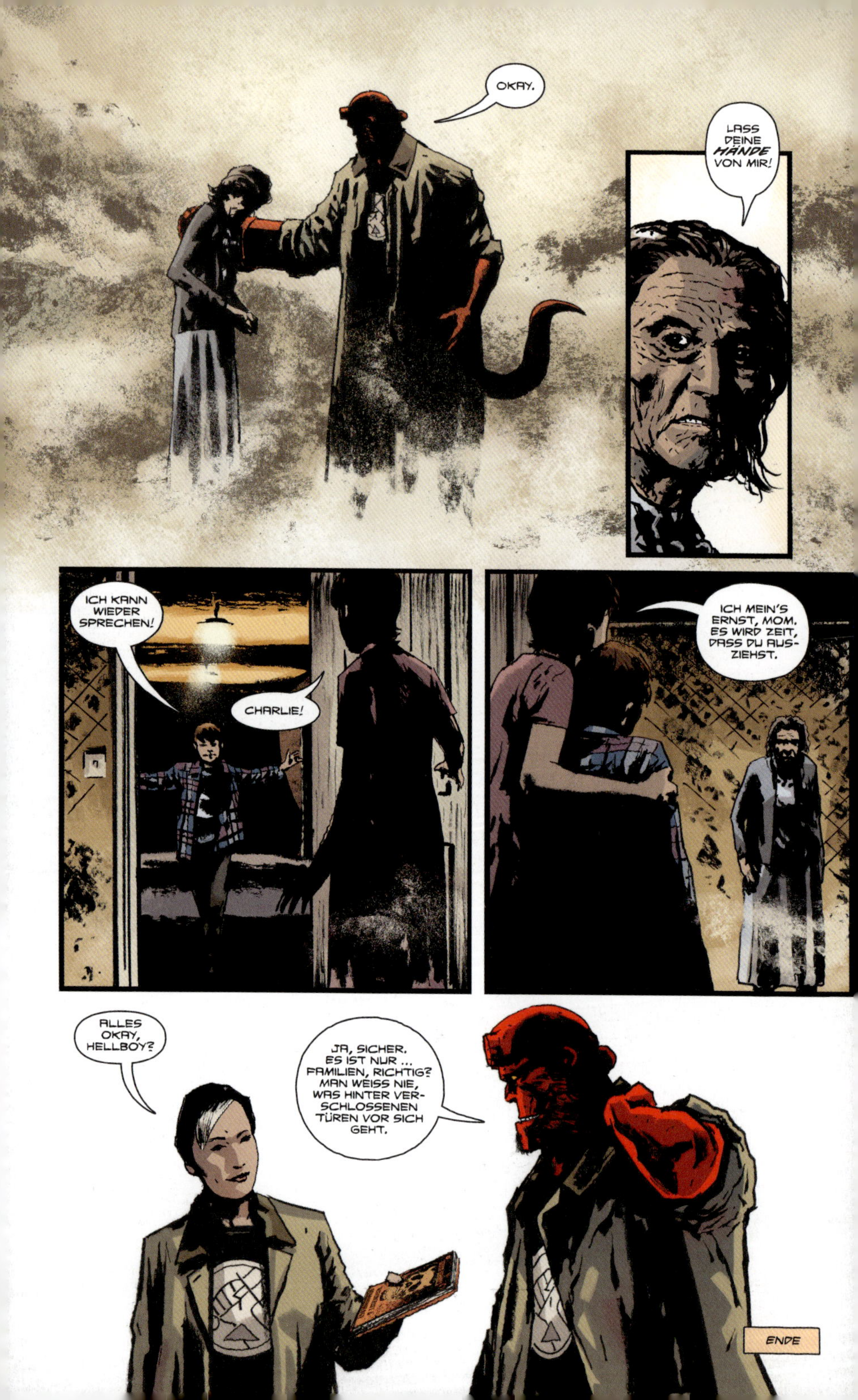
OKAY.
LASS DEINE HÄNDE VON MIR!
ICH KANN WIEDER SPRECHEN!
CHARLIE!
ICH MEIN'S ERNST, MOM. ES WIRD ZEIT, DASS DU AUSZIEHST.
ALLES OKAY, HELLBOY?
JA, SICHER. ES IST NUR ... FAMILIEN, RICHTIG? MAN WEISS NIE, WAS HINTER VERSCHLOSSENEN TÜREN VOR SICH GEHT.
ENDE

VERGESSENE LEBEN

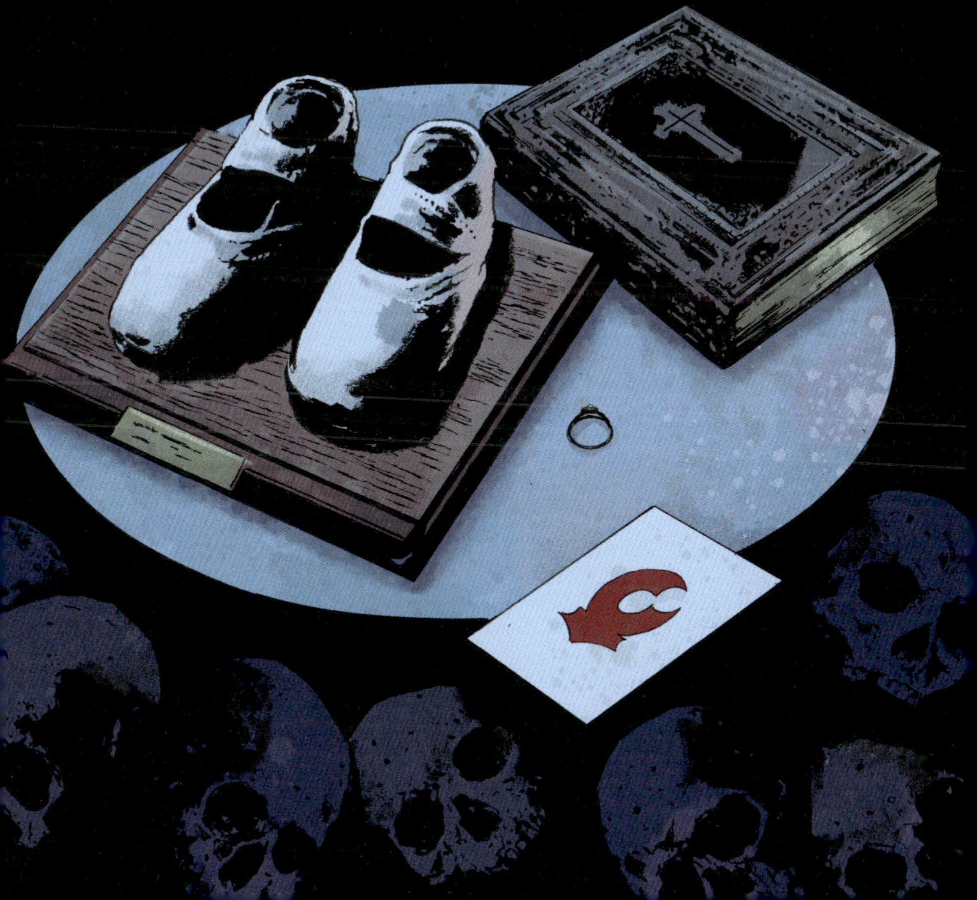

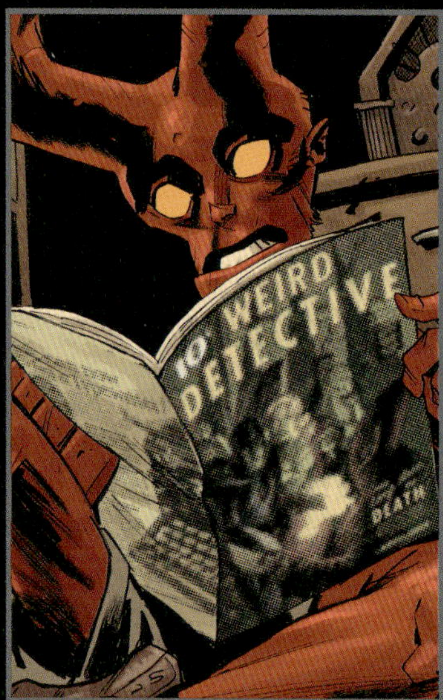
10¢ WEIRD
DETECTIVE
DEATH

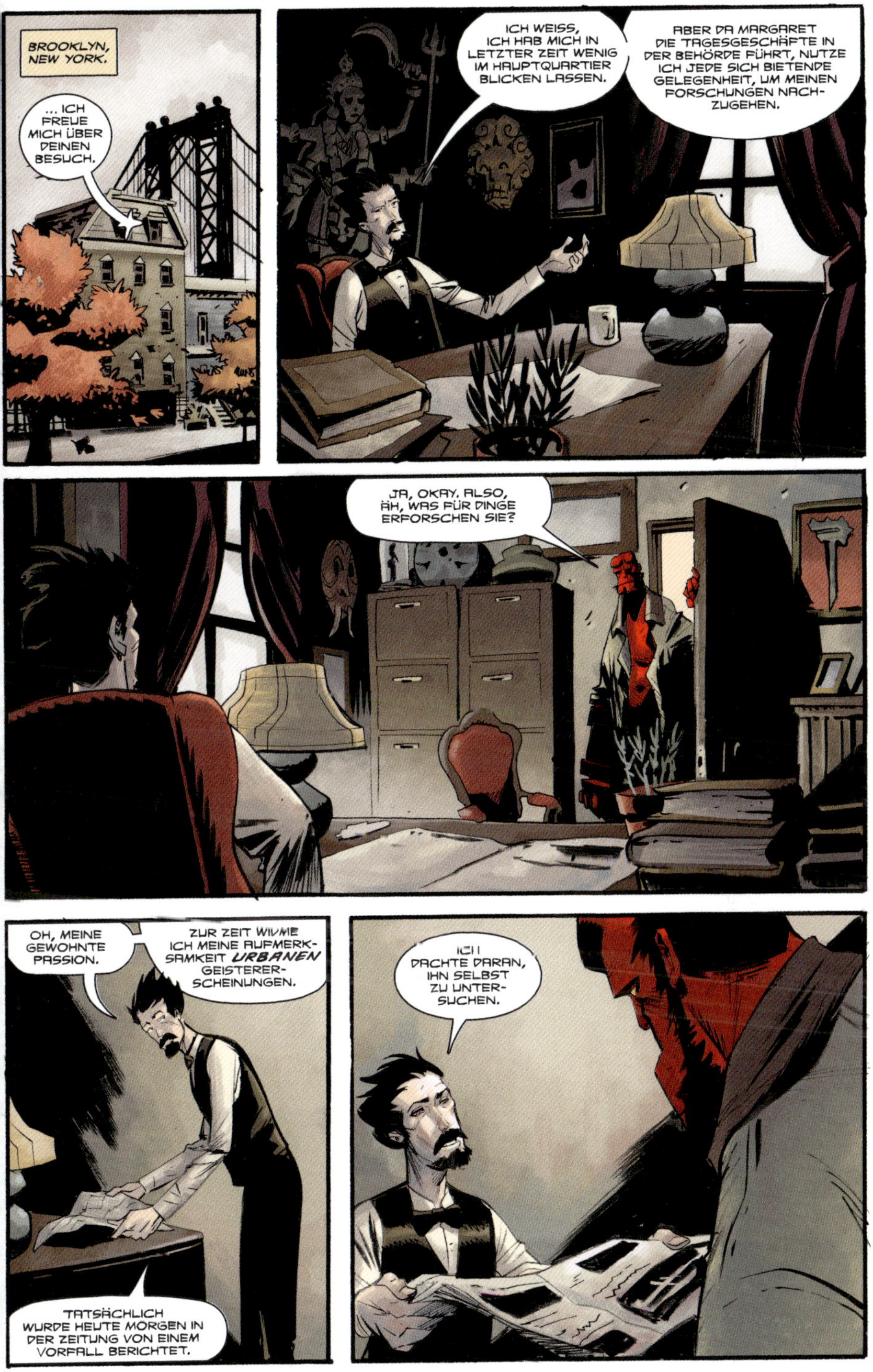
BROOKLYN, NEW YORK.
... ICH FREUE MICH ÜBER DEINEN BESUCH.
ICH WEISS, ICH HAB MICH IN LETZTER ZEIT WENIG IM HAUPTQUARTIER BLICKEN LASSEN.
ABER DA MARGARET DIE TAGESGESCHÄFTE IN DER BEHÖRDE FÜHRT, NUTZE ICH JEDE SICH BIETENDE GELEGENHEIT, UM MEINEN FORSCHUNGEN NACHZUGEHEN.
JA, OKAY. ALSO, ÄH, WAS FÜR DINGE ERFORSCHEN SIE?
OH, MEINE GEWOHNTE PASSION.
ZUR ZEIT WIDME ICH MEINE AUFMERKSAMKEIT URBANEN GEISTERERSCHEINUNGEN.
TATSÄCHLICH WURDE HEUTE MORGEN IN DER ZEITUNG VON EINEM VORFALL BERICHTET.
ICH DACHTE DARAN, IHN SELBST ZU UNTERSUCHEN.

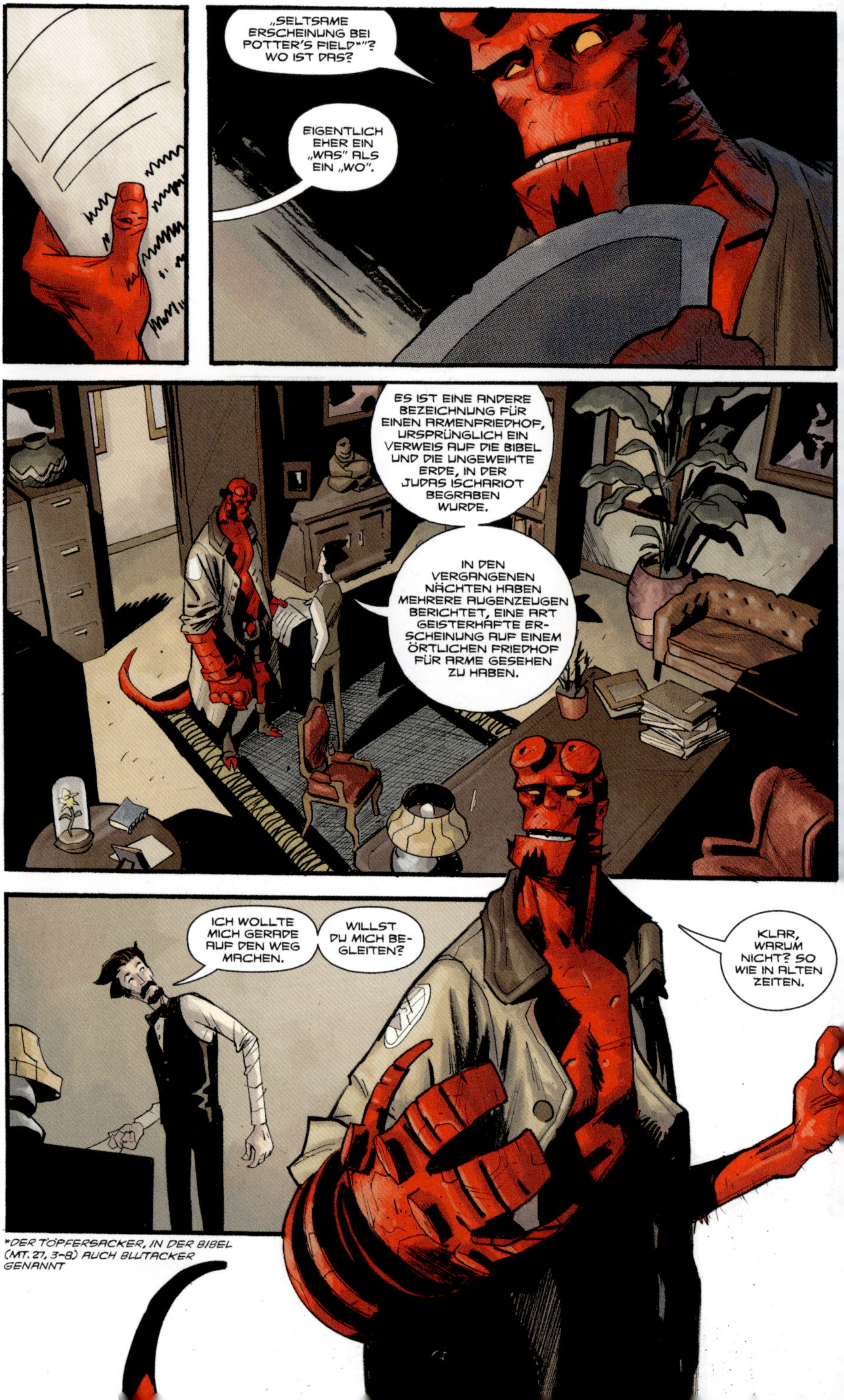
„SELTSAME ERSCHEINUNG BEI POTTER'S FIELD*"? WO IST DAS?
EIGENTLICH EHER EIN „WAS" ALS EIN „WO".
ES IST EINE ANDERE BEZEICHNUNG FÜR EINEN ARMENFRIEDHOF, URSPRÜNGLICH EIN VERWEIS AUF DIE BIBEL UND DIE UNGEWEIHTE ERDE, IN DER JUDAS ISCHARIOT BEGRABEN WURDE.
IN DEN VERGANGENEN NÄCHTEN HABEN MEHRERE AUGENZEUGEN BERICHTET, EINE ART GEISTERHAFTE ERSCHEINUNG AUF EINEM ÖRTLICHEN FRIEDHOF FÜR ARME GESEHEN ZU HABEN.
ICH WOLLTE MICH GERADE AUF DEN WEG MACHEN.
WILLST DU MICH BEGLEITEN?
KLAR, WARUM NICHT? SO WIE IN ALTEN ZEITEN.
*DER TÖPFERSACKER, IN DER BIBEL (MT. 27, 3–8) AUCH BLUTACKER GENANNT

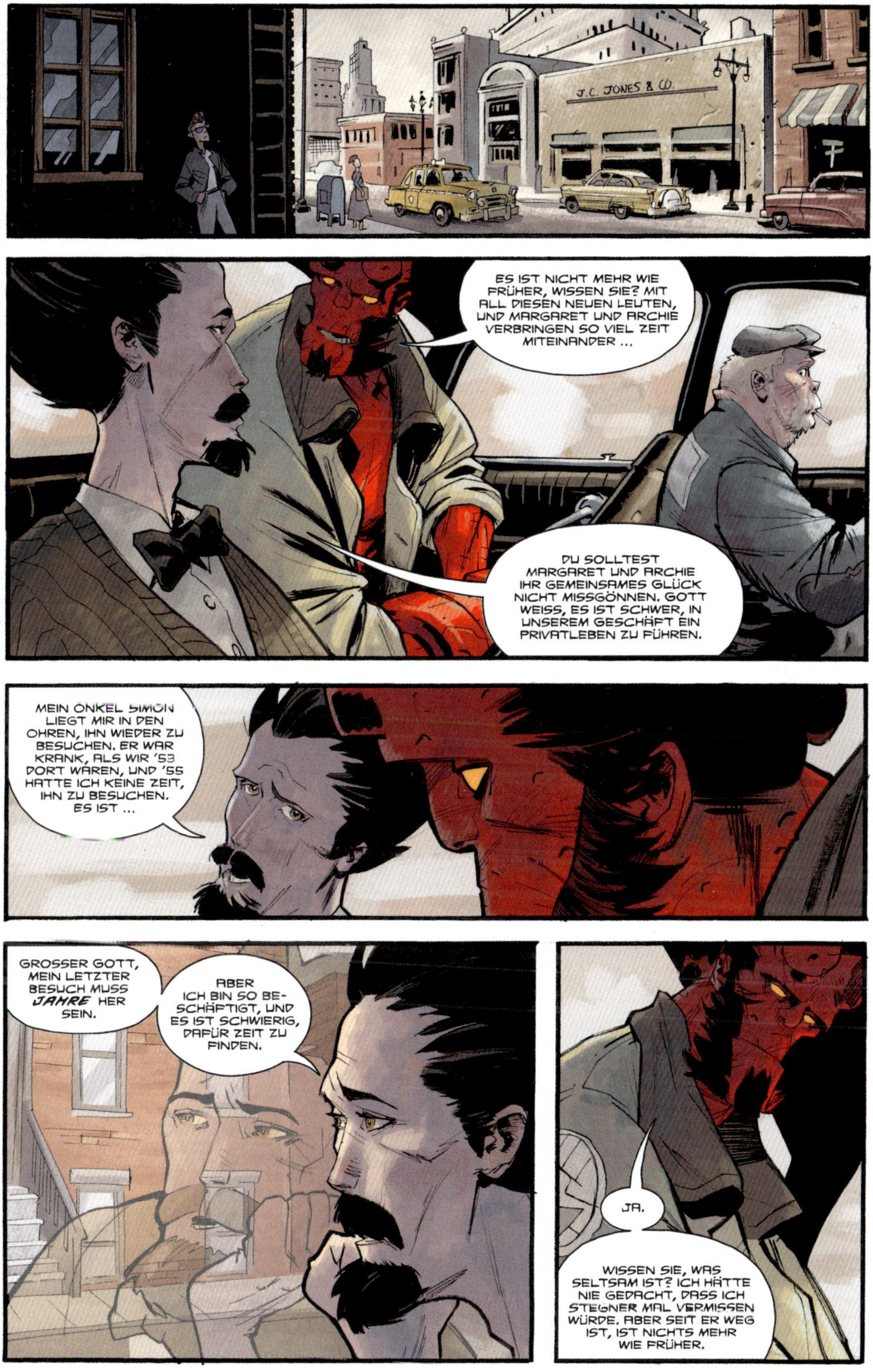
J.C. JONES & CO.
ES IST NICHT MEHR WIE FRÜHER, WISSEN SIE? MIT ALL DIESEN NEUEN LEUTEN, UND MARGARET UND ARCHIE VERBRINGEN SO VIEL ZEIT MITEINANDER ...
DU SOLLTEST MARGARET UND ARCHIE IHR GEMEINSAMES GLÜCK NICHT MISSGÖNNEN. GOTT WEISS, ES IST SCHWER, IN UNSEREM GESCHÄFT EIN PRIVATLEBEN ZU FÜHREN.
MEIN ONKEL SIMON LIEGT MIR IN DEN OHREN, IHN WIEDER ZU BESUCHEN. ER WAR KRANK, ALS WIR '53 DORT WAREN, UND '55 HATTE ICH KEINE ZEIT, IHN ZU BESUCHEN. ES IST ...
GROSSER GOTT, MEIN LETZTER BESUCH MUSS *JAHRE* HER SEIN.
ABER ICH BIN SO BESCHÄFTIGT, UND ES IST SCHWIERIG, DAFÜR ZEIT ZU FINDEN.
JA.
WISSEN SIE, WAS SELTSAM IST? ICH HÄTTE NIE GEDACHT, DASS ICH STEGNER MAL VERMISSEN WÜRDE. ABER SEIT ER WEG IST, IST NICHTS MEHR WIE FRÜHER.

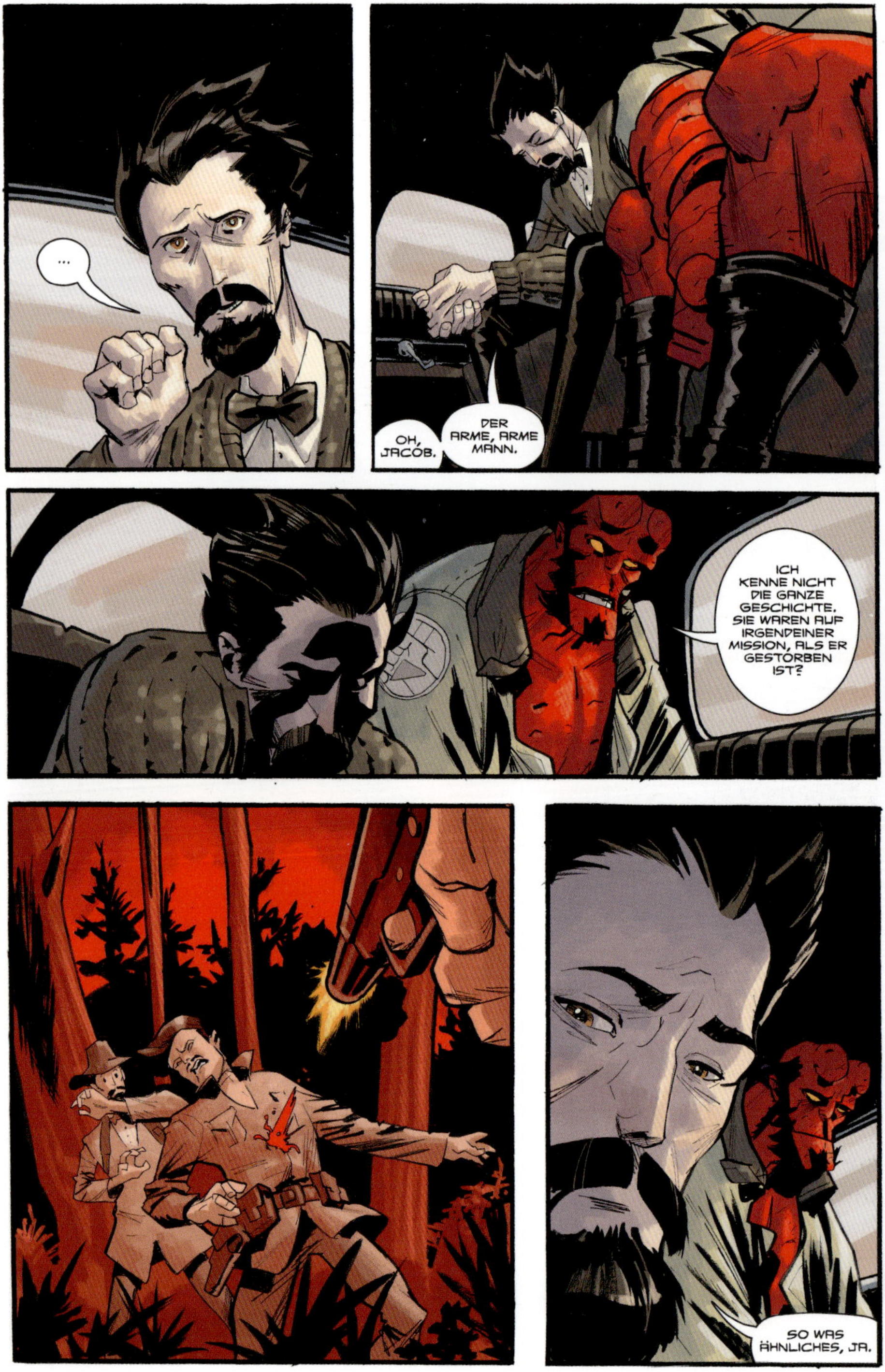
...
OH, JACOB.
DER ARME, ARME MANN.
ICH KENNE NICHT DIE GANZE GESCHICHTE. SIE WAREN AUF IRGENDEINER MISSION, ALS ER GESTORBEN IST?
SO WAS ÄHNLICHES, JA.

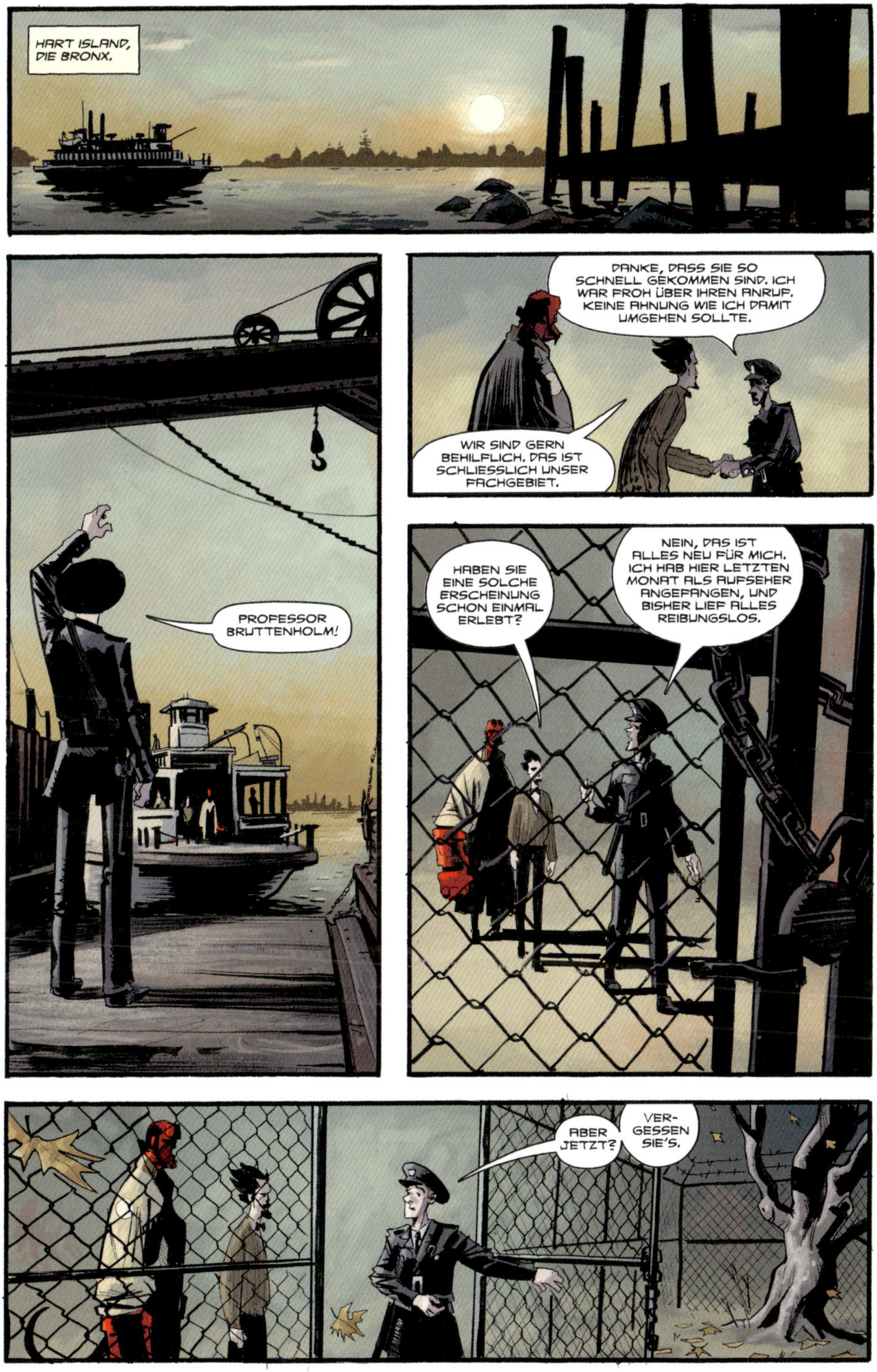
HART ISLAND, DIE BRONX.
PROFESSOR BRUTTENHOLM!
DANKE, DASS SIE SO SCHNELL GEKOMMEN SIND. ICH WAR FROH ÜBER IHREN ANRUF. KEINE AHNUNG WIE ICH DAMIT UMGEHEN SOLLTE.
WIR SIND GERN BEHILFLICH. DAS IST SCHLIESSLICH UNSER FACHGEBIET.
HABEN SIE EINE SOLCHE ERSCHEINUNG SCHON EINMAL ERLEBT?
NEIN, DAS IST ALLES NEU FÜR MICH. ICH HAB HIER LETZTEN MONAT ALS AUFSEHER ANGEFANGEN, UND BISHER LIEF ALLES REIBUNGSLOS.
ABER JETZT?
VER-GESSEN SIE'S.

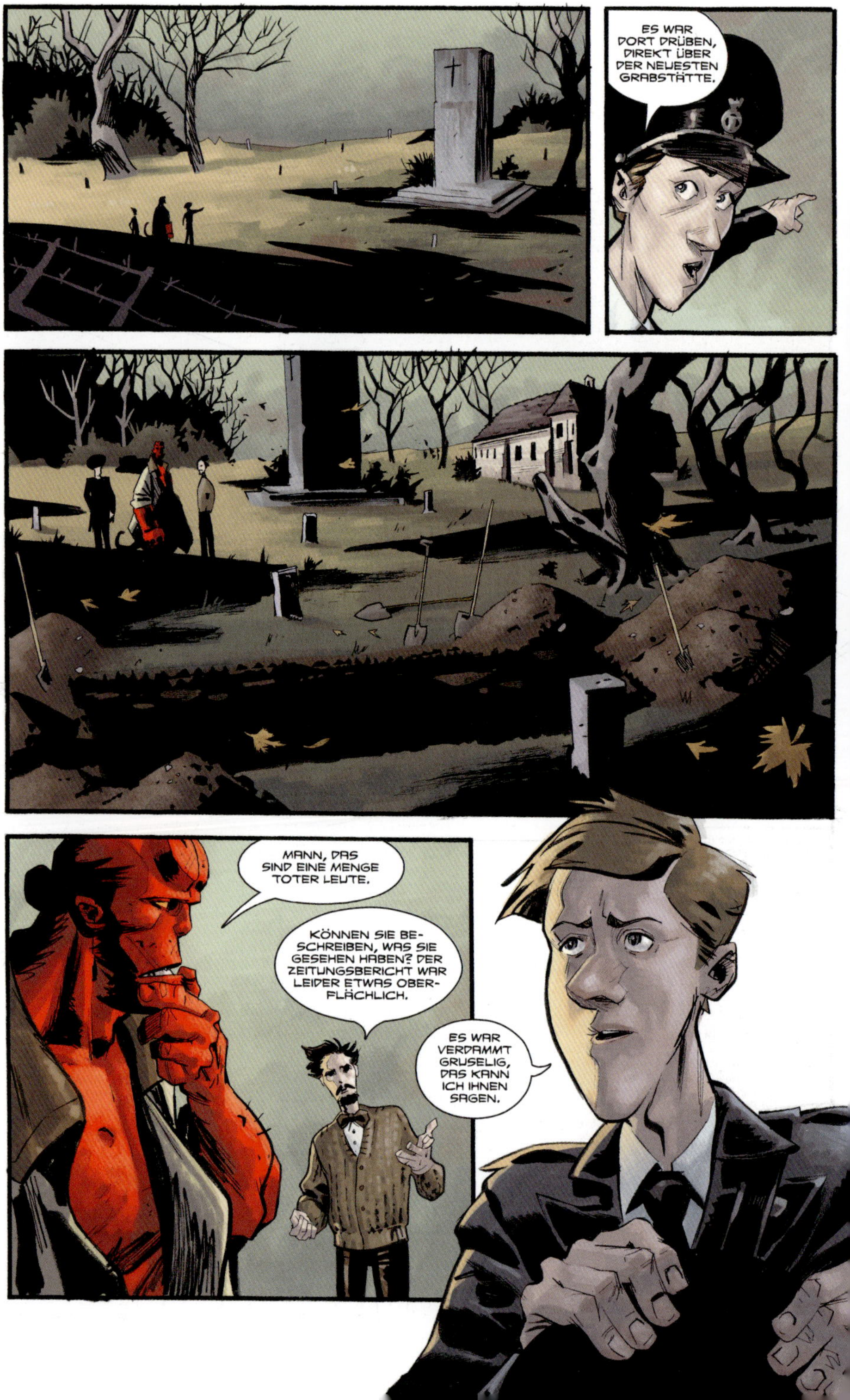
ES WAR DORT DRÜBEN, DIREKT ÜBER DER NEUESTEN GRABSTÄTTE.
MANN, DAS SIND EINE MENGE TOTER LEUTE.
KÖNNEN SIE BESCHREIBEN, WAS SIE GESEHEN HABEN? DER ZEITUNGSBERICHT WAR LEIDER ETWAS OBERFLÄCHLICH.
ES WAR VERDAMMT GRUSELIG, DAS KANN ICH IHNEN SAGEN.

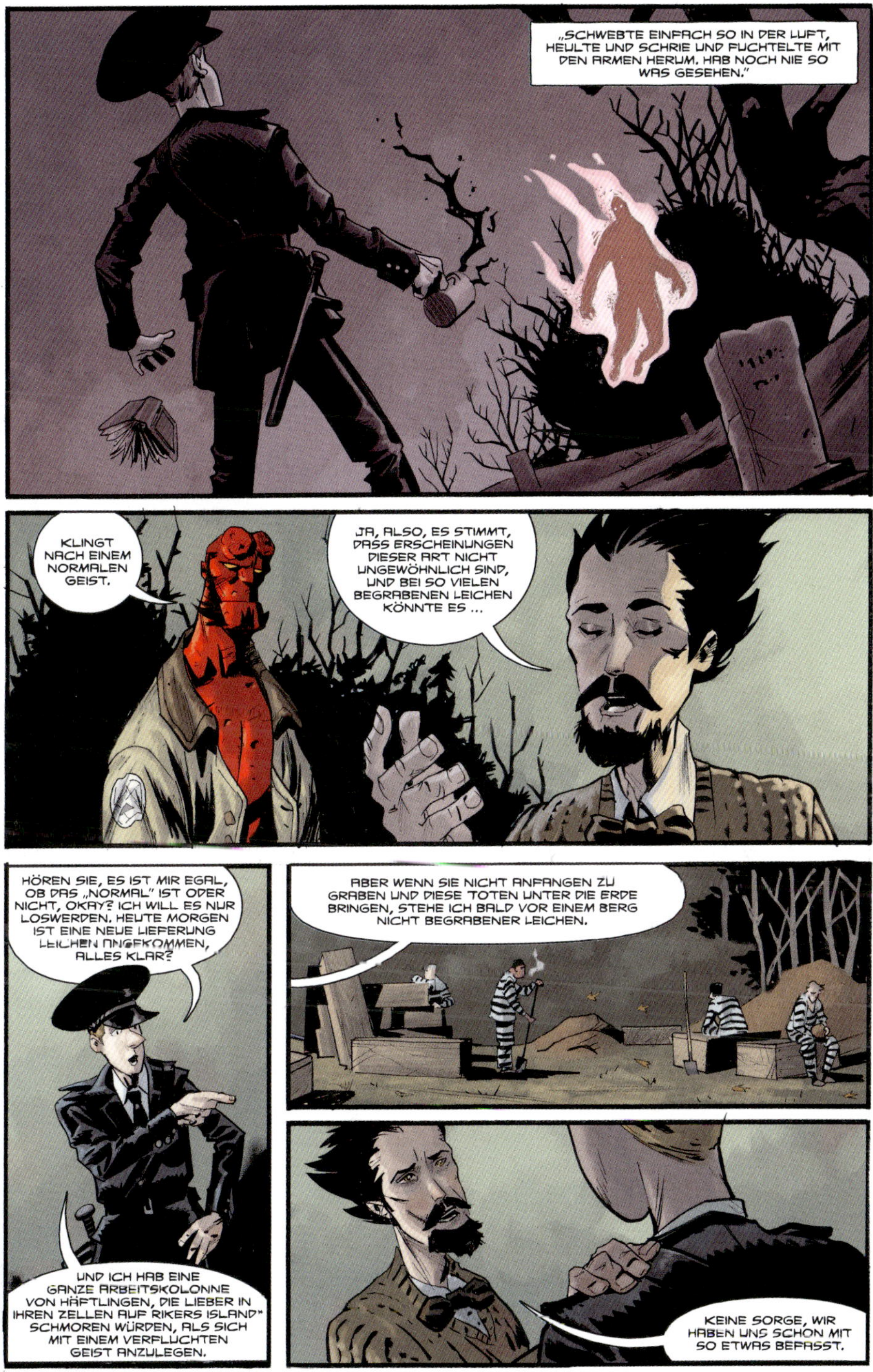

*RIKERS ISLAND IST EINE GEFÄNGNISINSEL IM EAST RIVER VON NEW YORK.

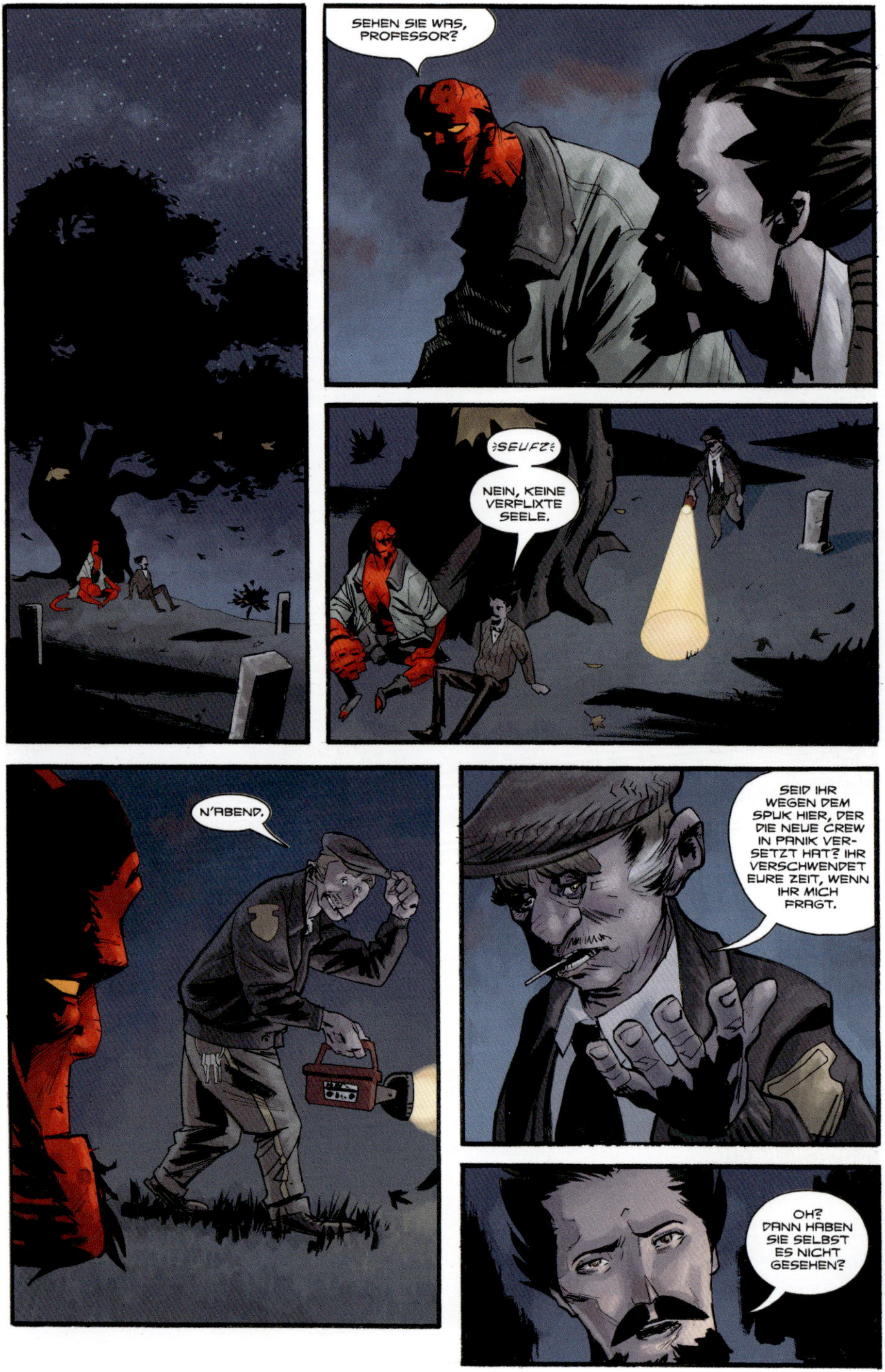
SEHEN SIE WAS, PROFESSOR?
SEUFZ
NEIN, KEINE VERFLIXTE SEELE.
N'ABEND.
SEID IHR WEGEN DEM SPUK HIER, DER DIE NEUE CREW IN PANIK VER-SETZT HAT? IHR VERSCHWENDET EURE ZEIT, WENN IHR MICH FRAGT.
OH? DANN HABEN SIE SELBST ES NICHT GESEHEN?

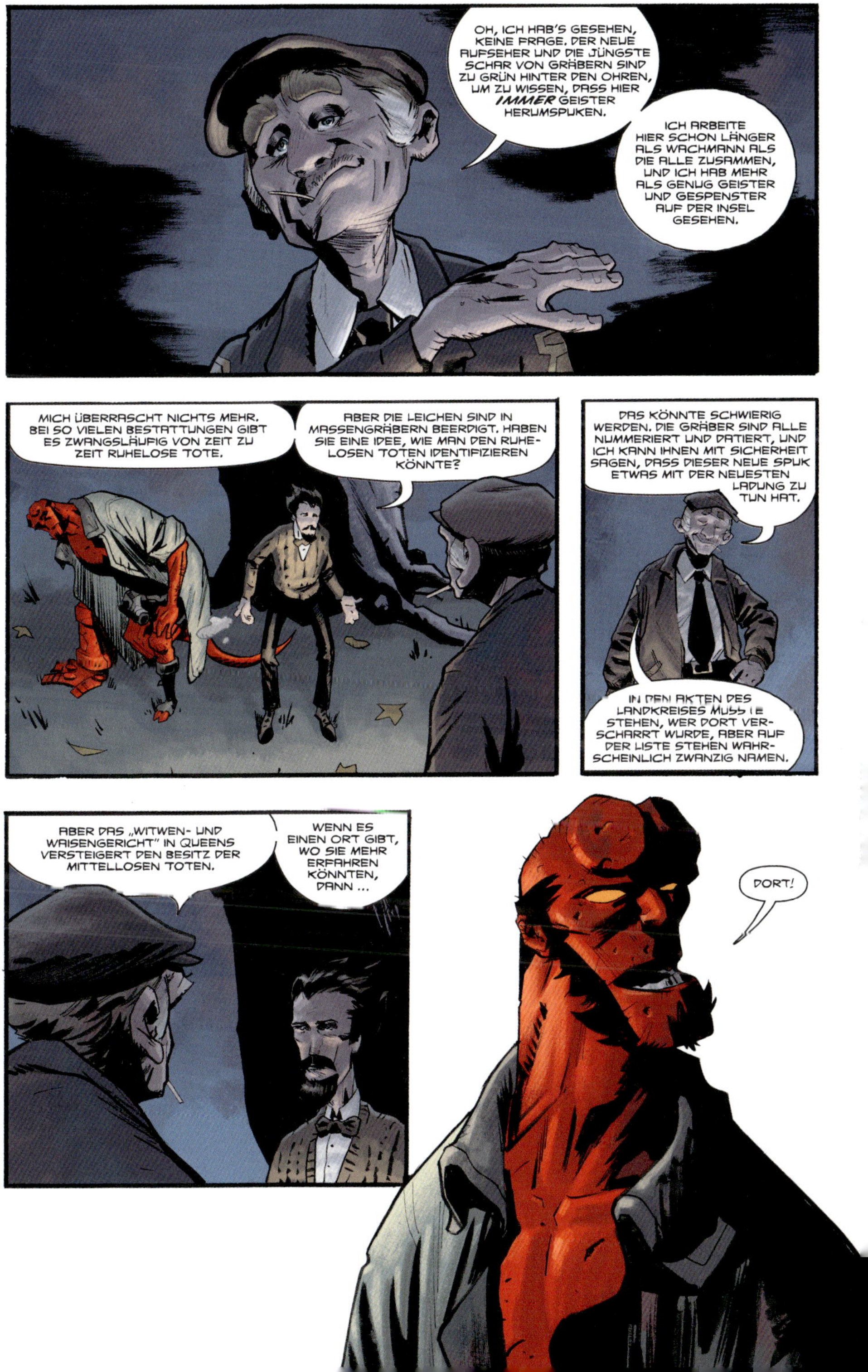
OH, ICH HAB'S GESEHEN, KEINE FRAGE. DER NEUE AUFSEHER UND DIE JÜNGSTE SCHAR VON GRÄBERN SIND ZU GRÜN HINTER DEN OHREN, UM ZU WISSEN, DASS HIER *IMMER* GEISTER HERUMSPUKEN.
ICH ARBEITE HIER SCHON LÄNGER ALS WACHMANN ALS DIE ALLE ZUSAMMEN, UND ICH HAB MEHR ALS GENUG GEISTER UND GESPENSTER AUF DER INSEL GESEHEN.
MICH ÜBERRASCHT NICHTS MEHR. BEI SO VIELEN BESTATTUNGEN GIBT ES ZWANGSLÄUFIG VON ZEIT ZU ZEIT RUHELOSE TOTE.
ABER DIE LEICHEN SIND IN MASSENGRÄBERN BEERDIGT. HABEN SIE EINE IDEE, WIE MAN DEN RUHE-LOSEN TOTEN IDENTIFIZIEREN KÖNNTE?
DAS KÖNNTE SCHWIERIG WERDEN. DIE GRÄBER SIND ALLE NUMMERIERT UND DATIERT, UND ICH KANN IHNEN MIT SICHERHEIT SAGEN, DASS DIESER NEUE SPUK ETWAS MIT DER NEUESTEN LADUNG ZU TUN HAT.
IN DEN AKTEN DES LANDKREISES MÜSSTE STEHEN, WER DORT VER-SCHARRT WURDE, ABER AUF DER LISTE STEHEN WAHR-SCHEINLICH ZWANZIG NAMEN.
ABER DAS „WITWEN- UND WAISENGERICHT" IN QUEENS VERSTEIGERT DEN BESITZ DER MITTELLOSEN TOTEN.
WENN ES EINEN ORT GIBT, WO SIE MEHR ERFAHREN KÖNNTEN, DANN ...
DORT!

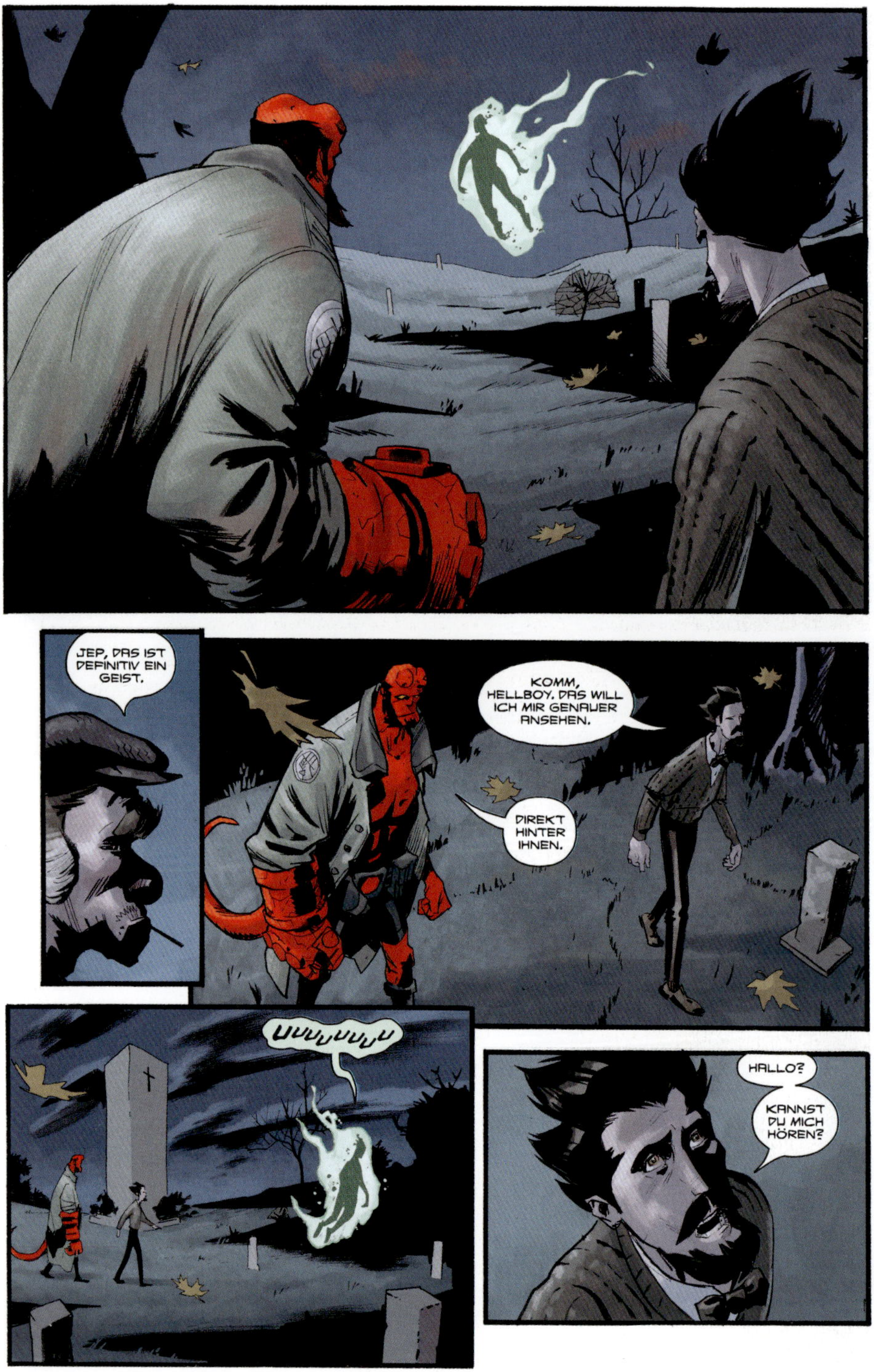
JEP, DAS IST DEFINITIV EIN GEIST.
KOMM, HELLBOY. DAS WILL ICH MIR GENAUER ANSEHEN.
DIREKT HINTER IHNEN.
UUUUUUUU
HALLO?
KANNST DU MICH HÖREN?

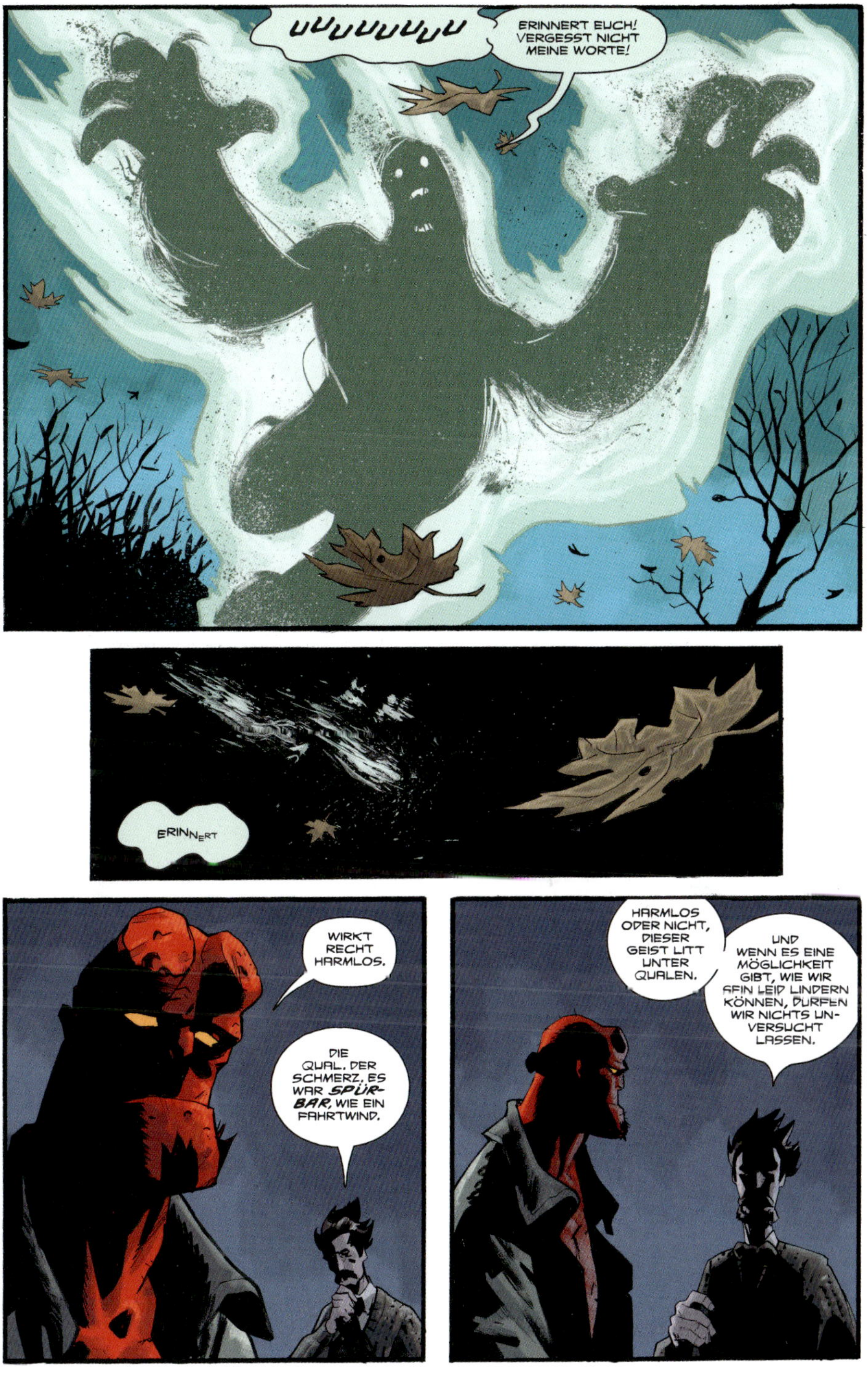
UUUUUUUUU
ERINNERT EUCH! VERGESST NICHT MEINE WORTE!
ERINNERT
WIRKT RECHT HARMLOS.
DIE QUAL. DER SCHMERZ. ES WAR SPÜRBAR, WIE EIN FAHRTWIND.
HARMLOS ODER NICHT, DIESER GEIST LITT UNTER QUALEN.
UND WENN ES EINE MÖGLICHKEIT GIBT, WIE WIR SEIN LEID LINDERN KÖNNEN, DÜRFEN WIR NICHTS UNVERSUCHT LASSEN.

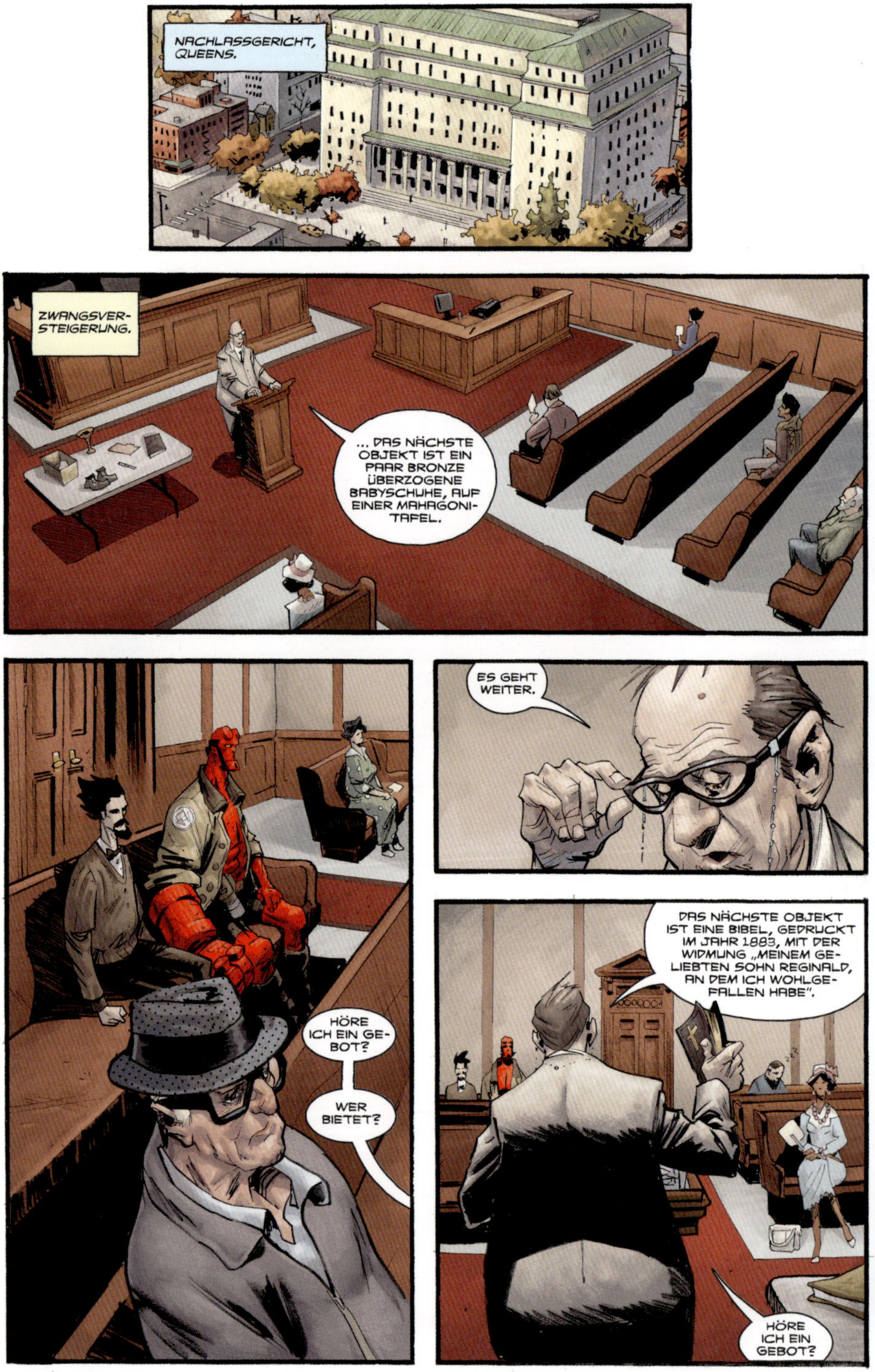
NACHLASSGERICHT, QUEENS.
ZWANGSVER-STEIGERUNG.
... DAS NÄCHSTE OBJEKT IST EIN PAAR BRONZE ÜBERZOGENE BABYSCHUHE, AUF EINER MAHAGONI-TAFEL.
HÖRE ICH EIN GE-BOT?
WER BIETET?
ES GEHT WEITER.
DAS NÄCHSTE OBJEKT IST EINE BIBEL, GEDRUCKT IM JAHR 1883, MIT DER WIDMUNG „MEINEM GE-LIEBTEN SOHN REGINALD, AN DEM ICH WOHLGE-FALLEN HABE".
HÖRE ICH EIN GEBOT?

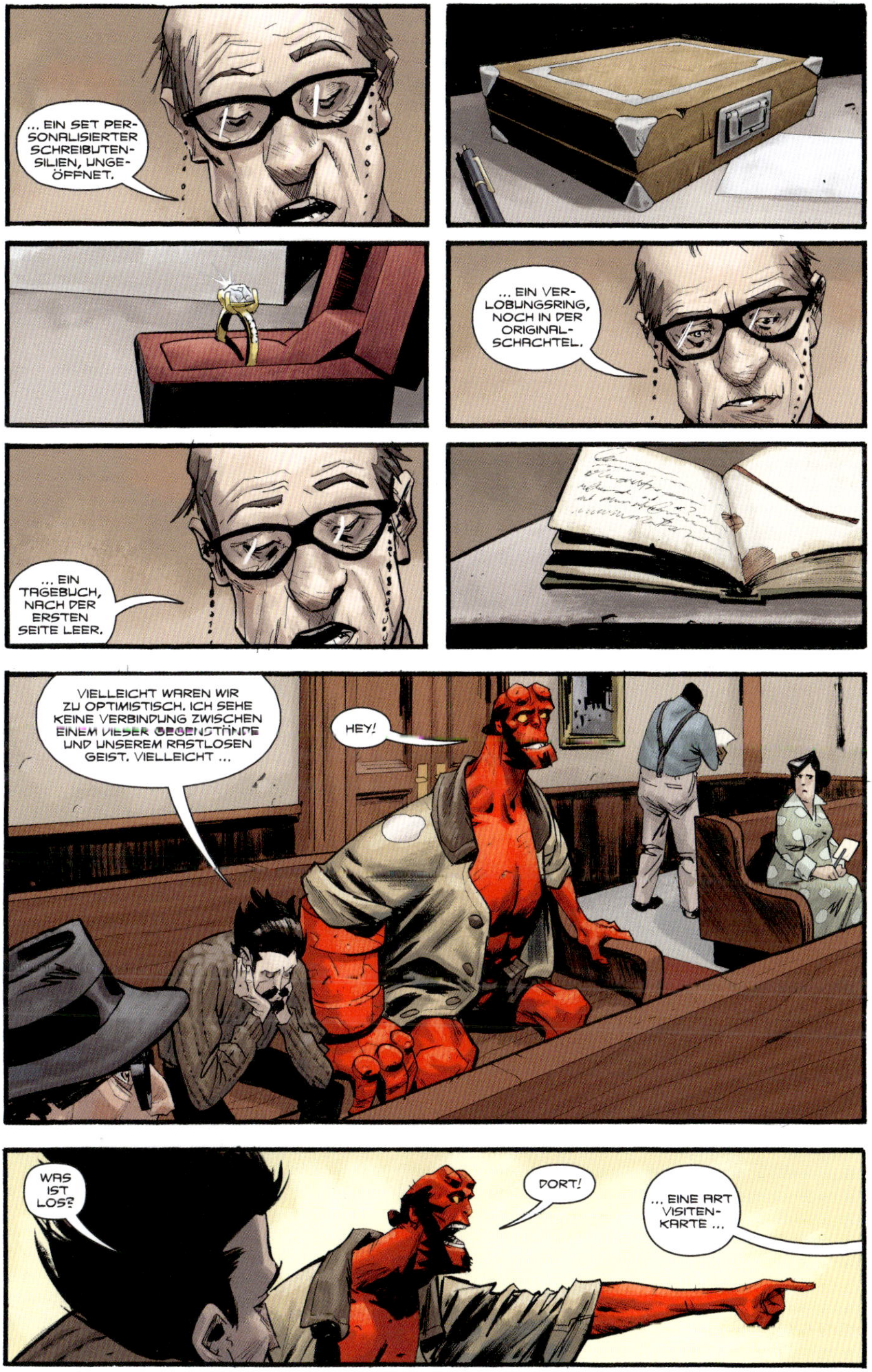
... EIN SET PERSONALISIERTER SCHREIBUTENSILIEN, UNGEÖFFNET.
... EIN VERLOBUNGSRING, NOCH IN DER ORIGINALSCHACHTEL.
... EIN TAGEBUCH, NACH DER ERSTEN SEITE LEER.
VIELLEICHT WAREN WIR ZU OPTIMISTISCH. ICH SEHE KEINE VERBINDUNG ZWISCHEN EINEM DIESER GEGENSTÄNDE UND UNSEREM RASTLOSEN GEIST. VIELLEICHT ...
HEY!
WAS IST LOS?
DORT!
... EINE ART VISITENKARTE ...

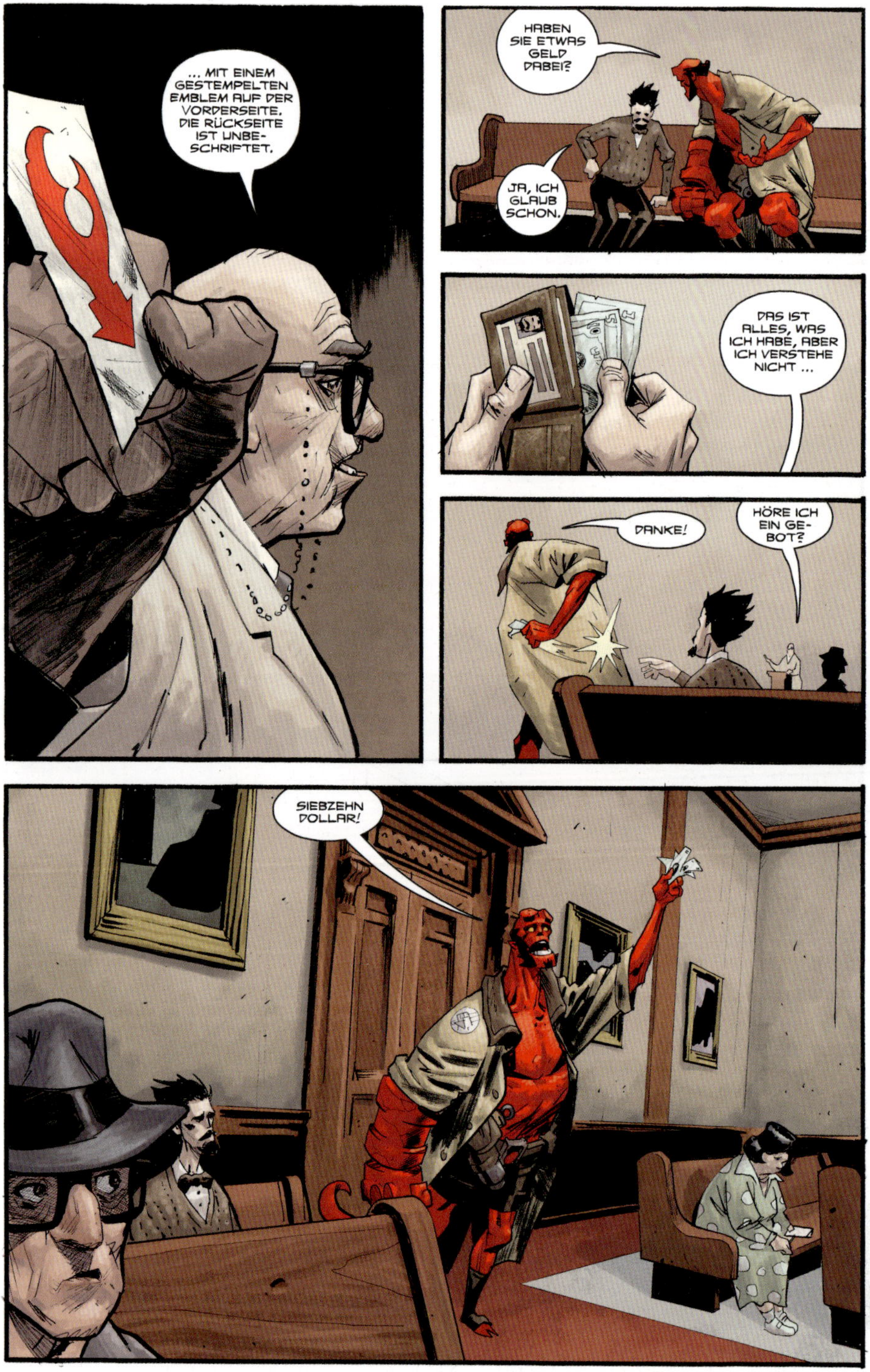
… MIT EINEM GESTEMPELTEN EMBLEM AUF DER VORDERSEITE. DIE RÜCKSEITE IST UNBESCHRIFTET.
HABEN SIE ETWAS GELD DABEI?
JA, ICH GLAUB SCHON.
DAS IST ALLES, WAS ICH HABE, ABER ICH VERSTEHE NICHT …
DANKE!
HÖRE ICH EIN GEBOT?
SIEBZEHN DOLLAR!

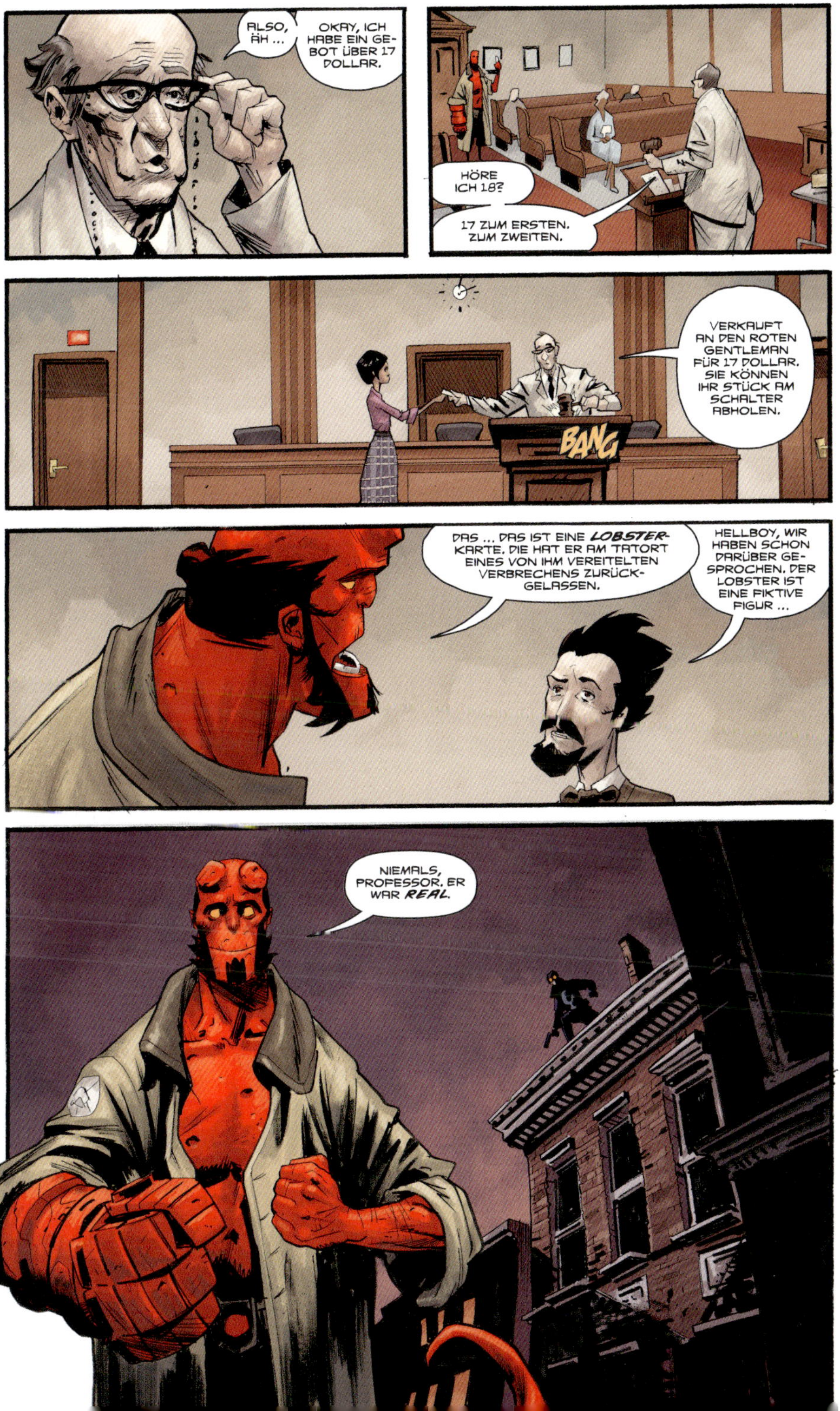
ALSO, ÄH ...
OKAY, ICH HABE EIN GEBOT ÜBER 17 DOLLAR.
HÖRE ICH 18?
17 ZUM ERSTEN. ZUM ZWEITEN.
VERKAUFT AN DEN ROTEN GENTLEMAN FÜR 17 DOLLAR. SIE KÖNNEN IHR STÜCK AM SCHALTER ABHOLEN.
BANG
DAS ... DAS IST EINE LOBSTER-KARTE. DIE HAT ER AM TATORT EINES VON IHM VEREITELTEN VERBRECHENS ZURÜCKGELASSEN.
HELLBOY, WIR HABEN SCHON DARÜBER GESPROCHEN. DER LOBSTER IST EINE FIKTIVE FIGUR ...
NIEMALS, PROFESSOR. ER WAR REAL.

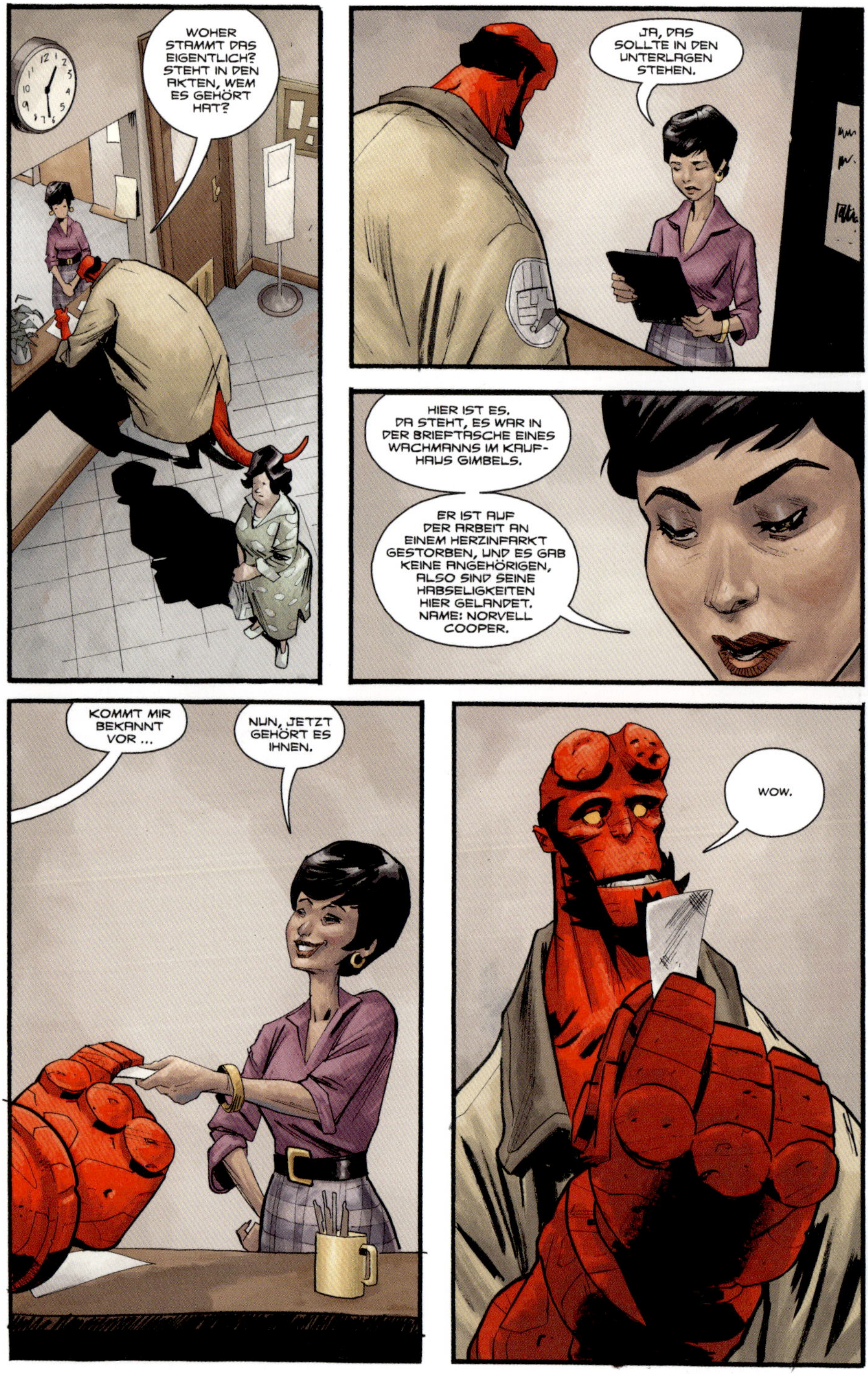
WOHER STAMMT DAS EIGENTLICH? STEHT IN DEN AKTEN, WEM ES GEHÖRT HAT?
JA, DAS SOLLTE IN DEN UNTERLAGEN STEHEN.
HIER IST ES. DA STEHT, ES WAR IN DER BRIEFTASCHE EINES WACHMANNS IM KAUF-HAUS GIMBELS.
ER IST AUF DER ARBEIT AN EINEM HERZINFARKT GESTORBEN, UND ES GAB KEINE ANGEHÖRIGEN, ALSO SIND SEINE HABSELIGKEITEN HIER GELANDET. NAME: NORVELL COOPER.
KOMMT MIR BEKANNT VOR ...
NUN, JETZT GEHÖRT ES IHNEN.
WOW.

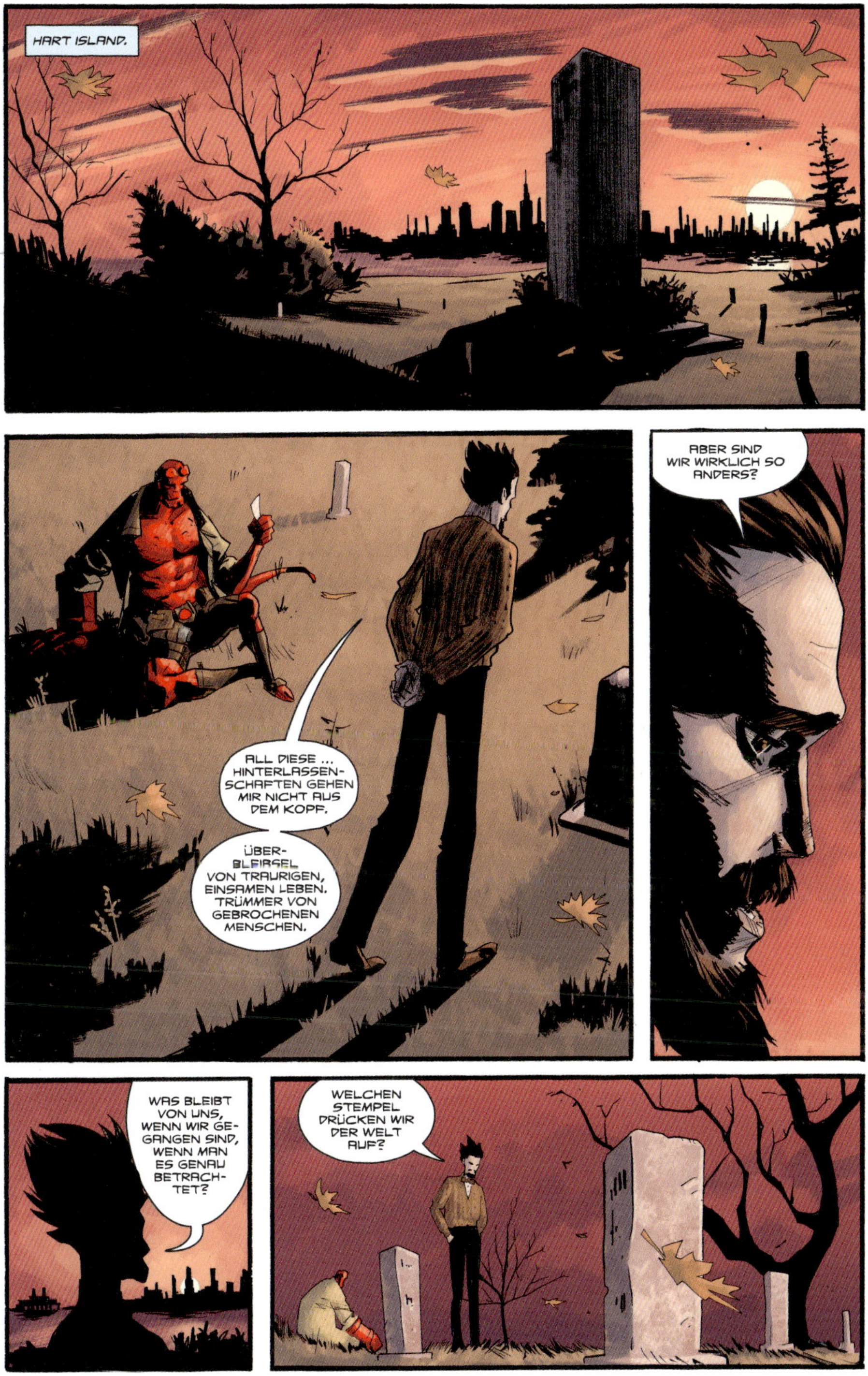
HART ISLAND.
ALL DIESE … HINTERLASSEN-SCHAFTEN GEHEN MIR NICHT AUS DEM KOPF.
ÜBER-BLEIBSEL VON TRAURIGEN, EINSAMEN LEBEN. TRÜMMER VON GEBROCHENEN MENSCHEN.
ABER SIND WIR WIRKLICH SO ANDERS?
WAS BLEIBT VON UNS, WENN WIR GE-GANGEN SIND, WENN MAN ES GENAU BETRACH-TET?
WELCHEN STEMPEL DRÜCKEN WIR DER WELT AUF?

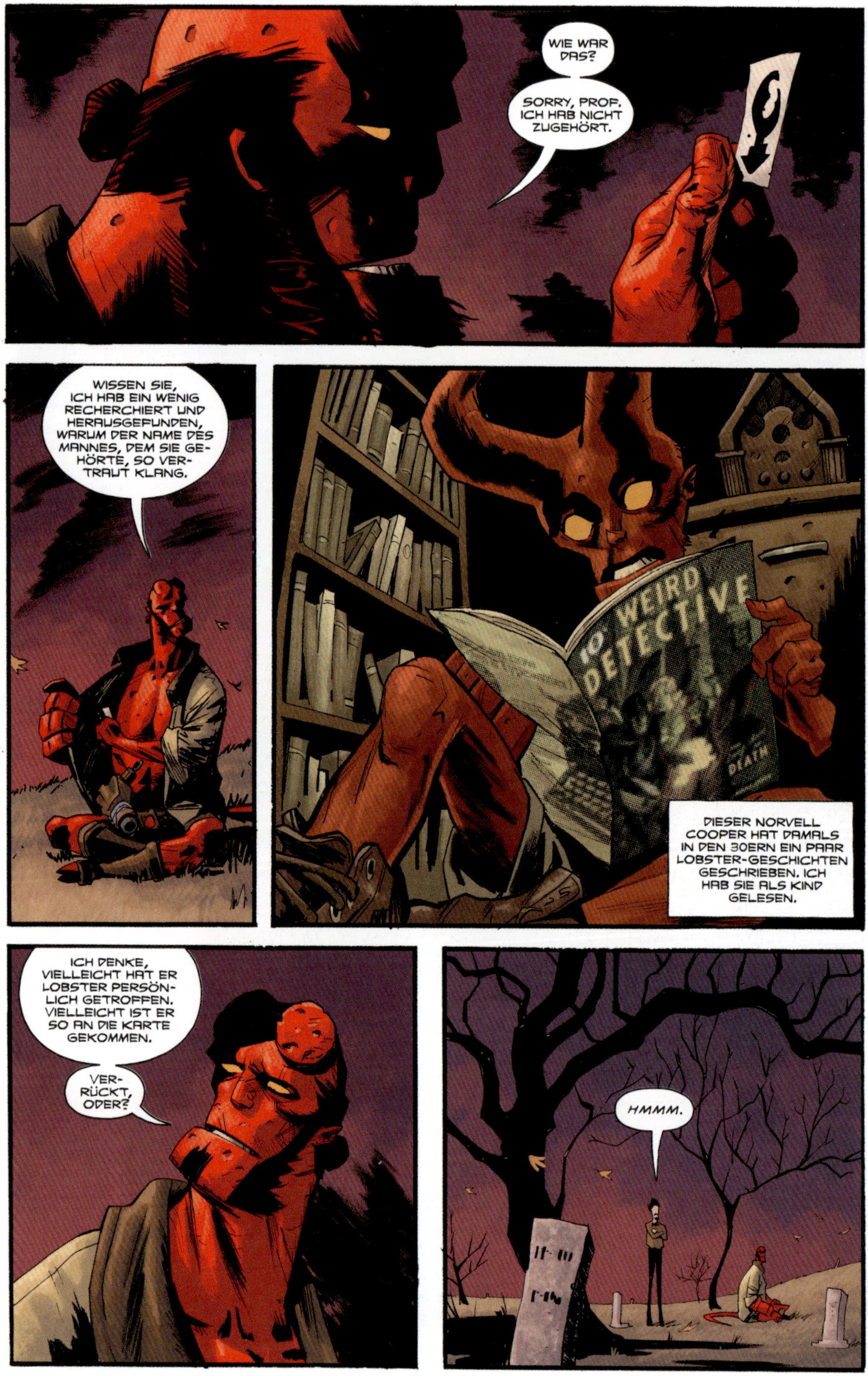
WIE WAR DAS?
SORRY, PROF. ICH HAB NICHT ZUGEHÖRT.
WISSEN SIE, ICH HAB EIN WENIG RECHERCHIERT UND HERAUSGEFUNDEN, WARUM DER NAME DES MANNES, DEM SIE GEHÖRTE, SO VERTRAUT KLANG.
WEIRD DETECTIVE
DEATH
DIESER NORVELL COOPER HAT DAMALS IN DEN 30ERN EIN PAAR LOBSTER-GESCHICHTEN GESCHRIEBEN. ICH HAB SIE ALS KIND GELESEN.
ICH DENKE, VIELLEICHT HAT ER LOBSTER PERSÖNLICH GETROFFEN. VIELLEICHT IST ER SO AN DIE KARTE GEKOMMEN.
VERRÜCKT, ODER?
HMMM.

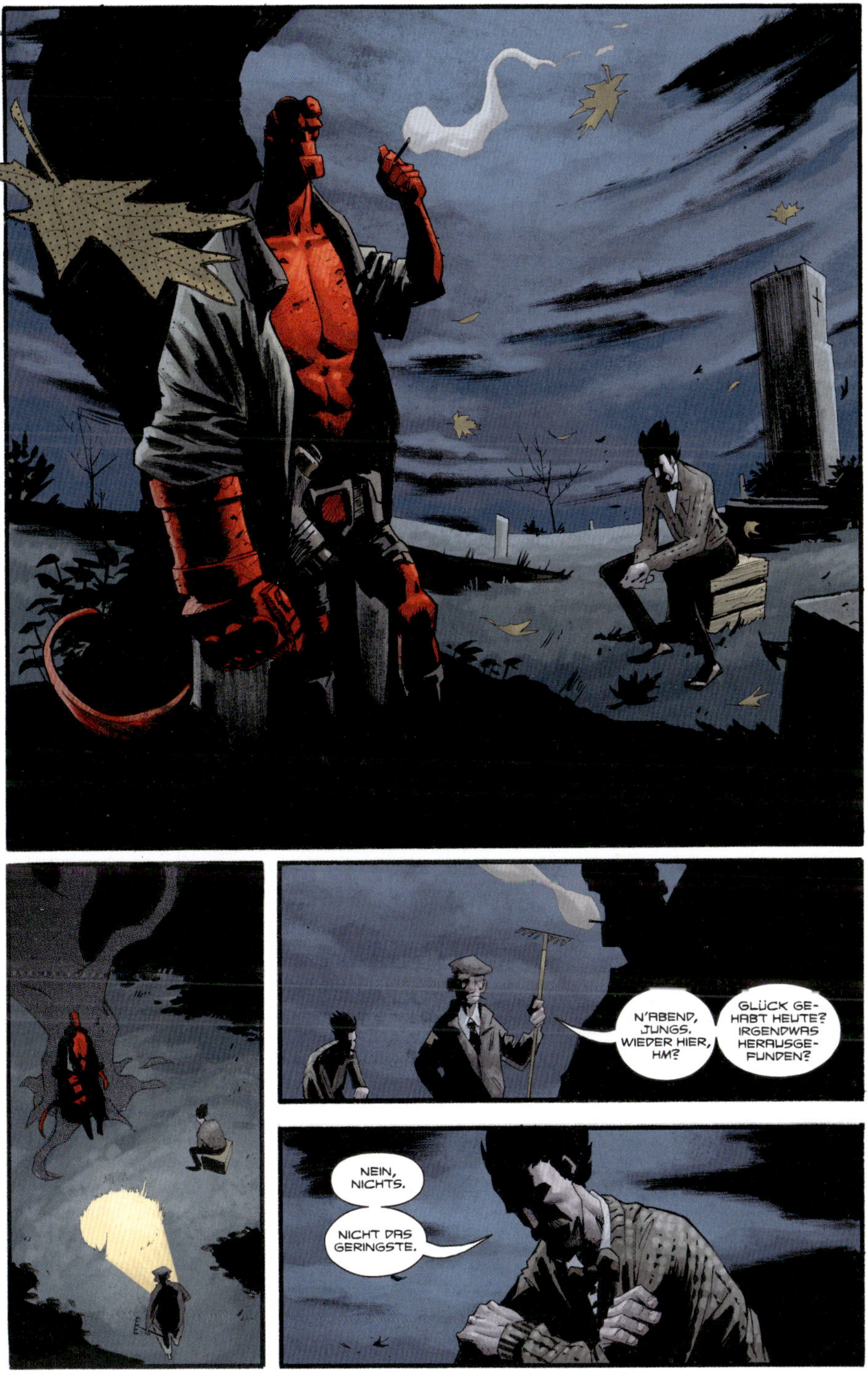
N'ABEND, JUNGS. WIEDER HIER, HM?
GLÜCK GEHABT HEUTE? IRGENDWAS HERAUSGEFUNDEN?
NEIN, NICHTS.
NICHT DAS GERINGSTE.

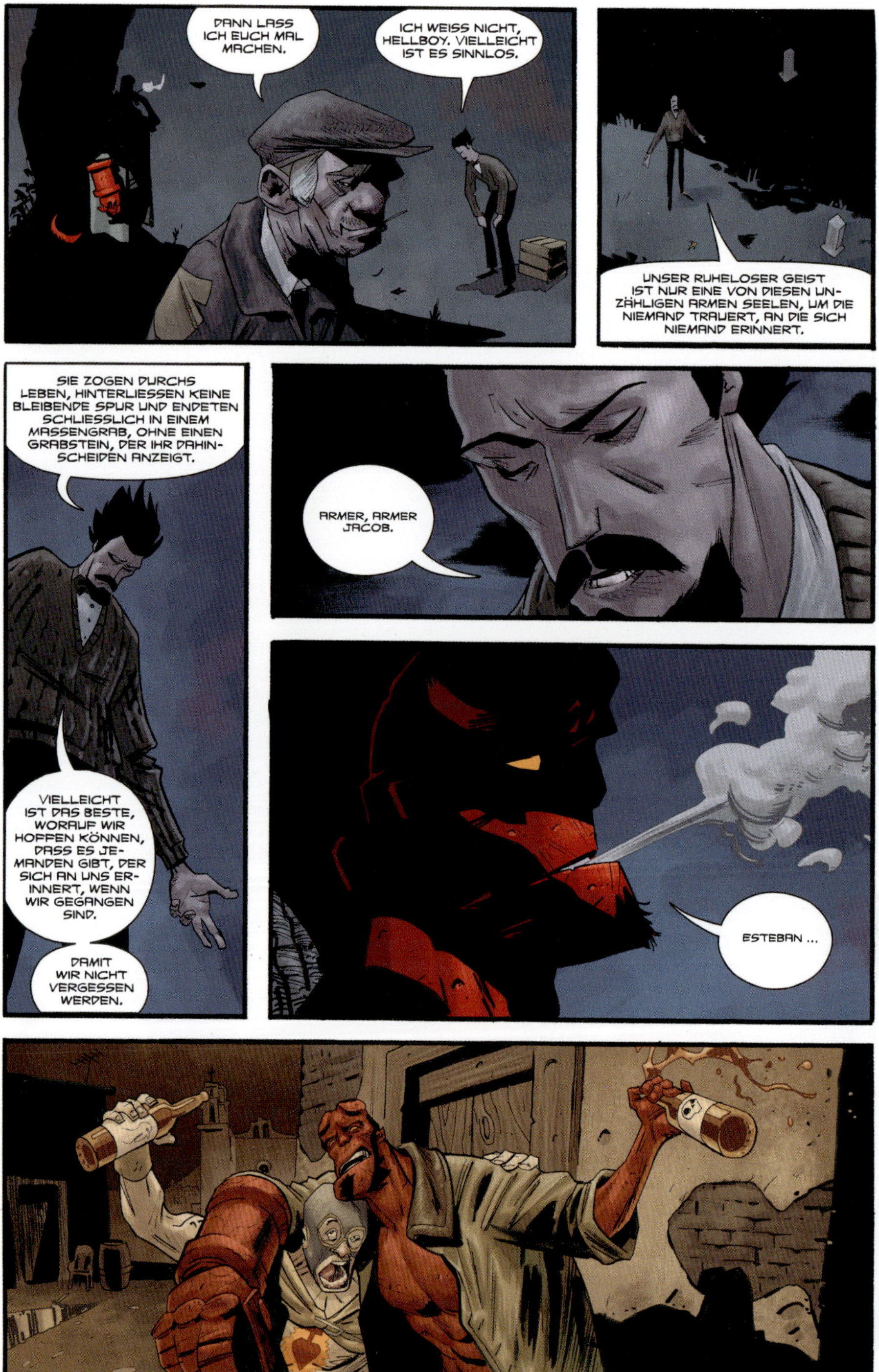
DANN LASS ICH EUCH MAL MACHEN.
ICH WEISS NICHT, HELLBOY. VIELLEICHT IST ES SINNLOS.
UNSER RUHELOSER GEIST IST NUR EINE VON DIESEN UN-ZÄHLIGEN ARMEN SEELEN, UM DIE NIEMAND TRAUERT, AN DIE SICH NIEMAND ERINNERT.
SIE ZOGEN DURCHS LEBEN, HINTERLIESSEN KEINE BLEIBENDE SPUR UND ENDETEN SCHLIESSLICH IN EINEM MASSENGRAB, OHNE EINEN GRABSTEIN, DER IHR DAHIN-SCHEIDEN ANZEIGT.
ARMER, ARMER JACOB.
VIELLEICHT IST DAS BESTE, WORAUF WIR HOFFEN KÖNNEN, DASS ES JE-MANDEN GIBT, DER SICH AN UNS ER-INNERT, WENN WIR GEGANGEN SIND.
DAMIT WIR NICHT VERGESSEN WERDEN.
ESTEBAN ...

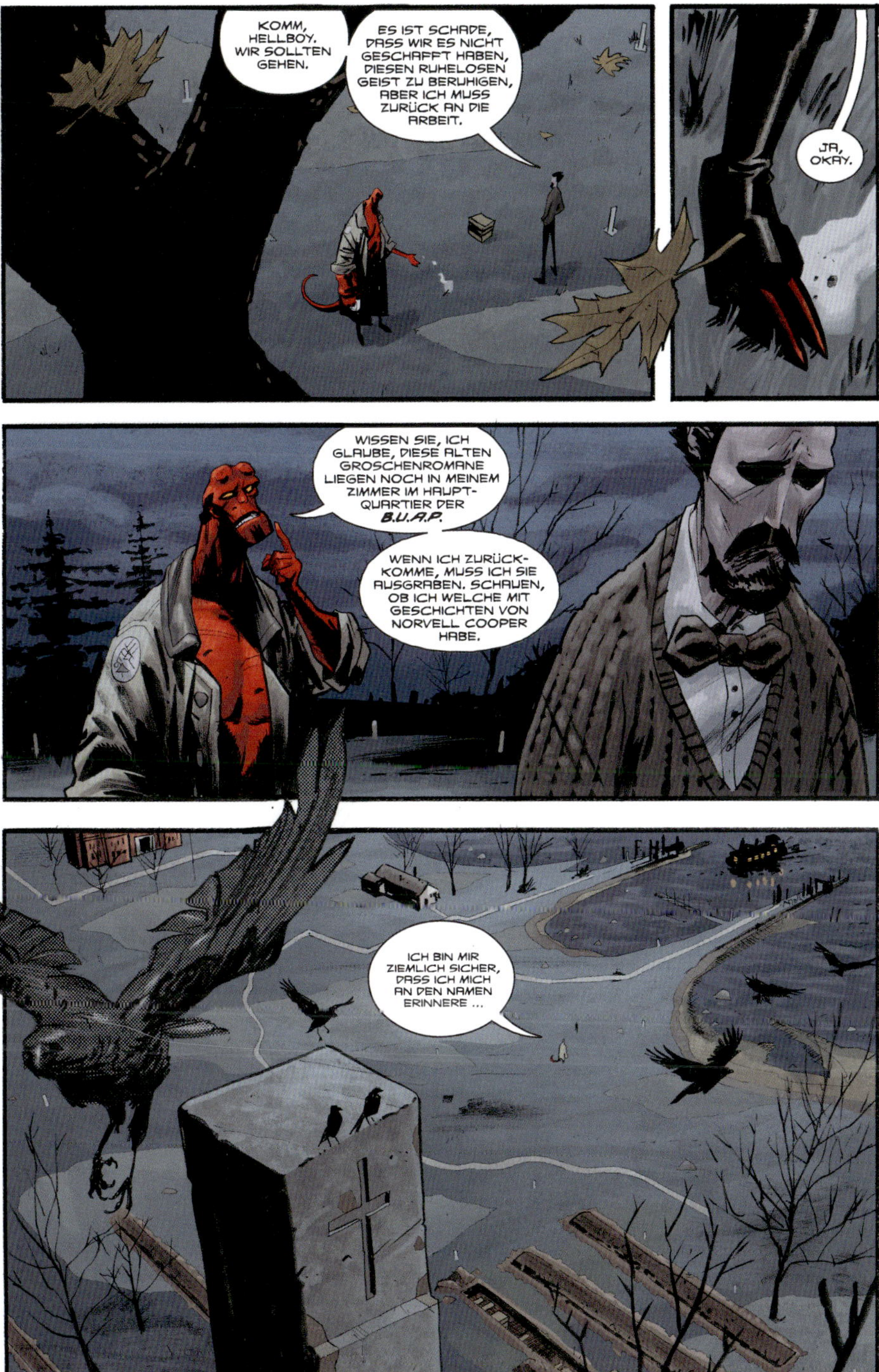
KOMM, HELLBOY. WIR SOLLTEN GEHEN.
ES IST SCHADE, DASS WIR ES NICHT GESCHAFFT HABEN, DIESEN RUHELOSEN GEIST ZU BERUHIGEN, ABER ICH MUSS ZURÜCK AN DIE ARBEIT.
JA, OKAY.
WISSEN SIE, ICH GLAUBE, DIESE ALTEN GROSCHENROMANE LIEGEN NOCH IN MEINEM ZIMMER IM HAUPTQUARTIER DER B.U.A.P.
WENN ICH ZURÜCKKOMME, MUSS ICH SIE AUSGRABEN. SCHAUEN, OB ICH WELCHE MIT GESCHICHTEN VON NORVELL COOPER HABE.
ICH BIN MIR ZIEMLICH SICHER, DASS ICH MICH AN DEN NAMEN ERINNERE ...

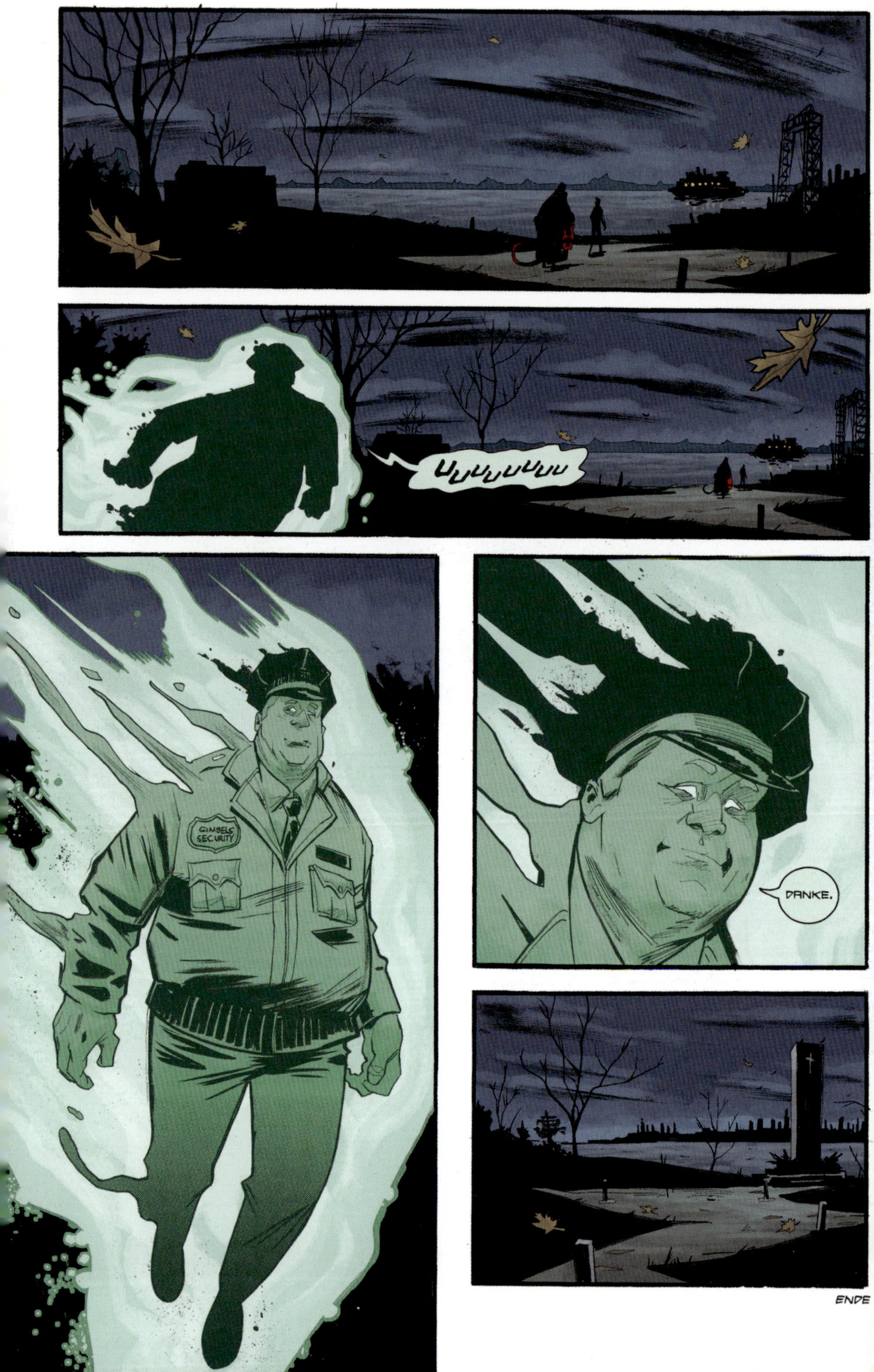
UUUUUUUU
GIMBELS SECURITY
DANKE.
ENDE

DER HIMMEL STÜRZT EIN

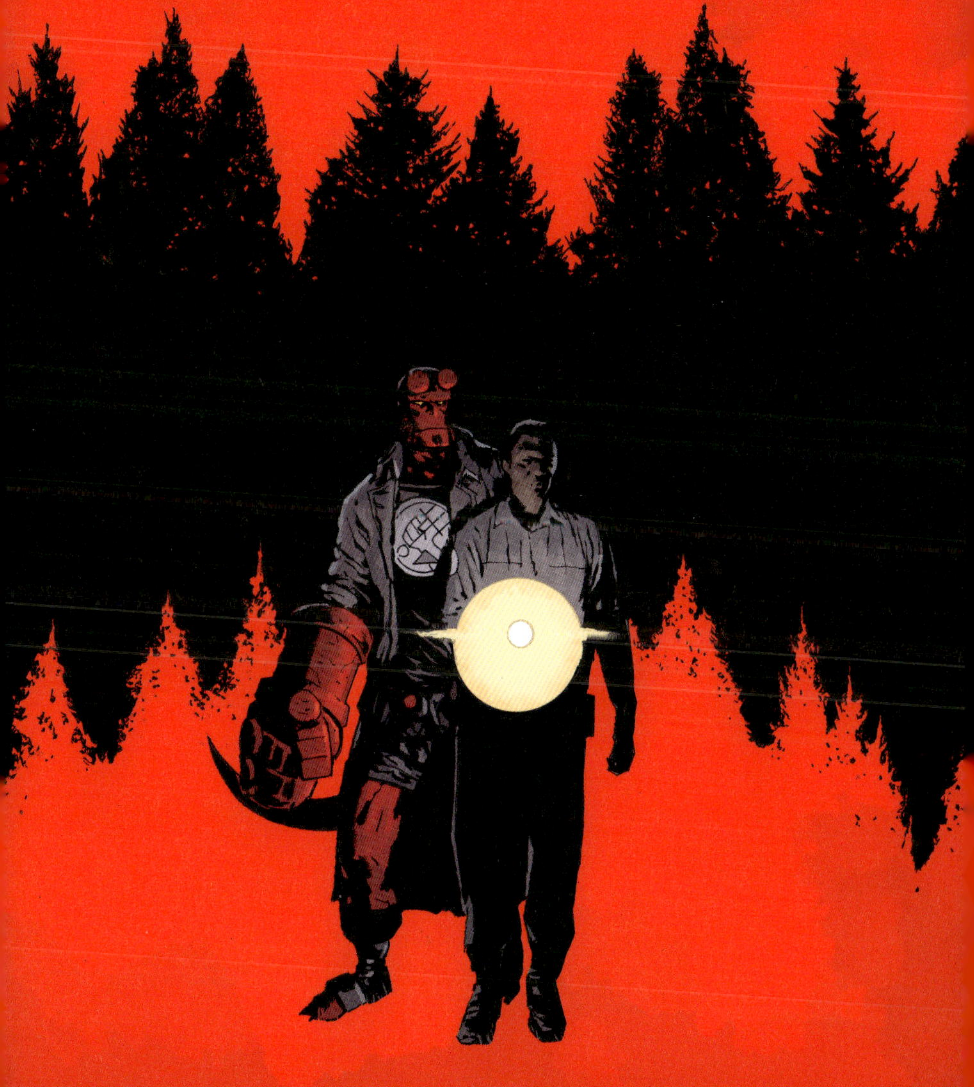

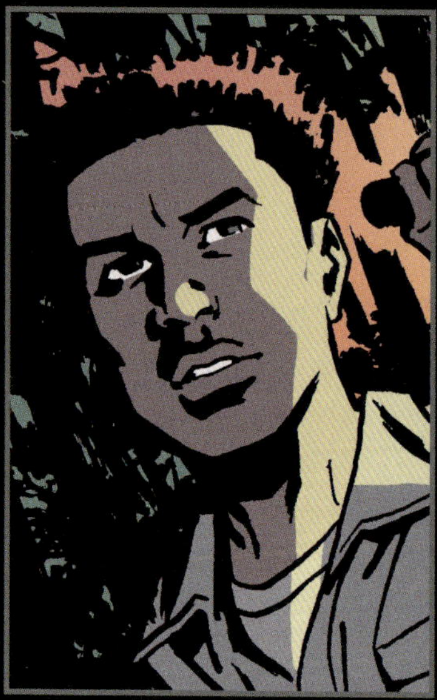

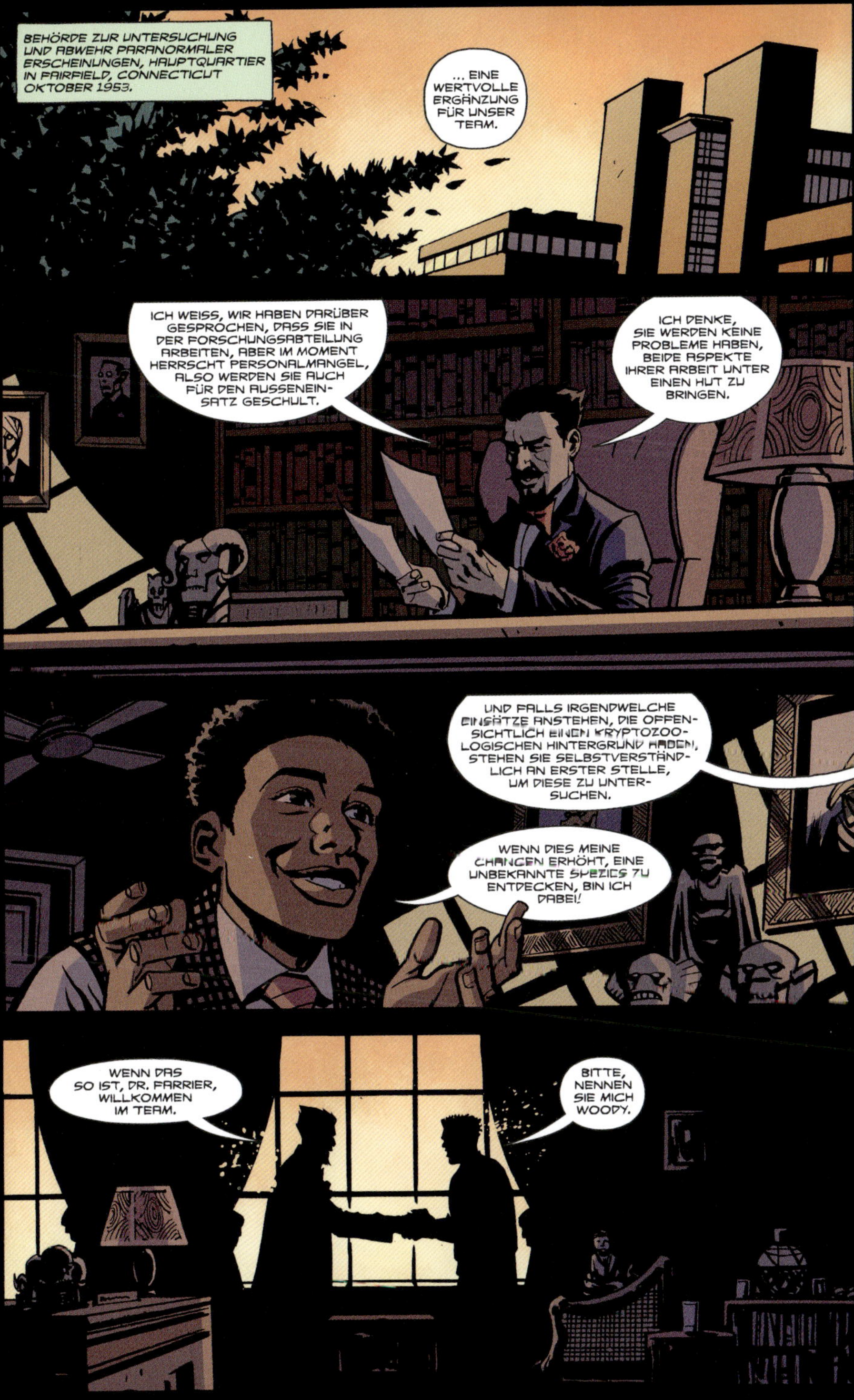
BEHÖRDE ZUR UNTERSUCHUNG UND ABWEHR PARANORMALER ERSCHEINUNGEN, HAUPTQUARTIER IN FAIRFIELD, CONNECTICUT OKTOBER 1953.
... EINE WERTVOLLE ERGÄNZUNG FÜR UNSER TEAM.
ICH WEISS, WIR HABEN DARÜBER GESPROCHEN, DASS SIE IN DER FORSCHUNGSABTEILUNG ARBEITEN, ABER IM MOMENT HERRSCHT PERSONALMANGEL, ALSO WERDEN SIE AUCH FÜR DEN AUSSENEIN-SATZ GESCHULT.
ICH DENKE, SIE WERDEN KEINE PROBLEME HABEN, BEIDE ASPEKTE IHRER ARBEIT UNTER EINEN HUT ZU BRINGEN.
UND FALLS IRGENDWELCHE EINSÄTZE ANSTEHEN, DIE OFFEN-SICHTLICH EINEN KRYPTOZOO-LOGISCHEN HINTERGRUND HABEN, STEHEN SIE SELBSTVERSTÄND-LICH AN ERSTER STELLE, UM DIESE ZU UNTER-SUCHEN.
WENN DIES MEINE CHANCEN ERHÖHT, EINE UNBEKANNTE SPEZIES ZU ENTDECKEN, BIN ICH DABEI!
WENN DAS SO IST, DR. FARRIER, WILLKOMMEN IM TEAM.
BITTE, NENNEN SIE MICH WOODY.

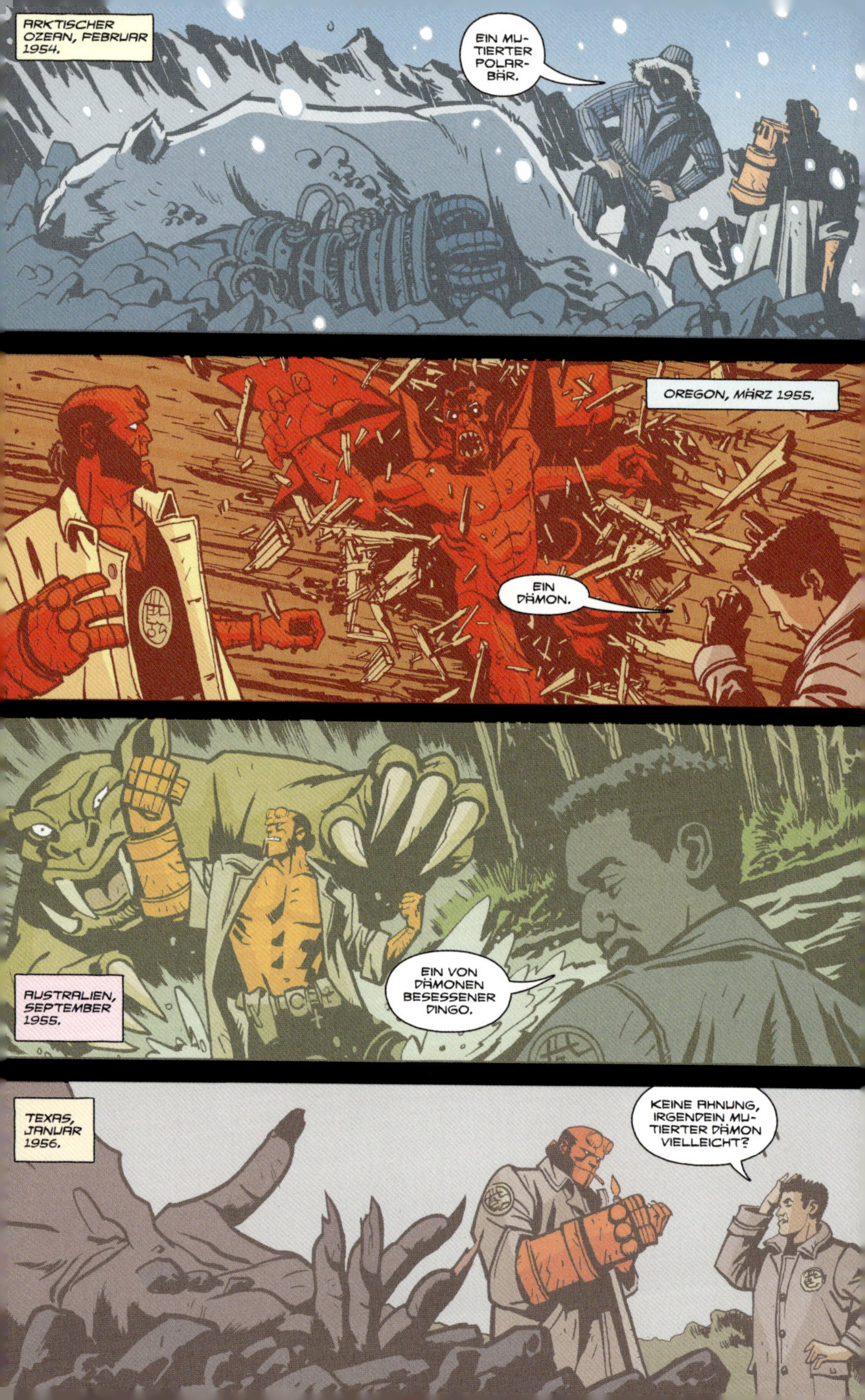
ARKTISCHER OZEAN, FEBRUAR 1954.
EIN MU-TIERTER POLAR-BÄR.
OREGON, MÄRZ 1955.
EIN DÄMON.
AUSTRALIEN, SEPTEMBER 1955.
EIN VON DÄMONEN BESESSENER DINGO.
TEXAS, JANUAR 1956.
KEINE AHNUNG, IRGENDEIN MU-TIERTER DÄMON VIELLEICHT?

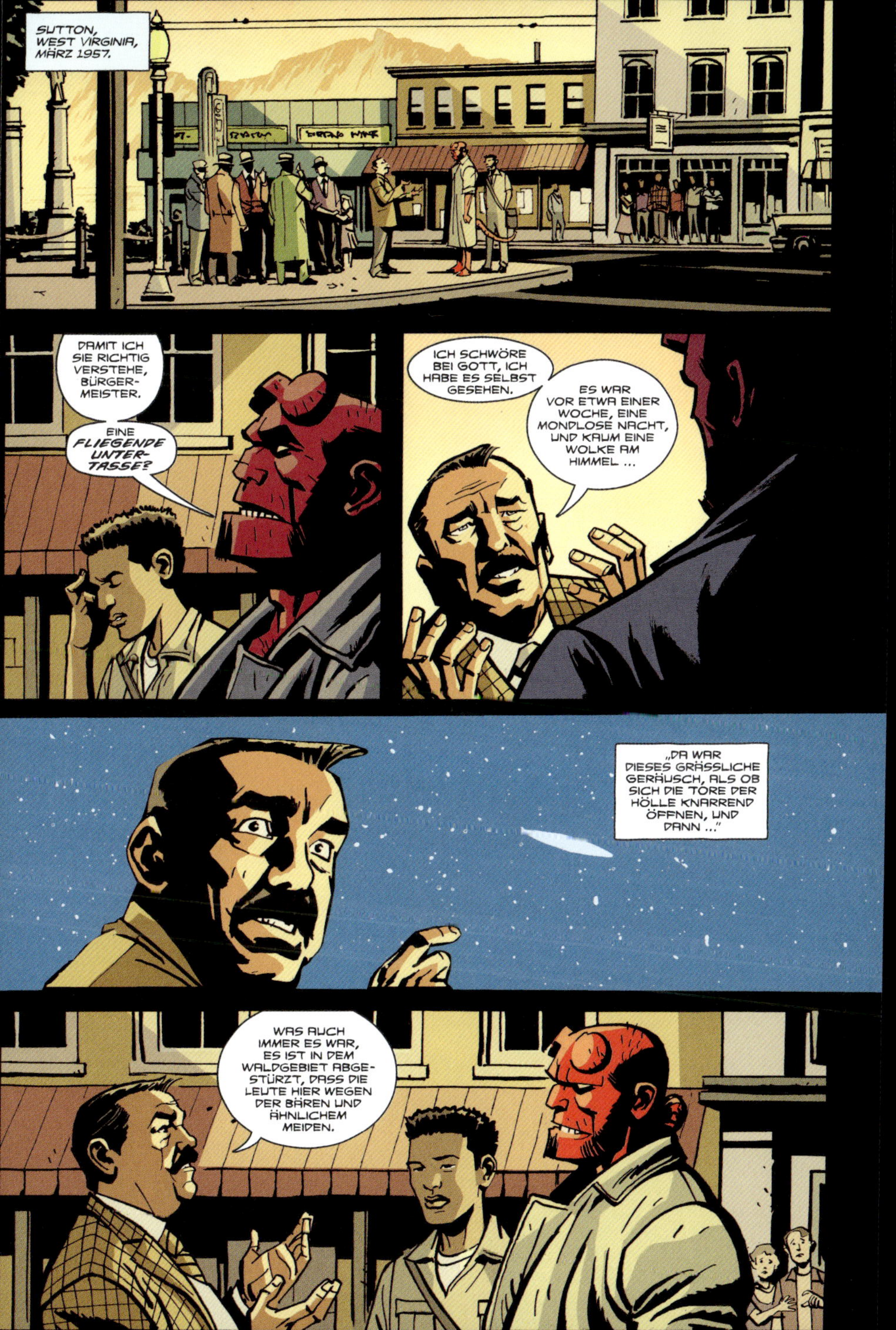

SUTTON, WEST VIRGINIA, MÄRZ 1957.
DAMIT ICH SIE RICHTIG VERSTEHE, BÜRGERMEISTER.
EINE *FLIEGENDE UNTERTASSE?*
ICH SCHWÖRE BEI GOTT, ICH HABE ES SELBST GESEHEN.
ES WAR VOR ETWA EINER WOCHE, EINE MONDLOSE NACHT, UND KAUM EINE WOLKE AM HIMMEL ...
„DA WAR DIESES GRÄSSLICHE GERÄUSCH, ALS OB SICH DIE TORE DER HÖLLE KNARREND ÖFFNEN, UND DANN ...“
WAS AUCH IMMER ES WAR, ES IST IN DEM WALDGEBIET ABGESTÜRZT, DASS DIE LEUTE HIER WEGEN DER BÄREN UND ÄHNLICHEM MEIDEN.

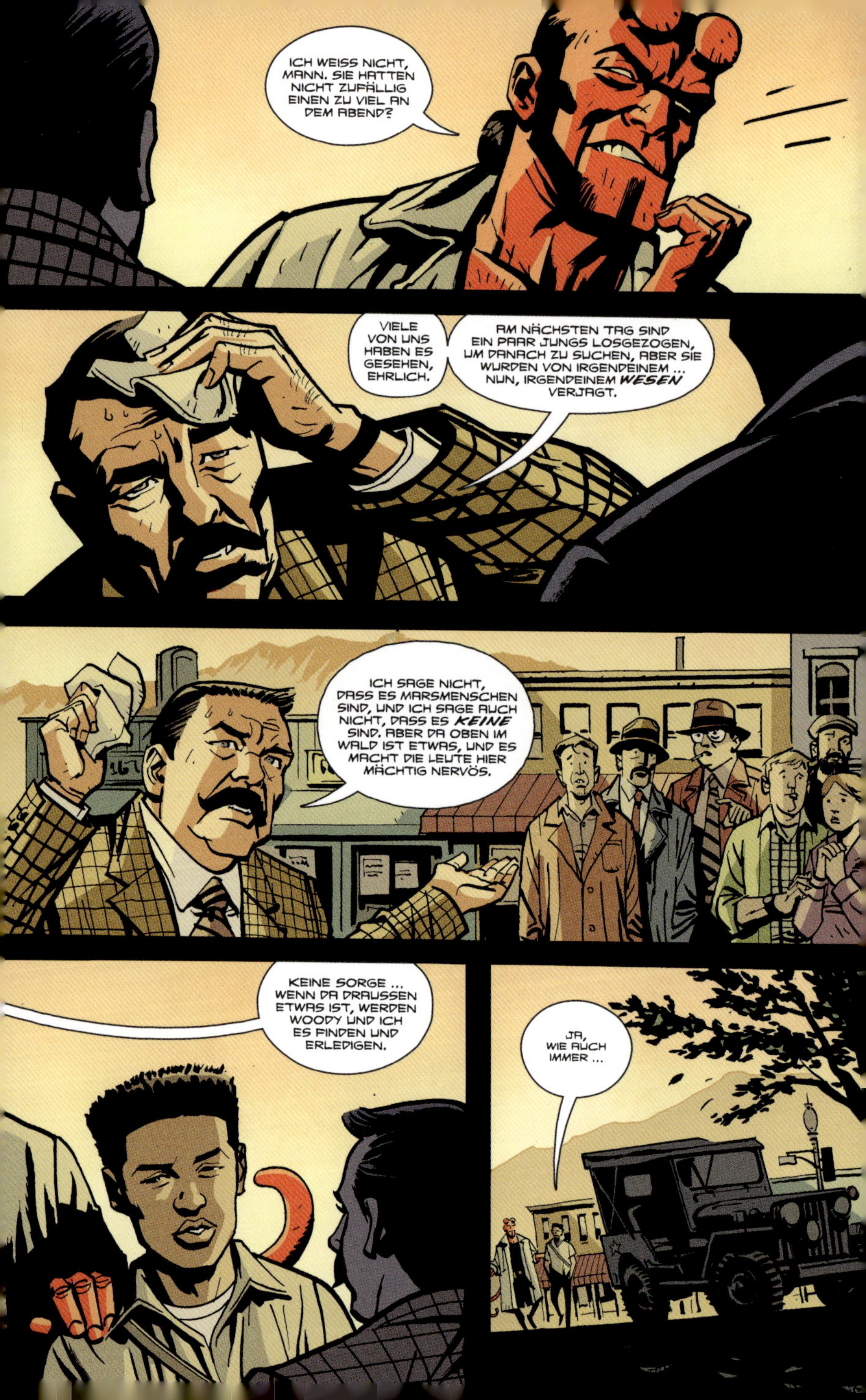
ICH WEISS NICHT, MANN. SIE HATTEN NICHT ZUFÄLLIG EINEN ZU VIEL AN DEM ABEND?
VIELE VON UNS HABEN ES GESEHEN, EHRLICH.
AM NÄCHSTEN TAG SIND EIN PAAR JUNGS LOSGEZOGEN, UM DANACH ZU SUCHEN, ABER SIE WURDEN VON IRGENDEINEM ... NUN, IRGENDEINEM WESEN VERJAGT.
ICH SAGE NICHT, DASS ES MARSMENSCHEN SIND, UND ICH SAGE AUCH NICHT, DASS ES KEINE SIND. ABER DA OBEN IM WALD IST ETWAS, UND ES MACHT DIE LEUTE HIER MÄCHTIG NERVÖS.
KEINE SORGE ... WENN DA DRAUSSEN ETWAS IST, WERDEN WOODY UND ICH ES FINDEN UND ERLEDIGEN.
JA, WIE AUCH IMMER ...

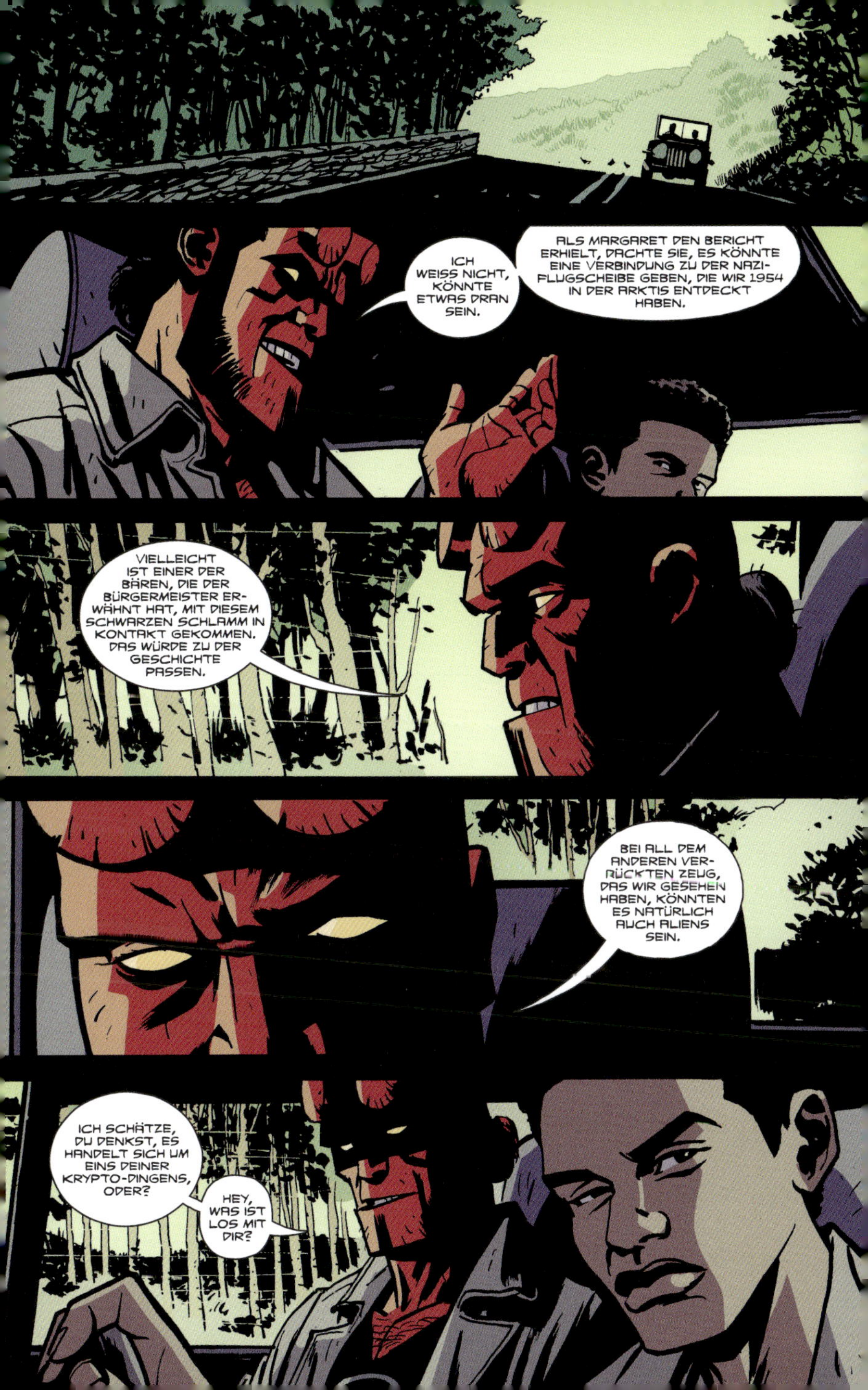
ICH WEISS NICHT, KÖNNTE ETWAS DRAN SEIN.
ALS MARGARET DEN BERICHT ERHIELT, DACHTE SIE, ES KÖNNTE EINE VERBINDUNG ZU DER NAZI-FLUGSCHEIBE GEBEN, DIE WIR 1954 IN DER ARKTIS ENTDECKT HABEN.
VIELLEICHT IST EINER DER BÄREN, DIE DER BÜRGERMEISTER ERWÄHNT HAT, MIT DIESEM SCHWARZEN SCHLAMM IN KONTAKT GEKOMMEN. DAS WÜRDE ZU DER GESCHICHTE PASSEN.
BEI ALL DEM ANDEREN VERRÜCKTEN ZEUG, DAS WIR GESEHEN HABEN, KÖNNTEN ES NATÜRLICH AUCH ALIENS SEIN.
ICH SCHÄTZE, DU DENKST, ES HANDELT SICH UM EINS DEINER KRYPTO-DINGENS, ODER?
HEY, WAS IST LOS MIT DIR?

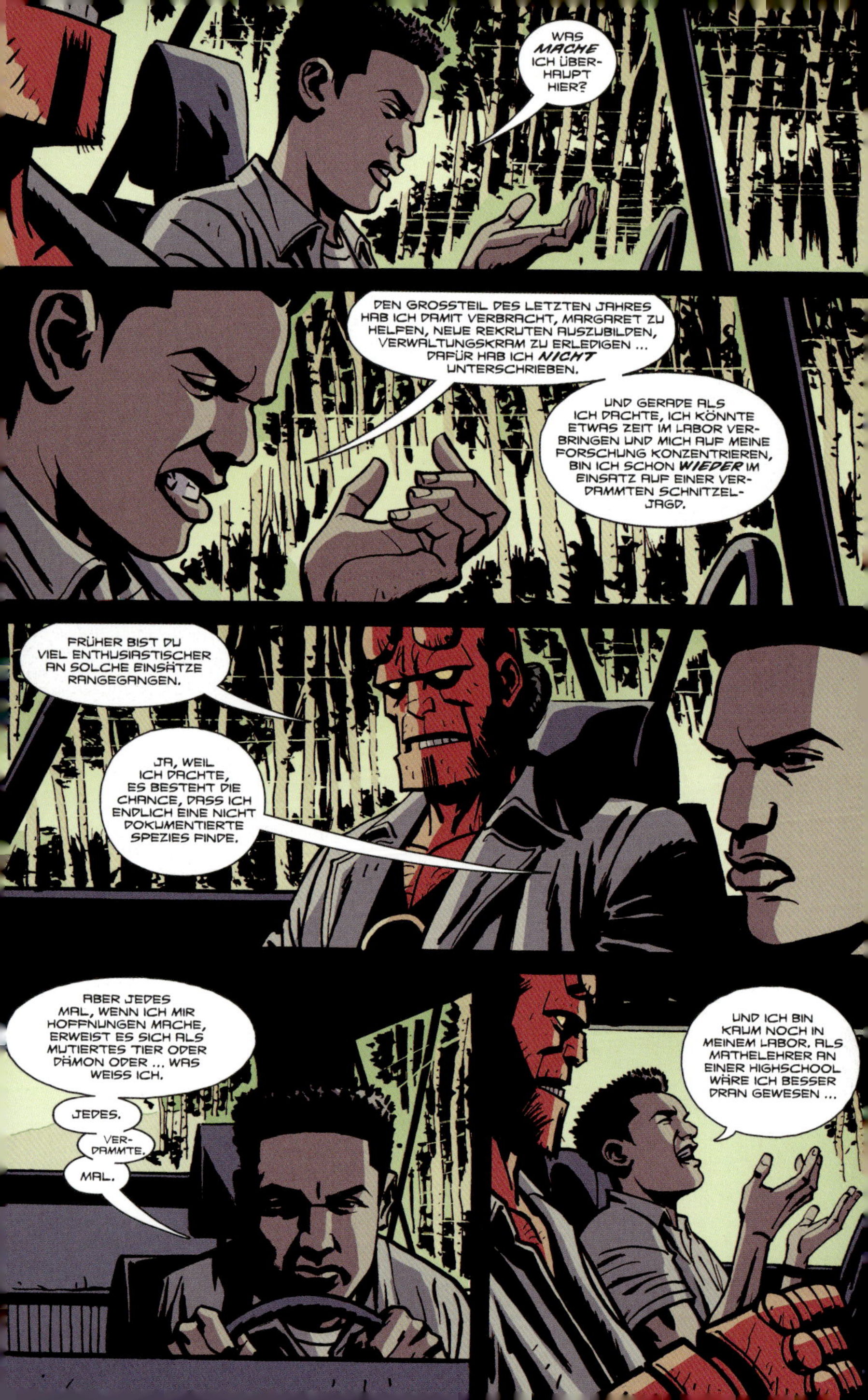
WAS *MACHE* ICH ÜBERHAUPT HIER?
DEN GROSSTEIL DES LETZTEN JAHRES HAB ICH DAMIT VERBRACHT, MARGARET ZU HELFEN, NEUE REKRUTEN AUSZUBILDEN, VERWALTUNGSKRAM ZU ERLEDIGEN … DAFÜR HAB ICH *NICHT* UNTERSCHRIEBEN.
UND GERADE ALS ICH DACHTE, ICH KÖNNTE ETWAS ZEIT IM LABOR VERBRINGEN UND MICH AUF MEINE FORSCHUNG KONZENTRIEREN, BIN ICH SCHON *WIEDER* IM EINSATZ AUF EINER VERDAMMTEN SCHNITZELJAGD.
FRÜHER BIST DU VIEL ENTHUSIASTISCHER AN SOLCHE EINSÄTZE RANGEGANGEN.
JA, WEIL ICH DACHTE, ES BESTEHT DIE CHANCE, DASS ICH ENDLICH EINE NICHT DOKUMENTIERTE SPEZIES FINDE.
ABER JEDES MAL, WENN ICH MIR HOFFNUNGEN MACHE, ERWEIST ES SICH ALS MUTIERTES TIER ODER DÄMON ODER … WAS WEISS ICH.
JEDES.
VERDAMMTE.
MAL.
UND ICH BIN KAUM NOCH IN MEINEM LABOR. ALS MATHELEHRER AN EINER HIGHSCHOOL WÄRE ICH BESSER DRAN GEWESEN …

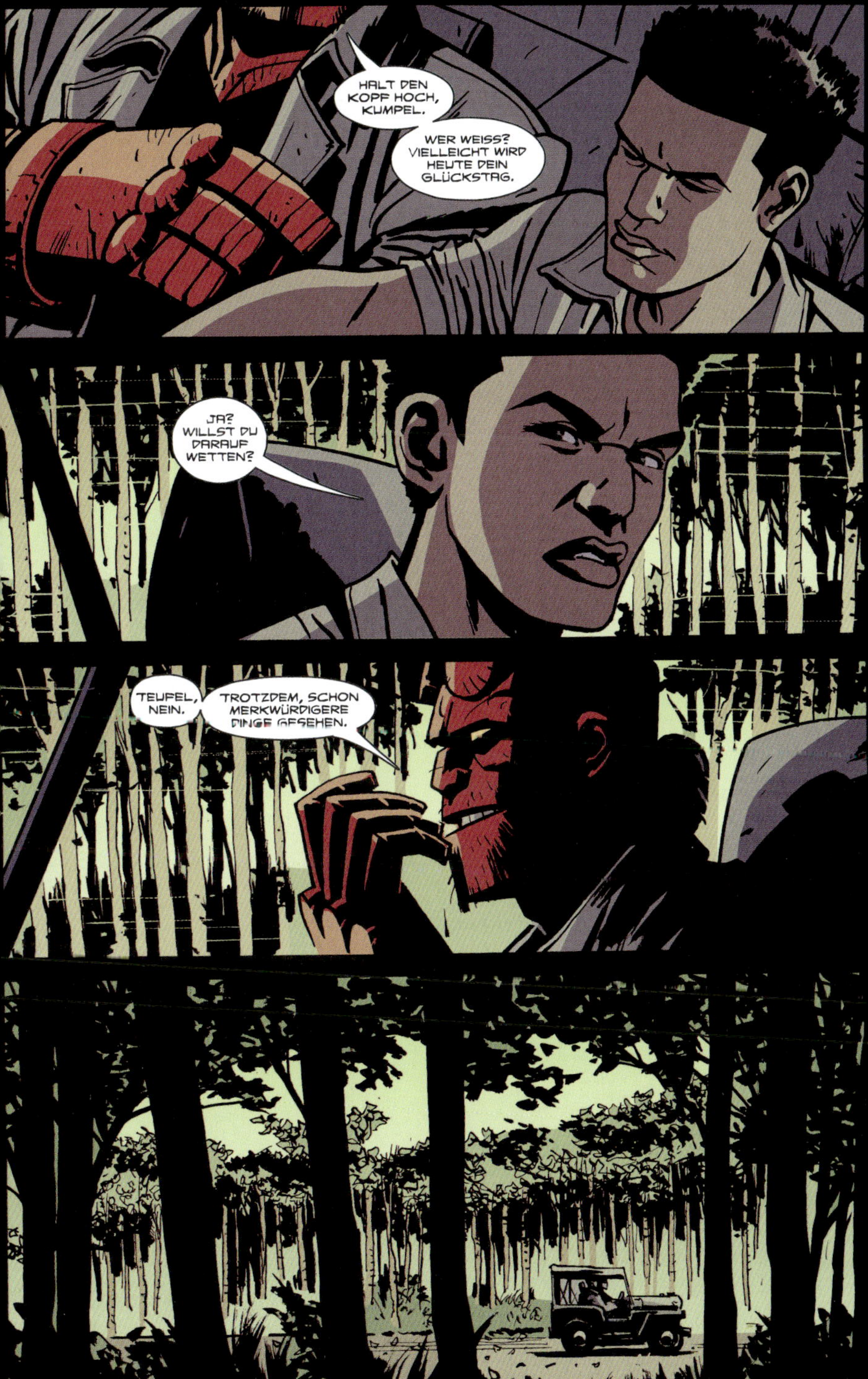
HALT DEN KOPF HOCH, KUMPEL.
WER WEISS? VIELLEICHT WIRD HEUTE DEIN GLÜCKSTAG.
JA? WILLST DU DARAUF WETTEN?
TEUFEL, NEIN.
TROTZDEM, SCHON MERKWÜRDIGERE DINGE GESEHEN.

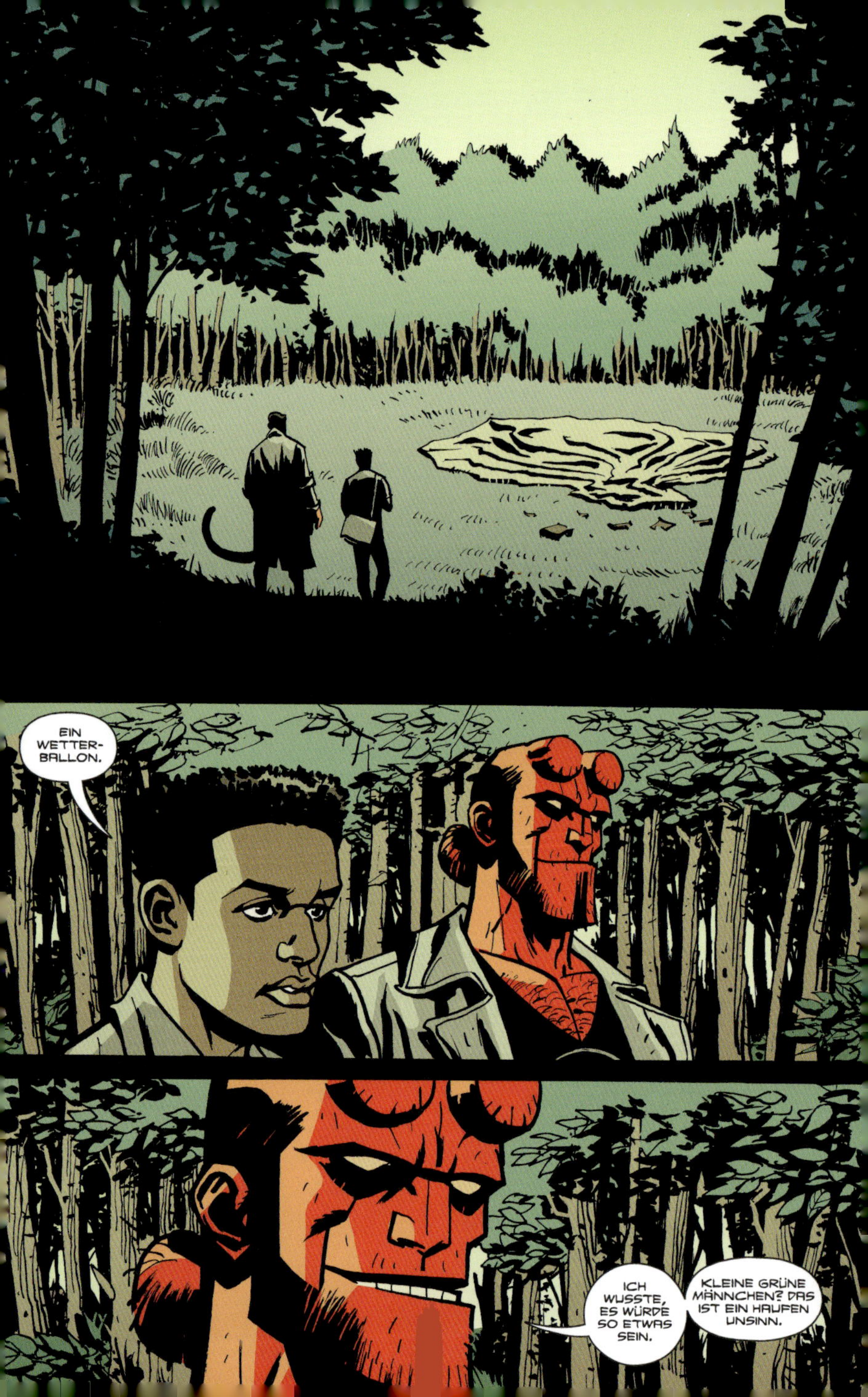
EIN WETTER-BALLON.
ICH WUSSTE, ES WÜRDE SO ETWAS SEIN.
KLEINE GRÜNE MÄNNCHEN? DAS IST EIN HAUFEN UNSINN.

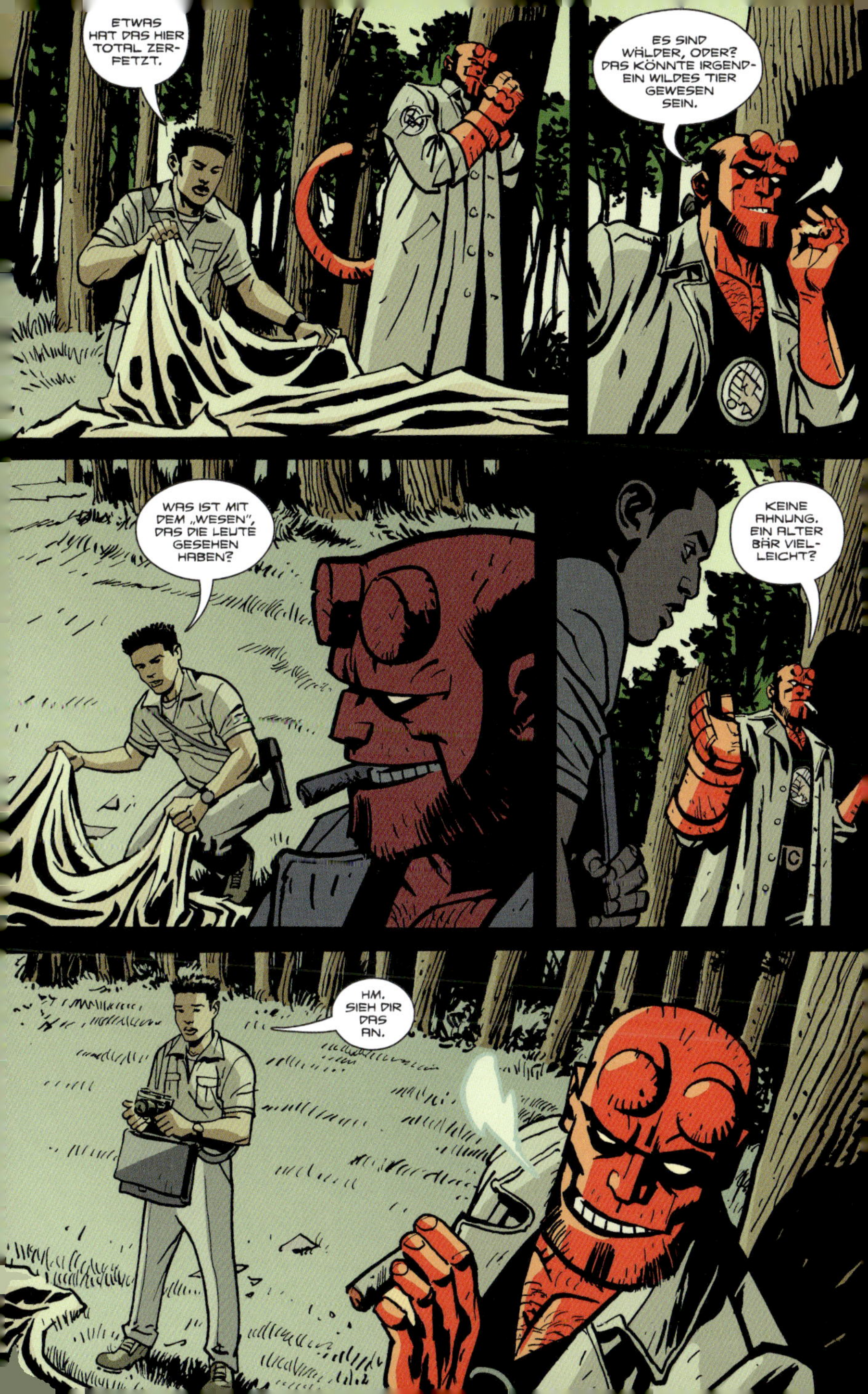
ETWAS HAT DAS HIER TOTAL ZERFETZT.
ES SIND WÄLDER, ODER? DAS KÖNNTE IRGENDEIN WILDES TIER GEWESEN SEIN.
WAS IST MIT DEM „WESEN", DAS DIE LEUTE GESEHEN HABEN?
KEINE AHNUNG. EIN ALTER BÄR VIELLEICHT?
HM. SIEH DIR DAS AN.

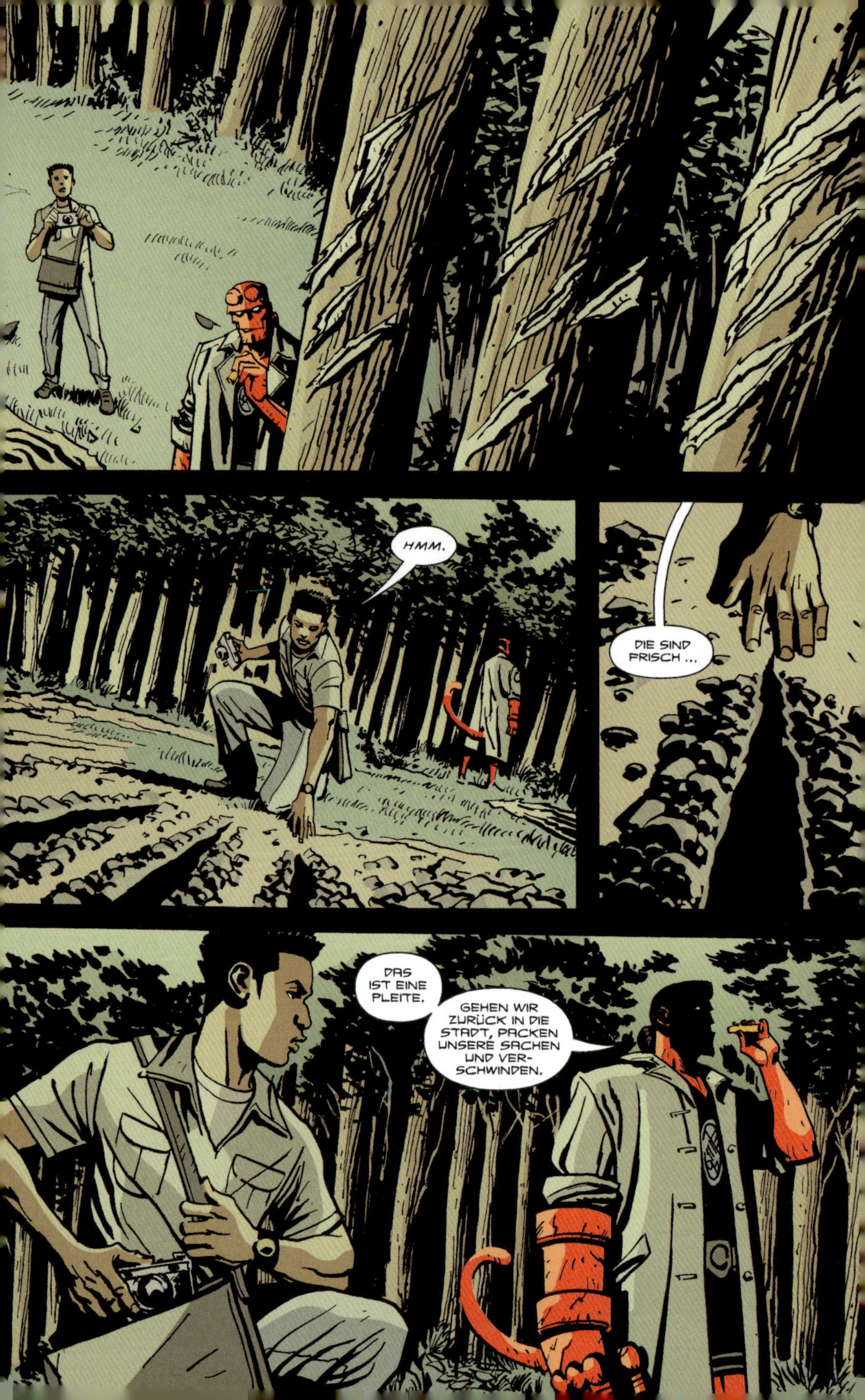
HMM.
DIE SIND FRISCH ...
DAS IST EINE PLEITE.
GEHEN WIR ZURÜCK IN DIE STADT, PACKEN UNSERE SACHEN UND VERSCHWINDEN.

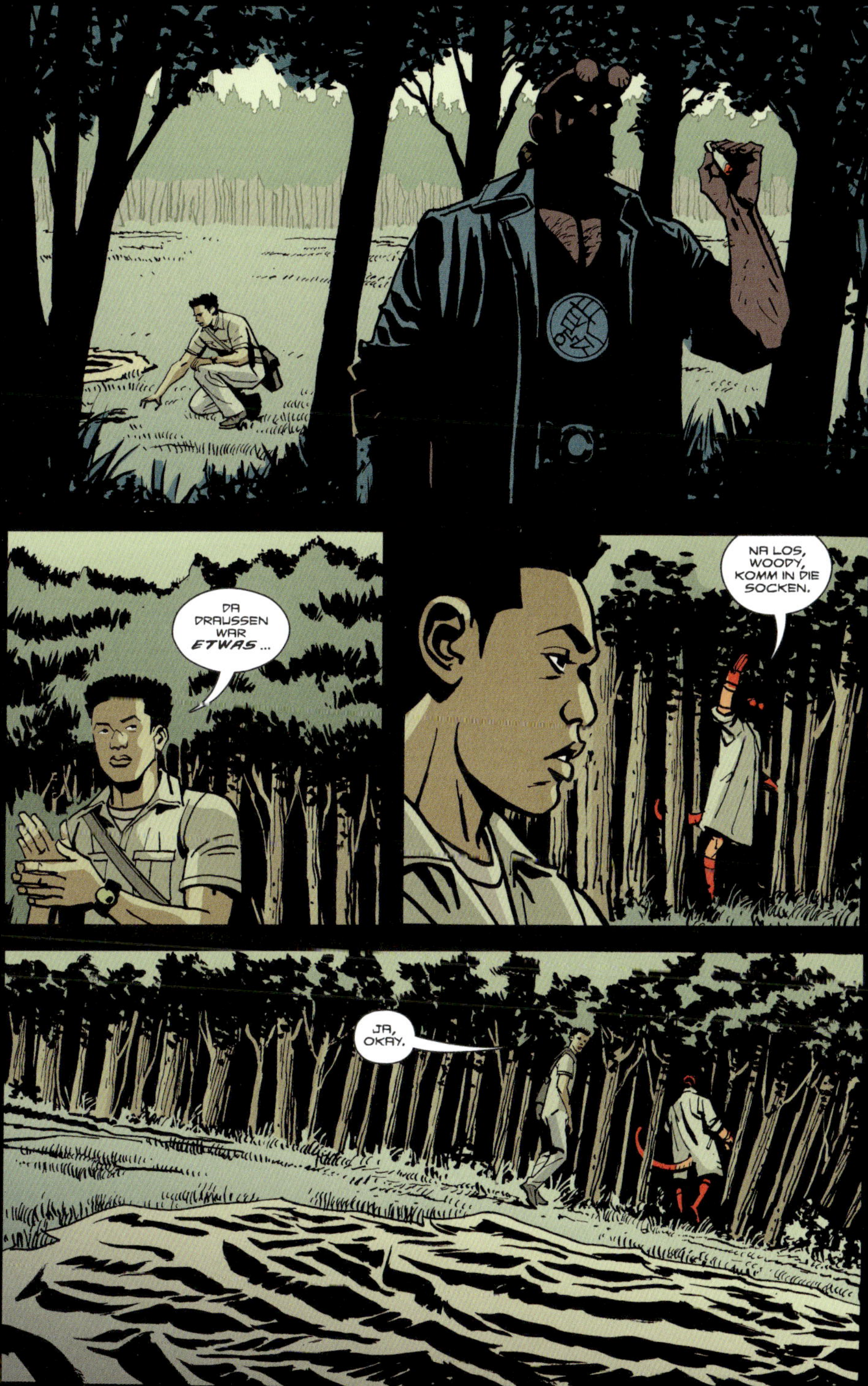
DA DRAUSSEN WAR ETWAS ...
NA LOS, WOODY, KOMM IN DIE SOCKEN.
JA, OKAY.

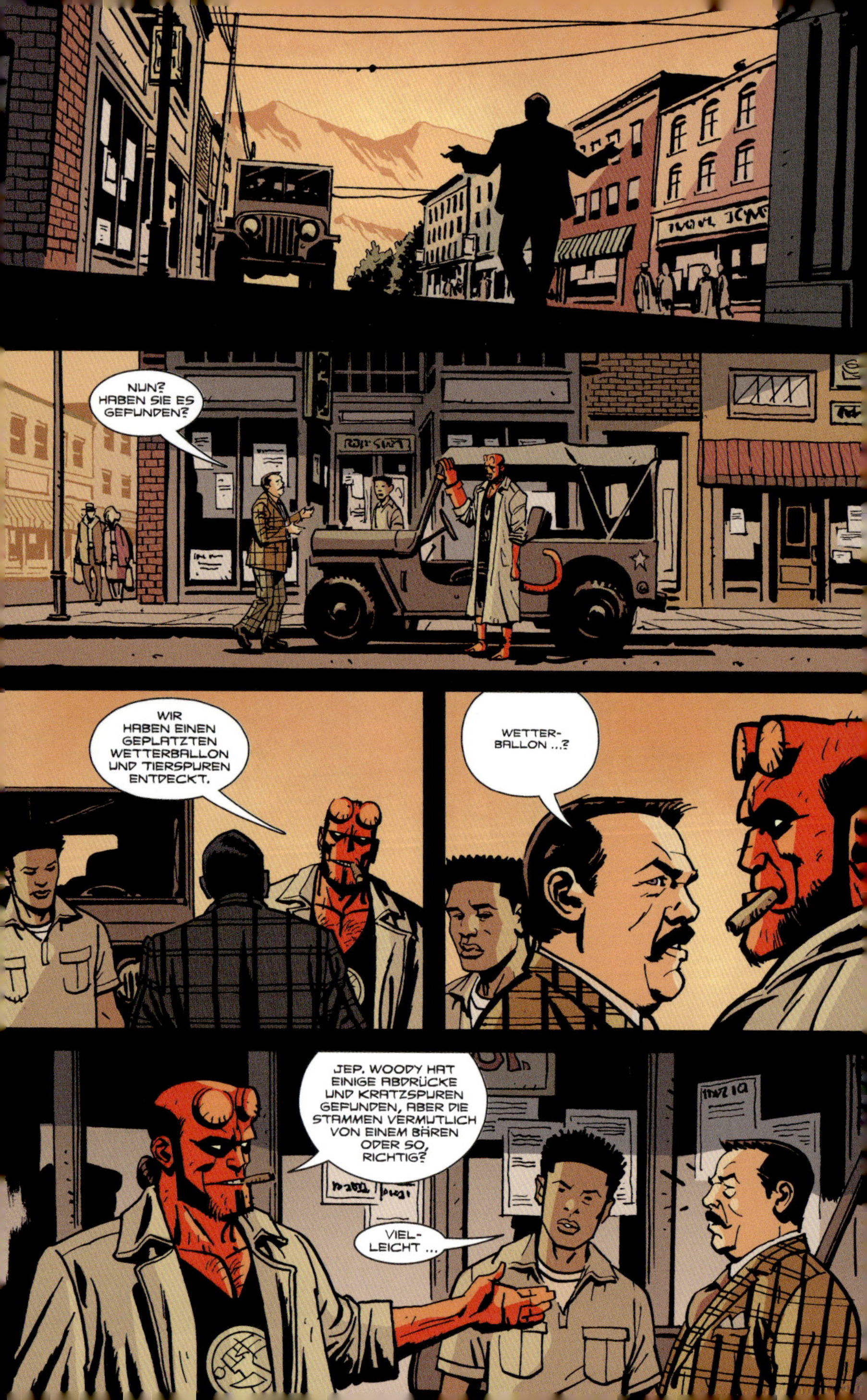
NUN? HABEN SIE ES GEFUNDEN?
WIR HABEN EINEN GEPLATZTEN WETTERBALLON UND TIERSPUREN ENTDECKT.
WETTER-BALLON ...?
JEP. WOODY HAT EINIGE ABDRÜCKE UND KRATZSPUREN GEFUNDEN, ABER DIE STAMMEN VERMUTLICH VON EINEM BÄREN ODER SO, RICHTIG?
VIEL-LEICHT ...

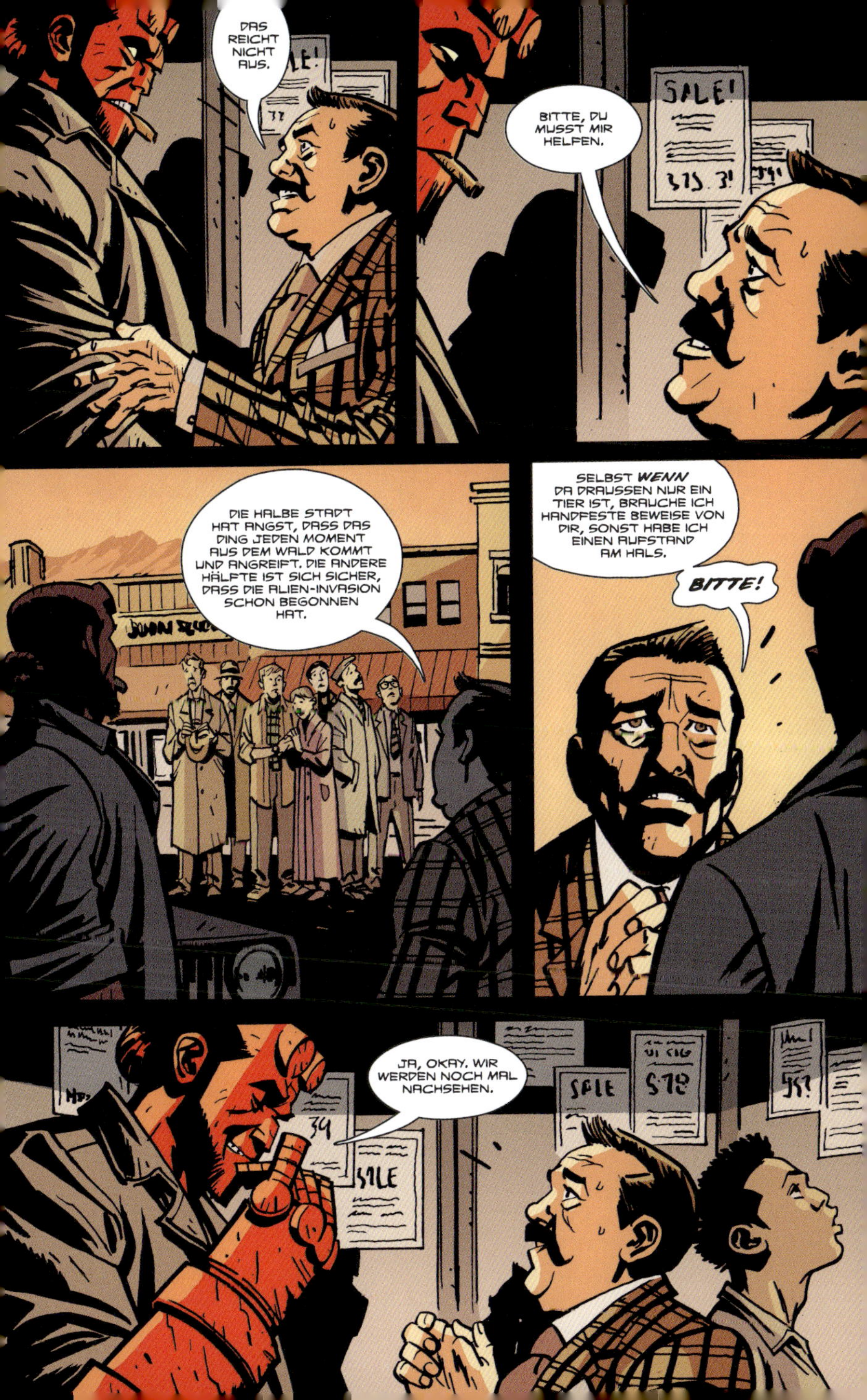
DAS REICHT NICHT AUS.
BITTE, DU MUSST MIR HELFEN.
DIE HALBE STADT HAT ANGST, DASS DAS DING JEDEN MOMENT AUS DEM WALD KOMMT UND ANGREIFT. DIE ANDERE HÄLFTE IST SICH SICHER, DASS DIE ALIEN-INVASION SCHON BEGONNEN HAT.
SELBST WENN DA DRAUSSEN NUR EIN TIER IST, BRAUCHE ICH HANDFESTE BEWEISE VON DIR, SONST HABE ICH EINEN AUFSTAND AM HALS.
BITTE!
JA, OKAY. WIR WERDEN NOCH MAL NACHSEHEN.
SALE!
SALE
SALE

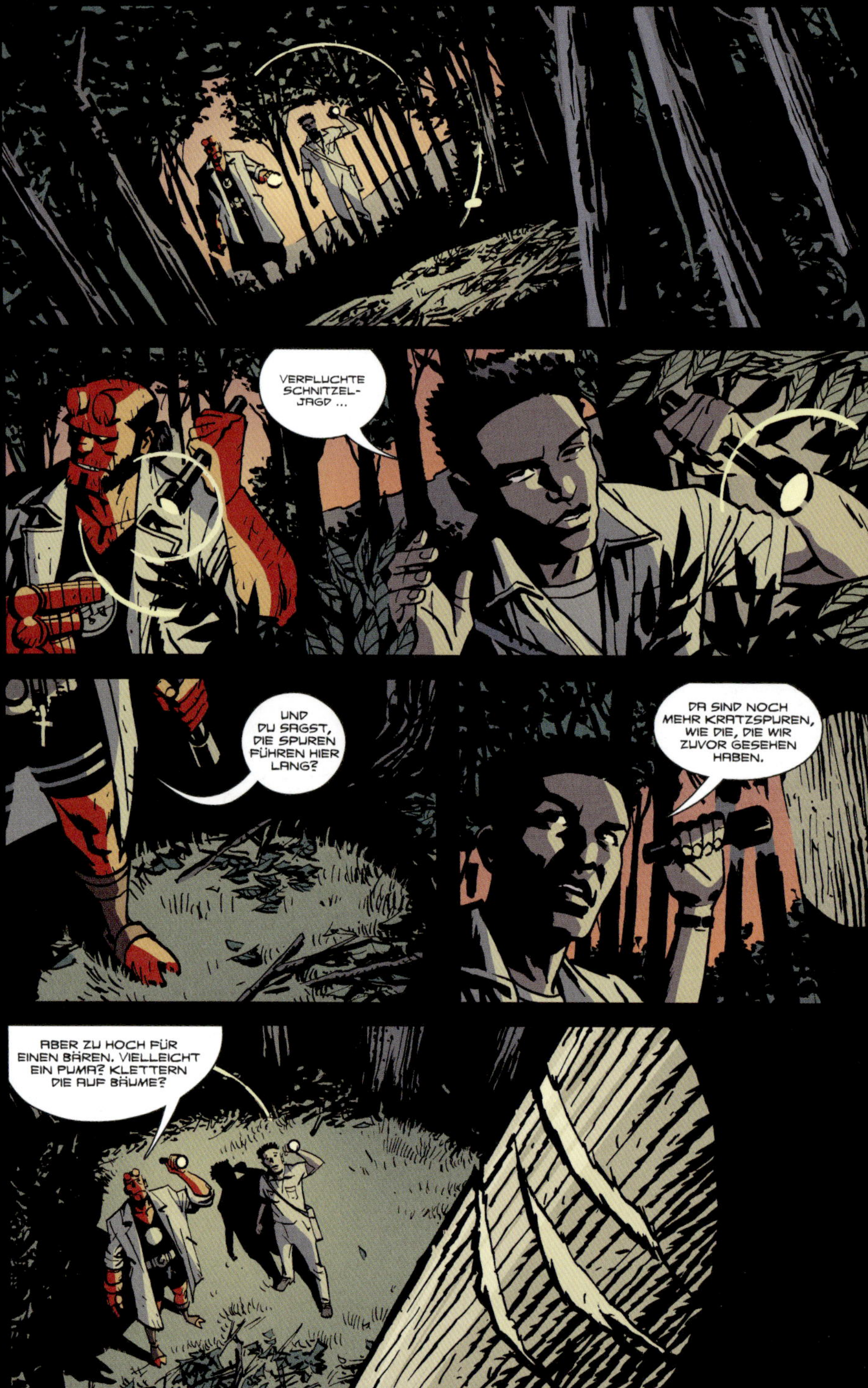
VERFLUCHTE SCHNITZEL-JAGD ...
UND DU SAGST, DIE SPUREN FÜHREN HIER LANG?
DA SIND NOCH MEHR KRATZSPUREN, WIE DIE, DIE WIR ZUVOR GESEHEN HABEN.
ABER ZU HOCH FÜR EINEN BÄREN. VIELLEICHT EIN PUMA? KLETTERN DIE AUF BÄUME?

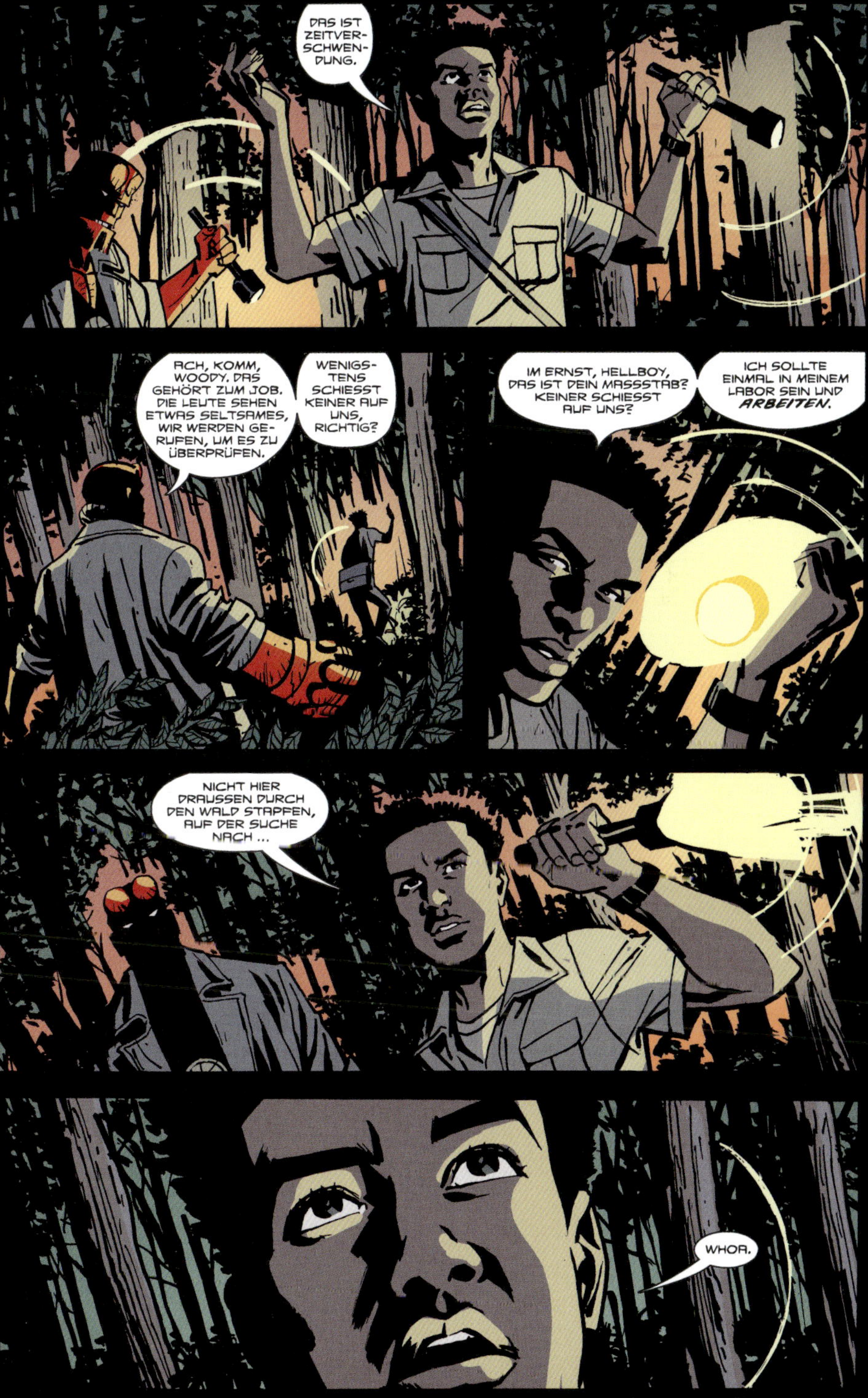
DAS IST ZEITVERSCHWENDUNG.
ACH, KOMM, WOODY. DAS GEHÖRT ZUM JOB. DIE LEUTE SEHEN ETWAS SELTSAMES, WIR WERDEN GERUFEN, UM ES ZU ÜBERPRÜFEN.
WENIGSTENS SCHIESST KEINER AUF UNS, RICHTIG?
IM ERNST, HELLBOY, DAS IST DEIN MASSSTAB? KEINER SCHIESST AUF UNS?
ICH SOLLTE EINMAL IN MEINEM LABOR SEIN UND *ARBEITEN*.
NICHT HIER DRAUSSEN DURCH DEN WALD STAPFEN, AUF DER SUCHE NACH ...
WHOA.

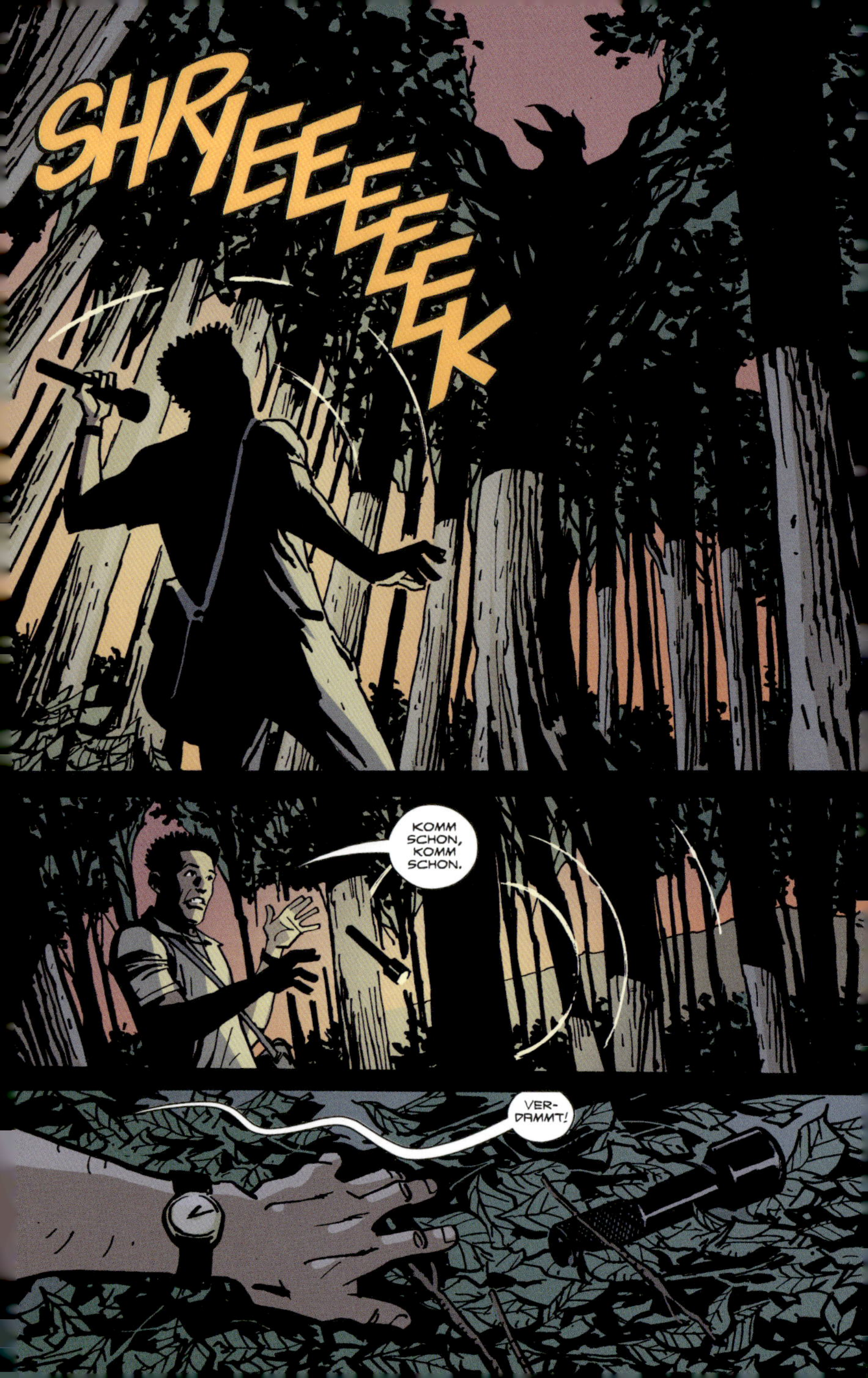
SHRIEEEEEK
KOMM SCHON, KOMM SCHON.
VER-DAMMT!

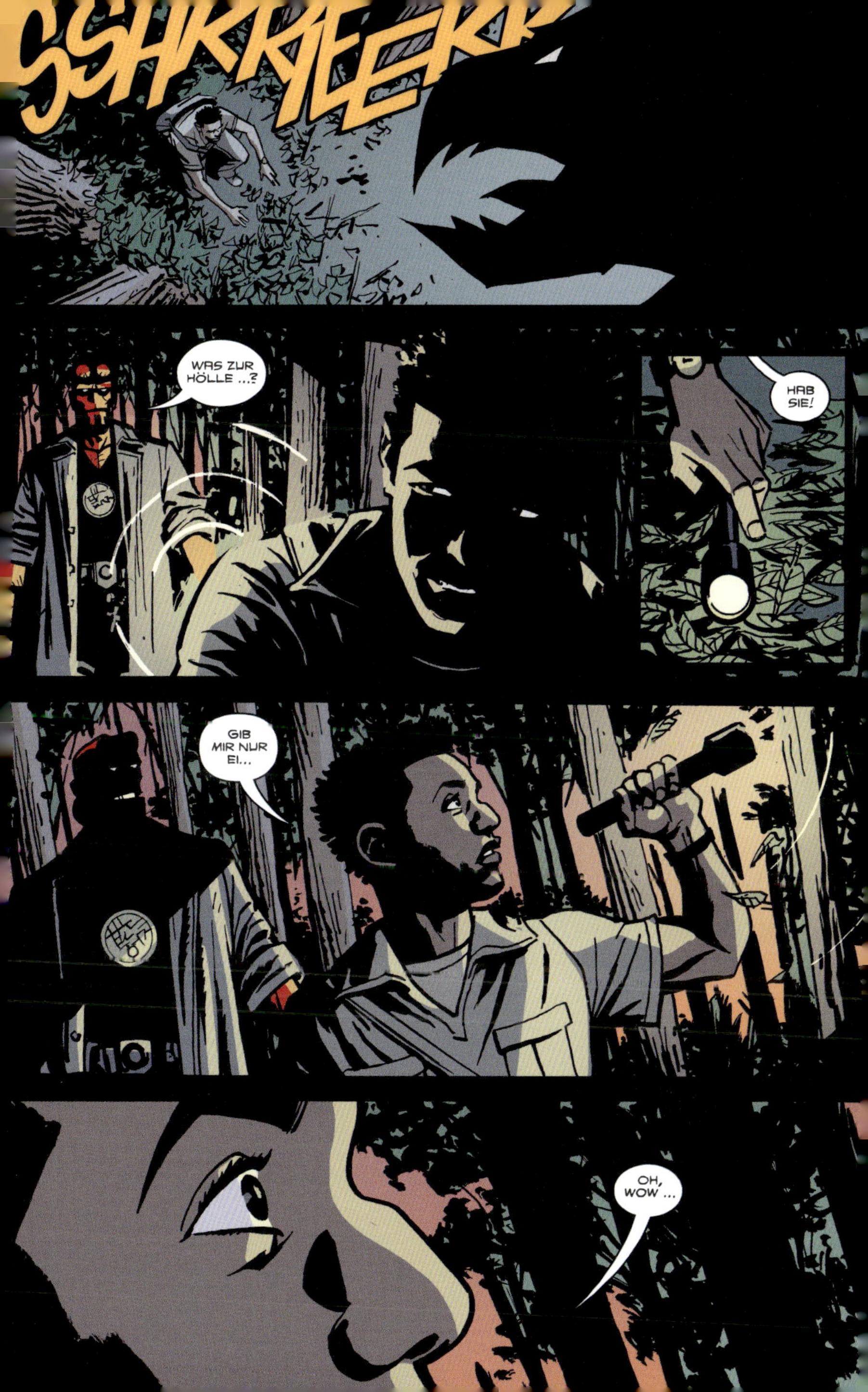
SSHKKIEEKK
WAS ZUR HÖLLE ...?
HAB SIE!
GIB MIR NUR EI...
OH, WOW ...

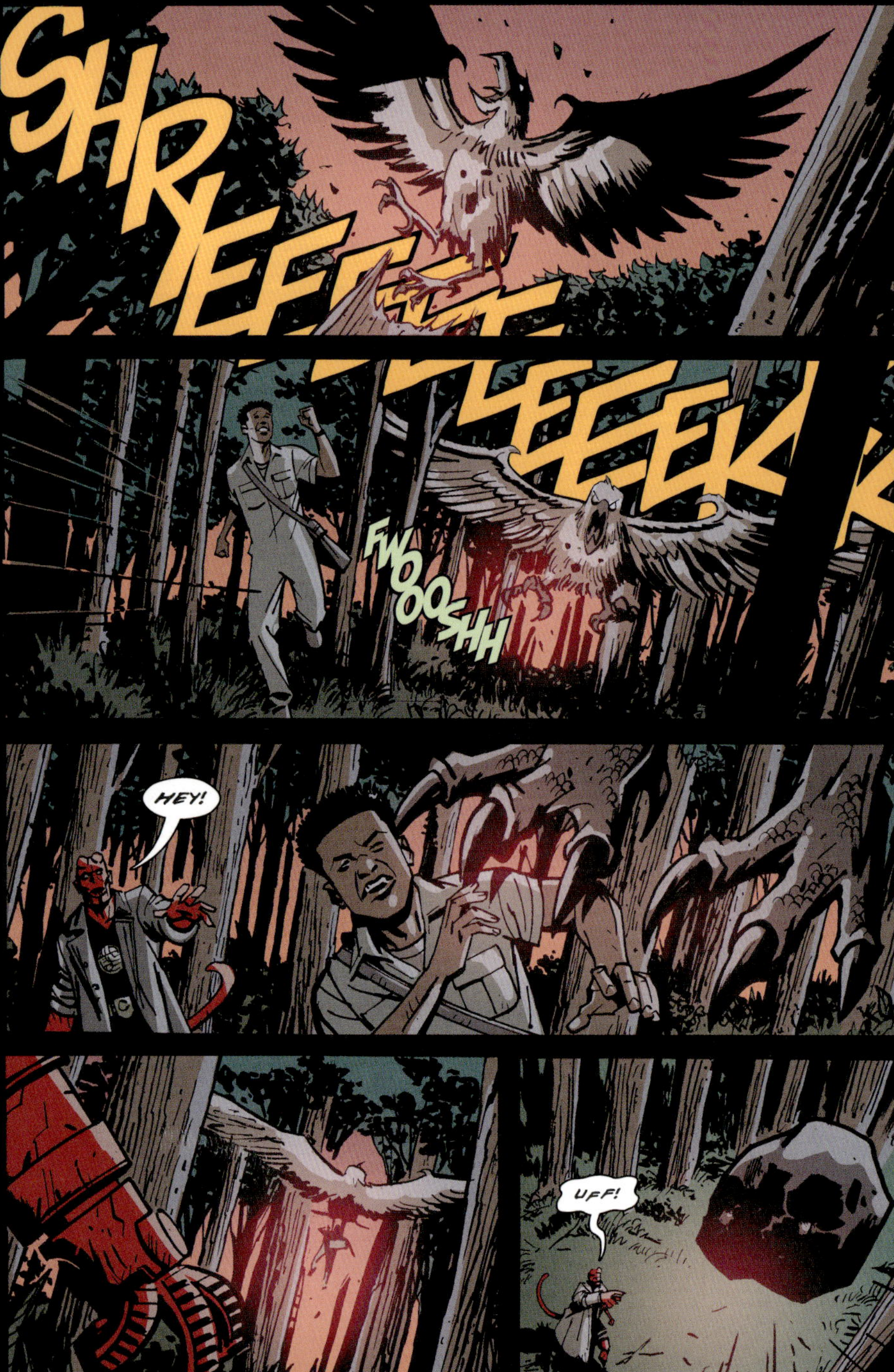
SHRYEEEEEEEEEK
FWOOOOSHH
HEY!
UFF!

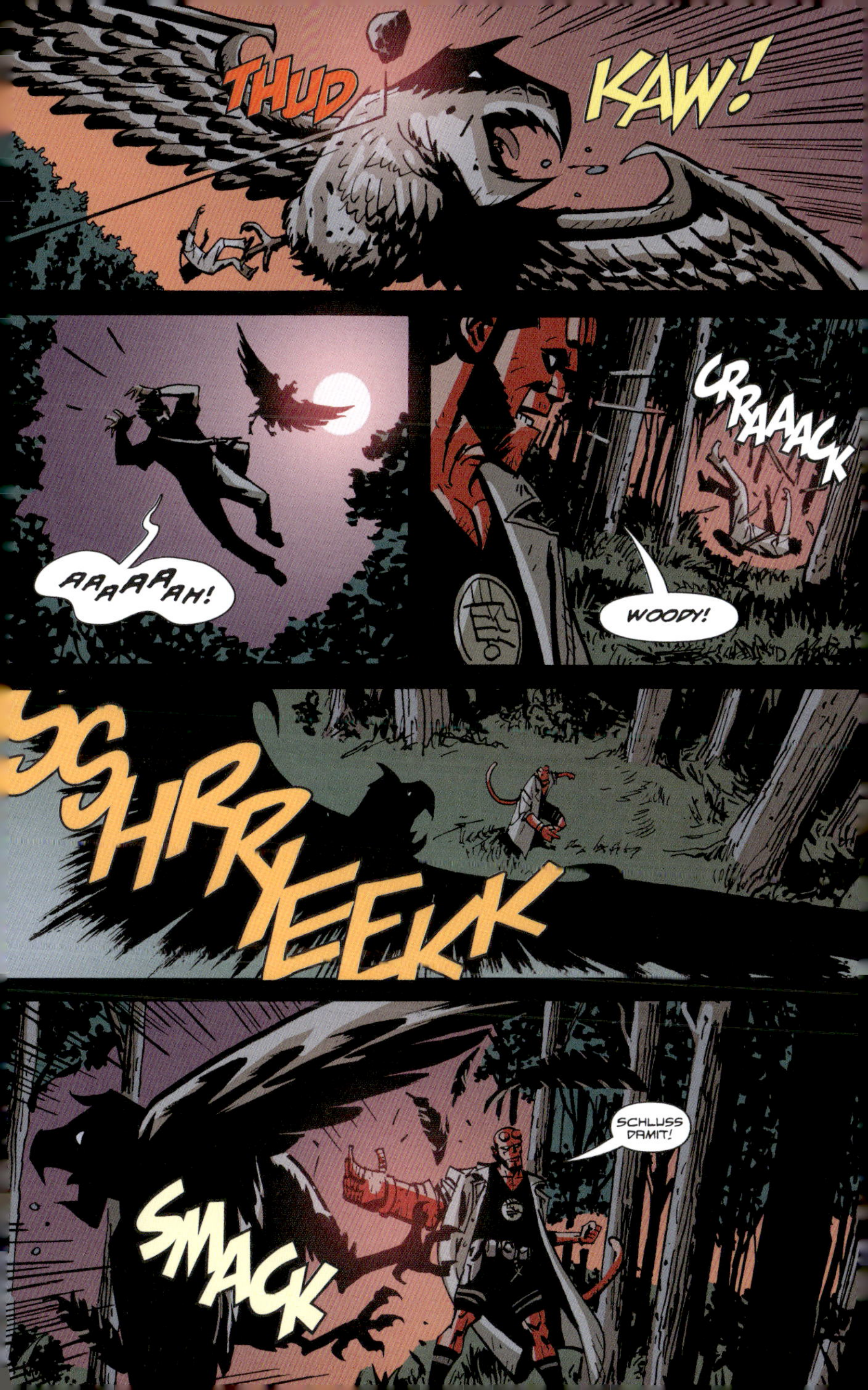
THUD
KAW!
AAAAAAH!
CRRAAACK
WOODY!
SCHHRRIEEKK
SCHLUSS DAMIT!
SMACK

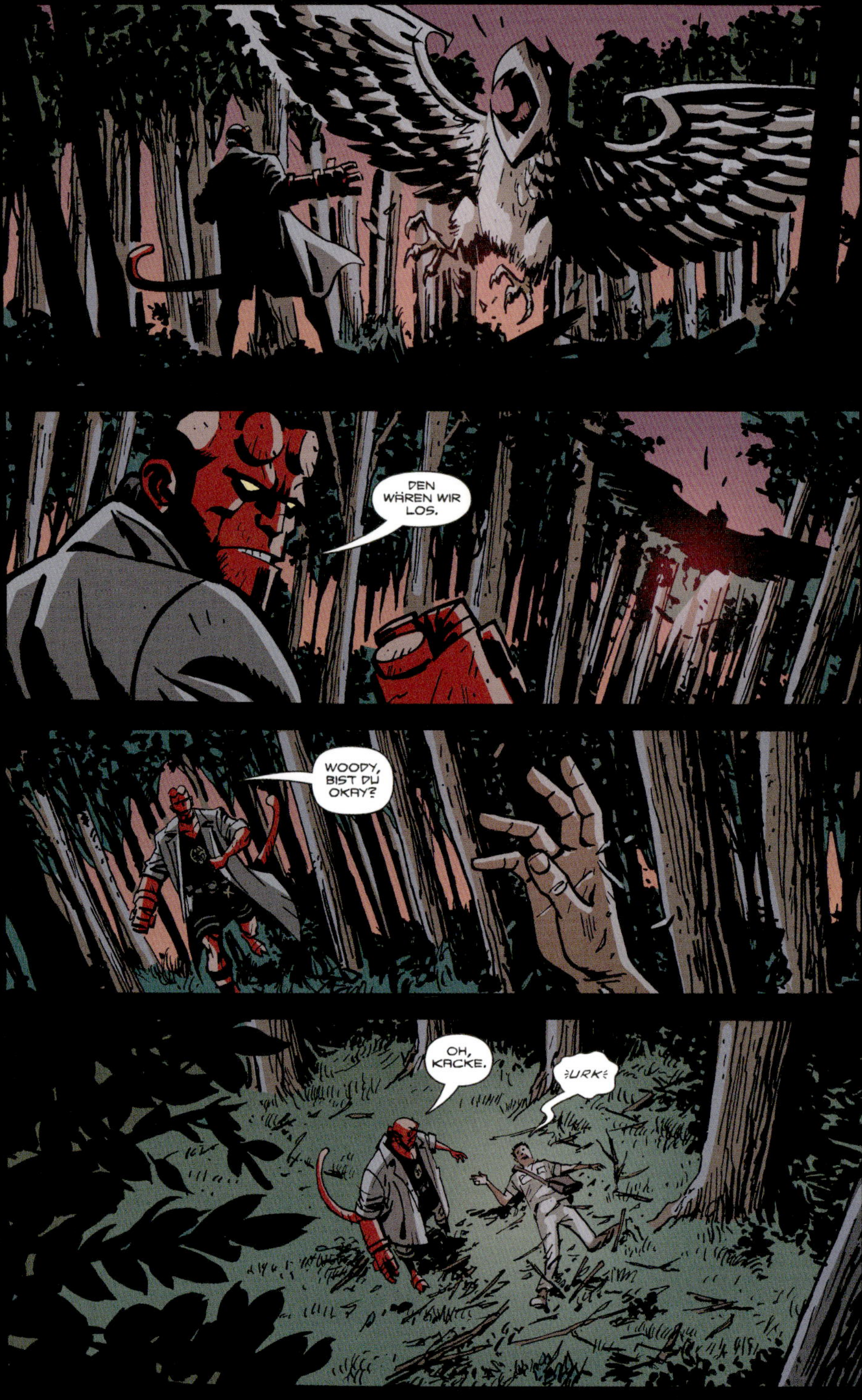
DEN WÄREN WIR LOS.
WOODY, BIST DU OKAY?
OH, KACKE.
URK

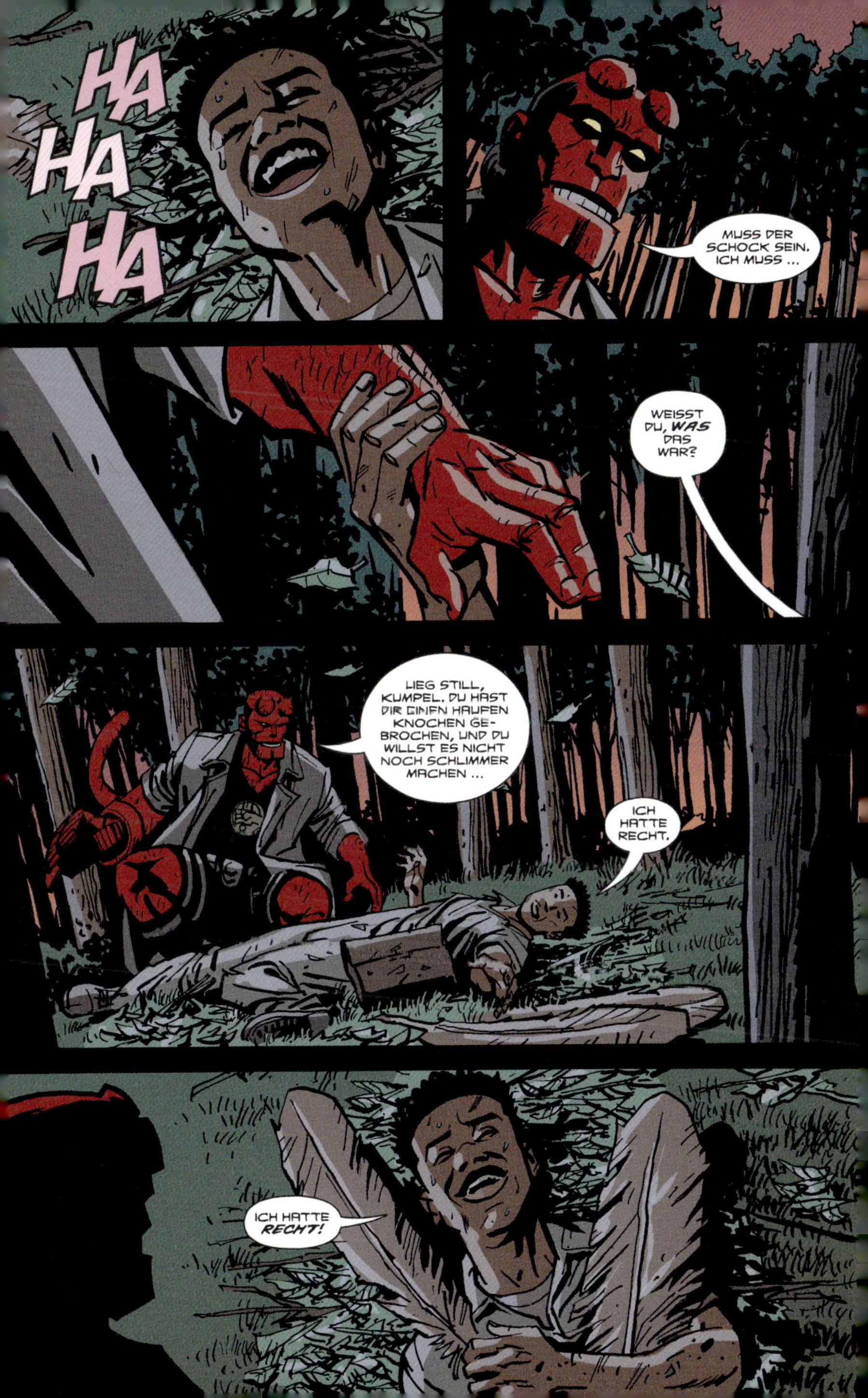
HA HA HA
MUSS DER SCHOCK SEIN. ICH MUSS ...
WEISST DU, *WAS* DAS WAR?
LIEG STILL, KUMPEL. DU HAST DIR EINEN HAUFEN KNOCHEN GEBROCHEN, UND DU WILLST ES NICHT NOCH SCHLIMMER MACHEN ...
ICH HATTE RECHT.
ICH HATTE *RECHT!*

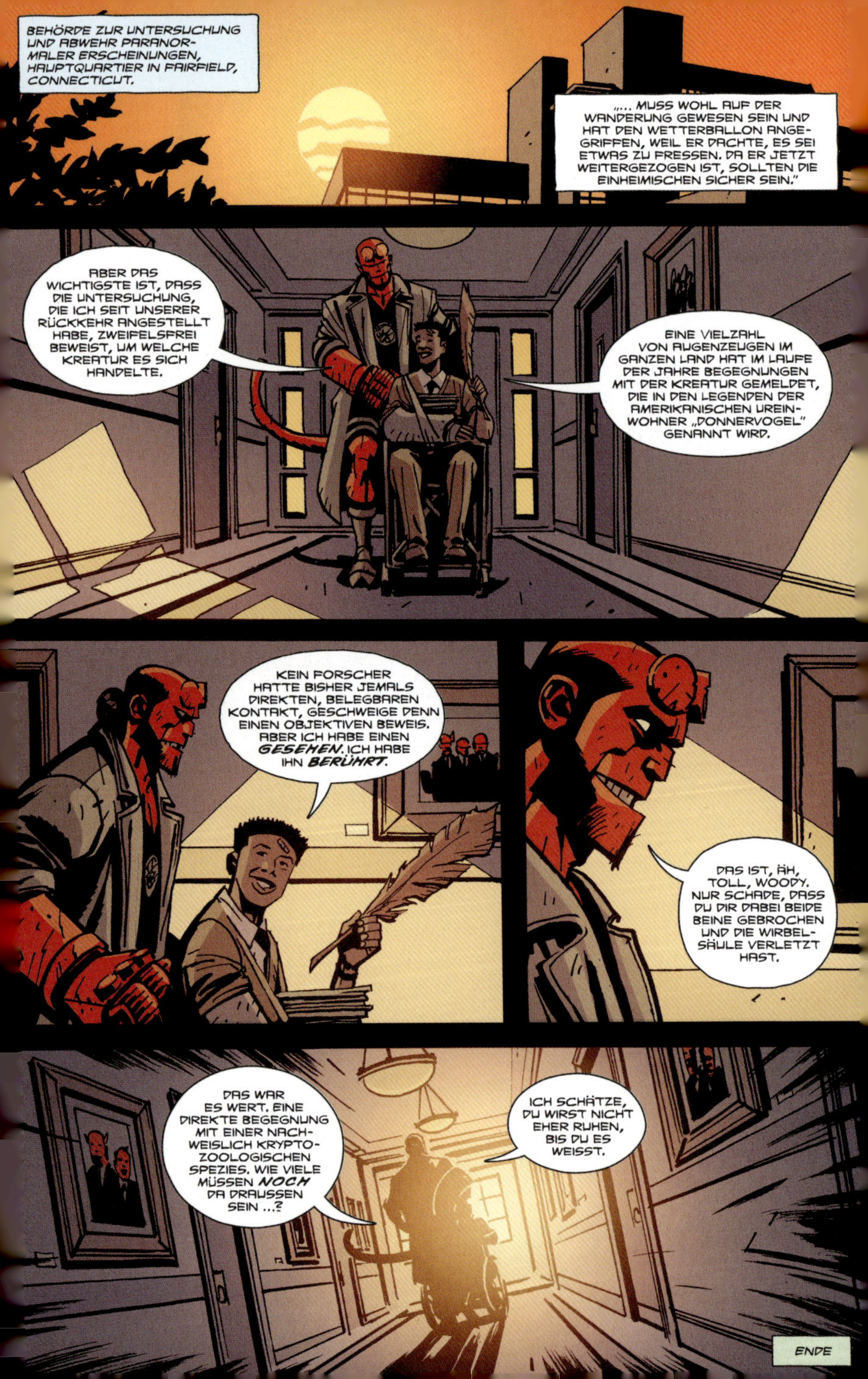
BEHÖRDE ZUR UNTERSUCHUNG UND ABWEHR PARANOR-MALER ERSCHEINUNGEN, HAUPTQUARTIER IN FAIRFIELD, CONNECTICUT.
„... MUSS WOHL AUF DER WANDERUNG GEWESEN SEIN UND HAT DEN WETTERBALLON ANGE-GRIFFEN, WEIL ER DACHTE, ES SEI ETWAS ZU FRESSEN. DA ER JETZT WEITERGEZOGEN IST, SOLLTEN DIE EINHEIMISCHEN SICHER SEIN."
ABER DAS WICHTIGSTE IST, DASS DIE UNTERSUCHUNG, DIE ICH SEIT UNSERER RÜCKKEHR ANGESTELLT HABE, ZWEIFELSFREI BEWEIST, UM WELCHE KREATUR ES SICH HANDELTE.
EINE VIELZAHL VON AUGENZEUGEN IM GANZEN LAND HAT IM LAUFE DER JAHRE BEGEGNUNGEN MIT DER KREATUR GEMELDET, DIE IN DEN LEGENDEN DER AMERIKANISCHEN UREIN-WOHNER „DONNERVOGEL" GENANNT WIRD.
KEIN FORSCHER HATTE BISHER JEMALS DIREKTEN, BELEGBAREN KONTAKT, GESCHWEIGE DENN EINEN OBJEKTIVEN BEWEIS. ABER ICH HABE EINEN GESEHEN. ICH HABE IHN BERÜHRT.
DAS IST, ÄH, TOLL, WOODY. NUR SCHADE, DASS DU DIR DABEI BEIDE BEINE GEBROCHEN UND DIE WIRBEL-SÄULE VERLETZT HAST.
DAS WAR ES WERT. EINE DIREKTE BEGEGNUNG MIT EINER NACH-WEISLICH KRYPTO-ZOOLOGISCHEN SPEZIES. WIE VIELE MÜSSEN NOCH DA DRAUSSEN SEIN ...?
ICH SCHÄTZE, DU WIRST NICHT EHER RUHEN, BIS DU ES WEISST.
ENDE

ANGSTVOLLE SYMMETRIE

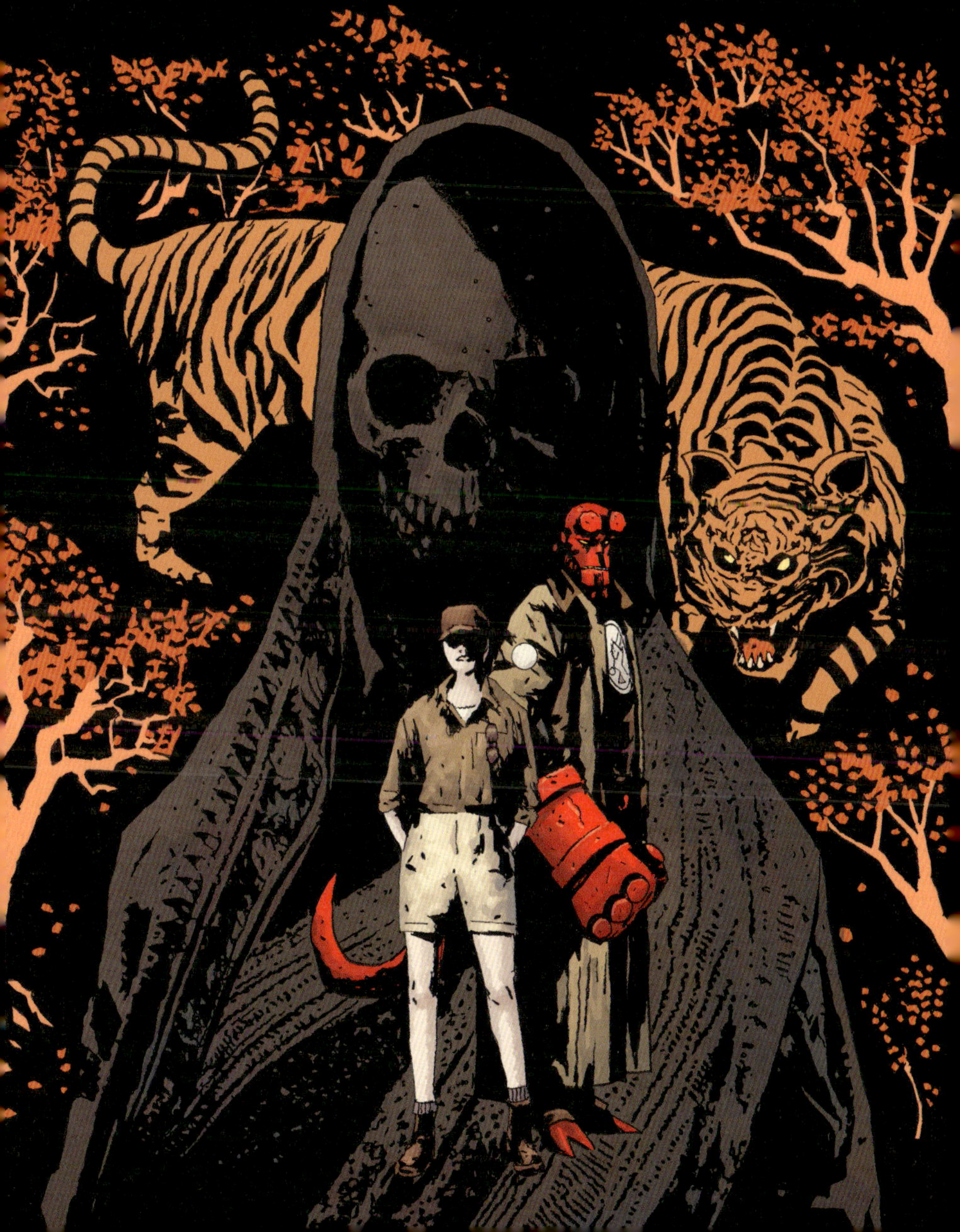

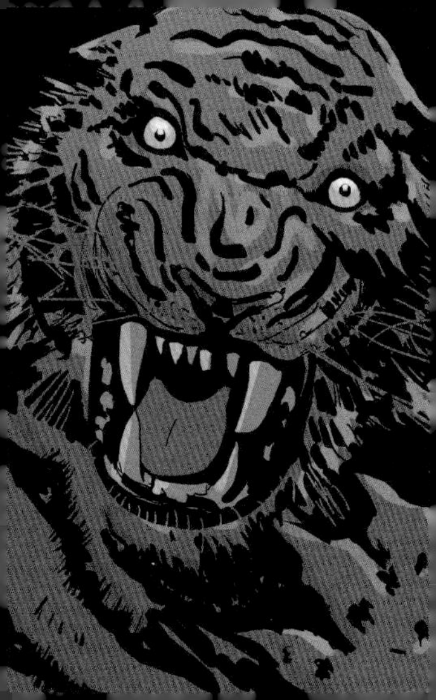

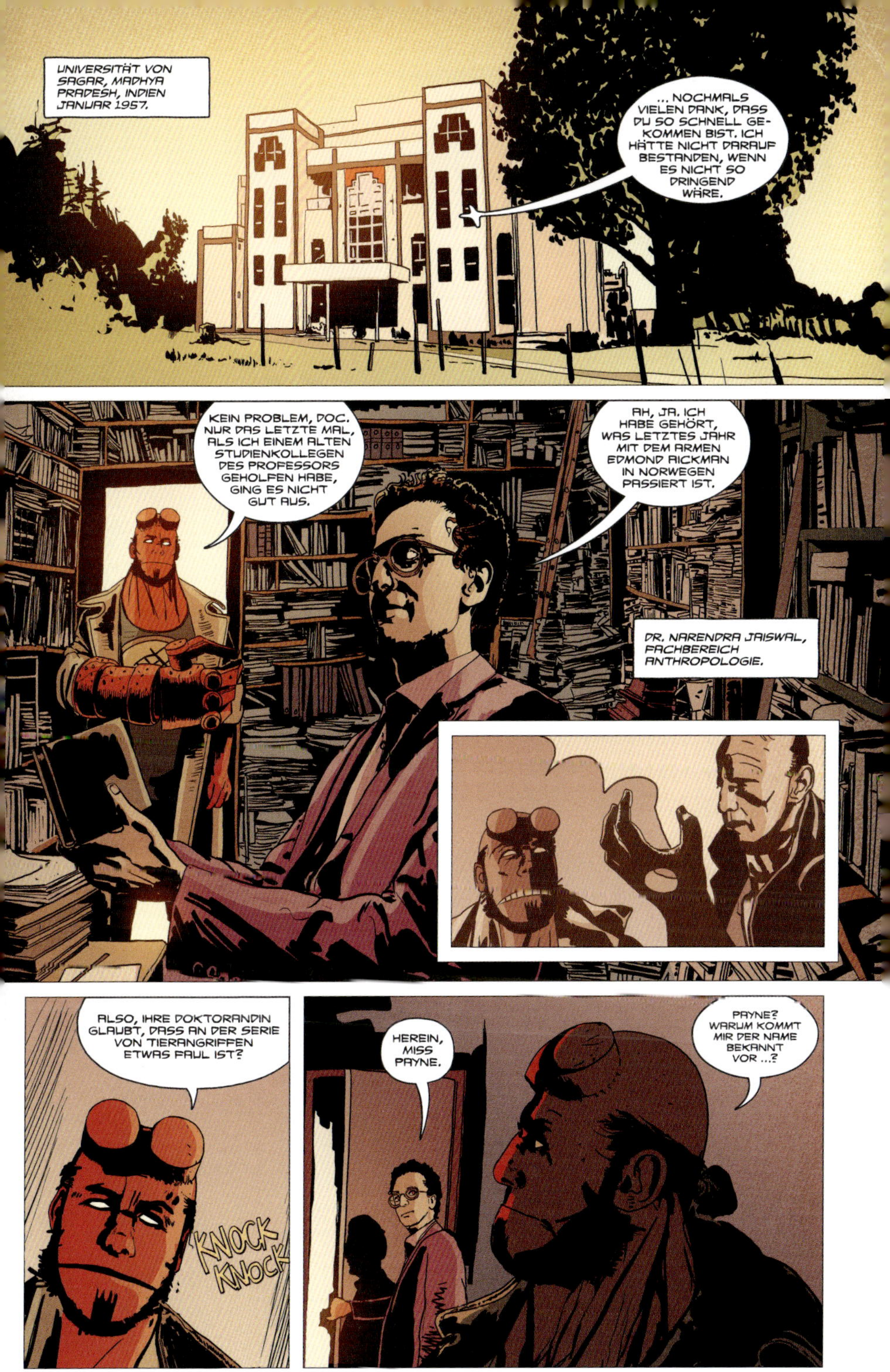
UNIVERSITÄT VON SAGAR, MADHYA PRADESH, INDIEN JANUAR 1957.
... NOCHMALS VIELEN DANK, DASS DU SO SCHNELL GEKOMMEN BIST. ICH HÄTTE NICHT DARAUF BESTANDEN, WENN ES NICHT SO DRINGEND WÄRE.
KEIN PROBLEM, DOC. NUR DAS LETZTE MAL, ALS ICH EINEM ALTEN STUDIENKOLLEGEN DES PROFESSORS GEHOLFEN HABE, GING ES NICHT GUT AUS.
AH, JA. ICH HABE GEHÖRT, WAS LETZTES JAHR MIT DEM ARMEN EDMOND RICKMAN IN NORWEGEN PASSIERT IST.
DR. NARENDRA JAISWAL, FACHBEREICH ANTHROPOLOGIE.
ALSO, IHRE DOKTORANDIN GLAUBT, DASS AN DER SERIE VON TIERANGRIFFEN ETWAS FAUL IST?
KNOCK KNOCK
HEREIN, MISS PAYNE.
PAYNE? WARUM KOMMT MIR DER NAME BEKANNT VOR ...?

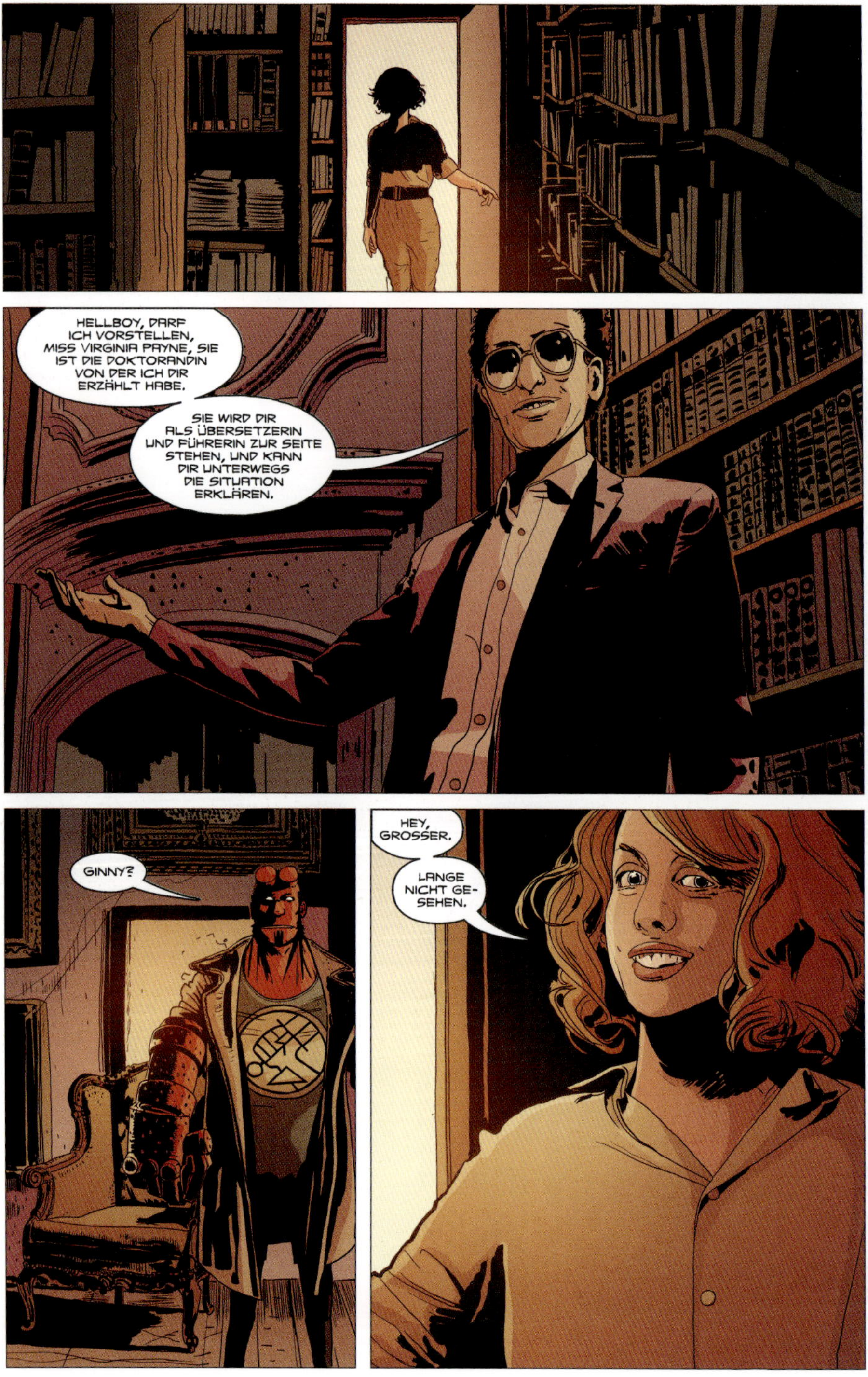
HELLBOY, DARF ICH VORSTELLEN, MISS VIRGINIA PAYNE, SIE IST DIE DOKTORANDIN VON DER ICH DIR ERZÄHLT HABE.
SIE WIRD DIR ALS ÜBERSETZERIN UND FÜHRERIN ZUR SEITE STEHEN, UND KANN DIR UNTERWEGS DIE SITUATION ERKLÄREN.
GINNY?
HEY, GROSSER.
LANGE NICHT GESEHEN.

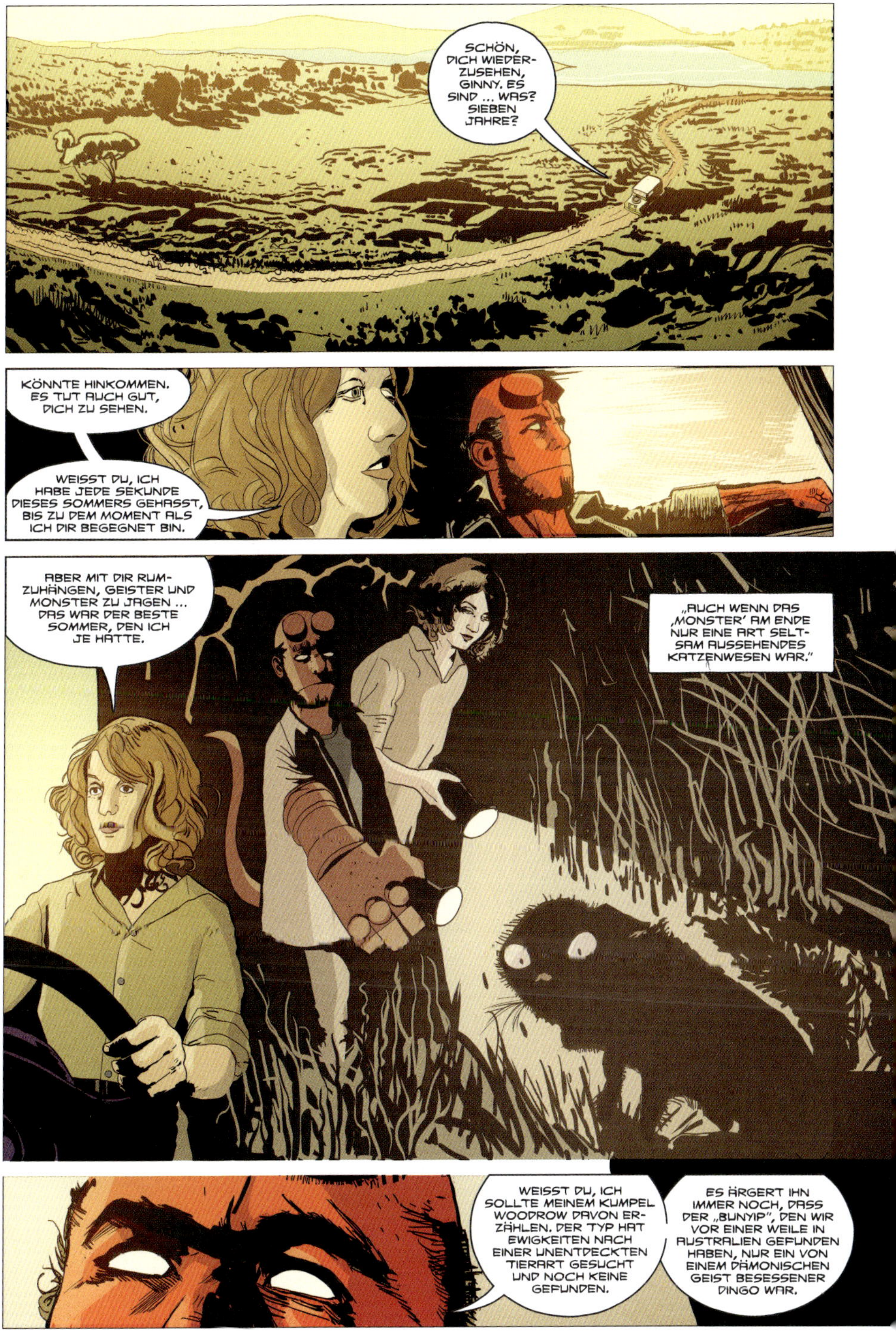

SCHÖN, DICH WIEDERZUSEHEN, GINNY. ES SIND ... WAS? SIEBEN JAHRE?
KÖNNTE HINKOMMEN. ES TUT AUCH GUT, DICH ZU SEHEN.
WEISST DU, ICH HABE JEDE SEKUNDE DIESES SOMMERS GEHASST, BIS ZU DEM MOMENT ALS ICH DIR BEGEGNET BIN.
ABER MIT DIR RUMZUHÄNGEN, GEISTER UND MONSTER ZU JAGEN ... DAS WAR DER BESTE SOMMER, DEN ICH JE HATTE.
„AUCH WENN DAS ‚MONSTER' AM ENDE NUR EINE ART SELTSAM AUSSEHENDES KATZENWESEN WAR."
WEISST DU, ICH SOLLTE MEINEM KUMPEL WOODROW DAVON ERZÄHLEN. DER TYP HAT EWIGKEITEN NACH EINER UNENTDECKTEN TIERART GESUCHT UND NOCH KEINE GEFUNDEN.
ES ÄRGERT IHN IMMER NOCH, DASS DER „BUNYIP", DEN WIR VOR EINER WEILE IN AUSTRALIEN GEFUNDEN HABEN, NUR EIN VON EINEM DÄMONISCHEN GEIST BESESSENER DINGO WAR.

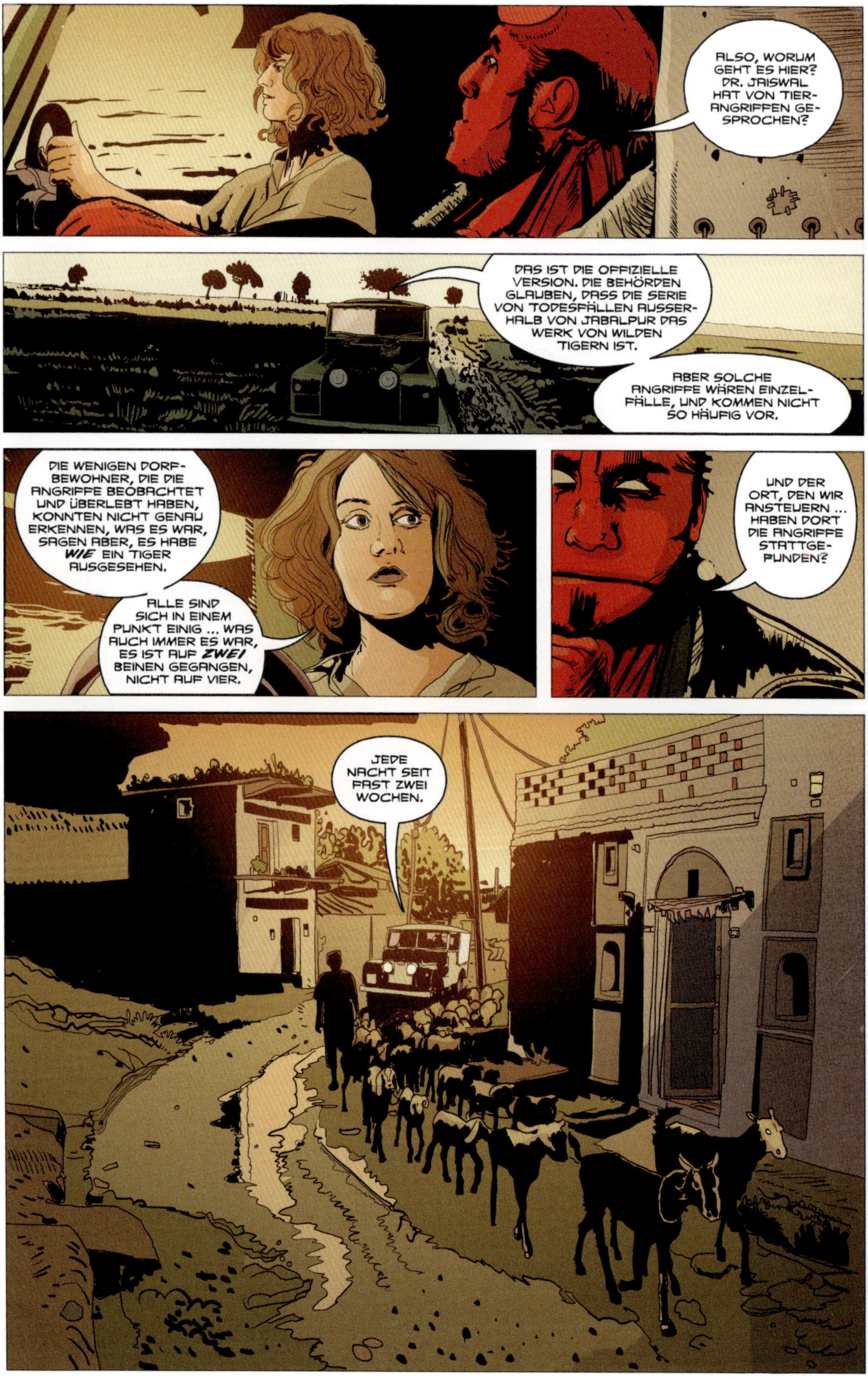
ALSO, WORUM GEHT ES HIER? DR. JAISWAL HAT VON TIER-ANGRIFFEN GESPROCHEN?
DAS IST DIE OFFIZIELLE VERSION. DIE BEHÖRDEN GLAUBEN, DASS DIE SERIE VON TODESFÄLLEN AUSSERHALB VON JABALPUR DAS WERK VON WILDEN TIGERN IST.
ABER SOLCHE ANGRIFFE WÄREN EINZELFÄLLE, UND KOMMEN NICHT SO HÄUFIG VOR.
DIE WENIGEN DORFBEWOHNER, DIE DIE ANGRIFFE BEOBACHTET UND ÜBERLEBT HABEN, KONNTEN NICHT GENAU ERKENNEN, WAS ES WAR, SAGEN ABER, ES HABE *WIE* EIN TIGER AUSGESEHEN.
ALLE SIND SICH IN EINEM PUNKT EINIG ... WAS AUCH IMMER ES WAR, ES IST AUF ***ZWEI*** BEINEN GEGANGEN, NICHT AUF VIER.
UND DER ORT, DEN WIR ANSTEUERN ... HABEN DORT DIE ANGRIFFE STATTGEFUNDEN?
JEDE NACHT SEIT FAST ZWEI WOCHEN.

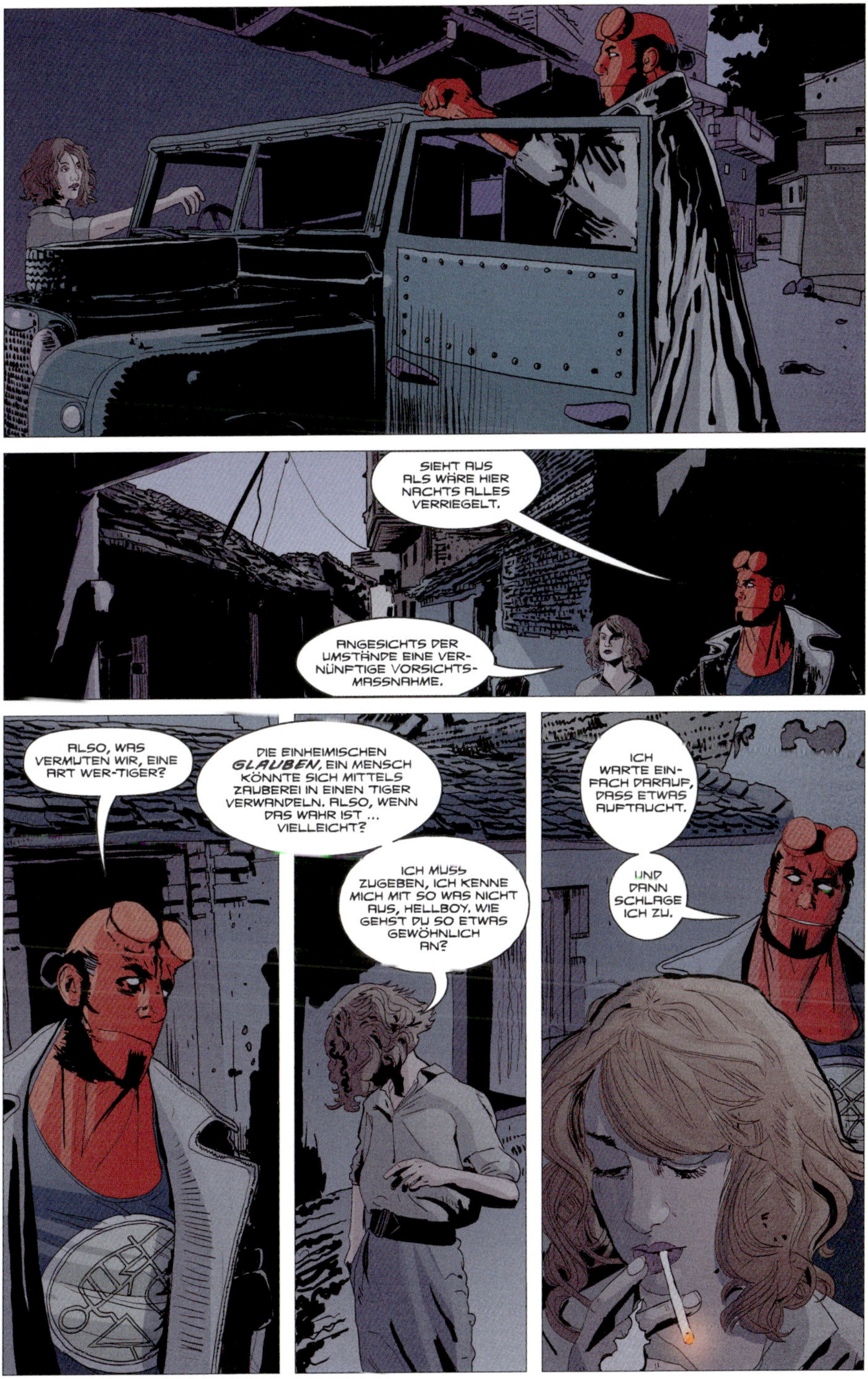
SIEHT AUS ALS WÄRE HIER NACHTS ALLES VERRIEGELT.
ANGESICHTS DER UMSTÄNDE EINE VERNÜNFTIGE VORSICHTSMASSNAHME.
ALSO, WAS VERMUTEN WIR, EINE ART WER-TIGER?
DIE EINHEIMISCHEN *GLAUBEN*, EIN MENSCH KÖNNTE SICH MITTELS ZAUBEREI IN EINEN TIGER VERWANDELN. ALSO, WENN DAS WAHR IST … VIELLEICHT?
ICH MUSS ZUGEBEN, ICH KENNE MICH MIT SO WAS NICHT AUS, HELLBOY. WIE GEHST DU SO ETWAS GEWÖHNLICH AN?
ICH WARTE EINFACH DARAUF, DASS ETWAS AUFTAUCHT.
UND DANN SCHLAGE ICH ZU.

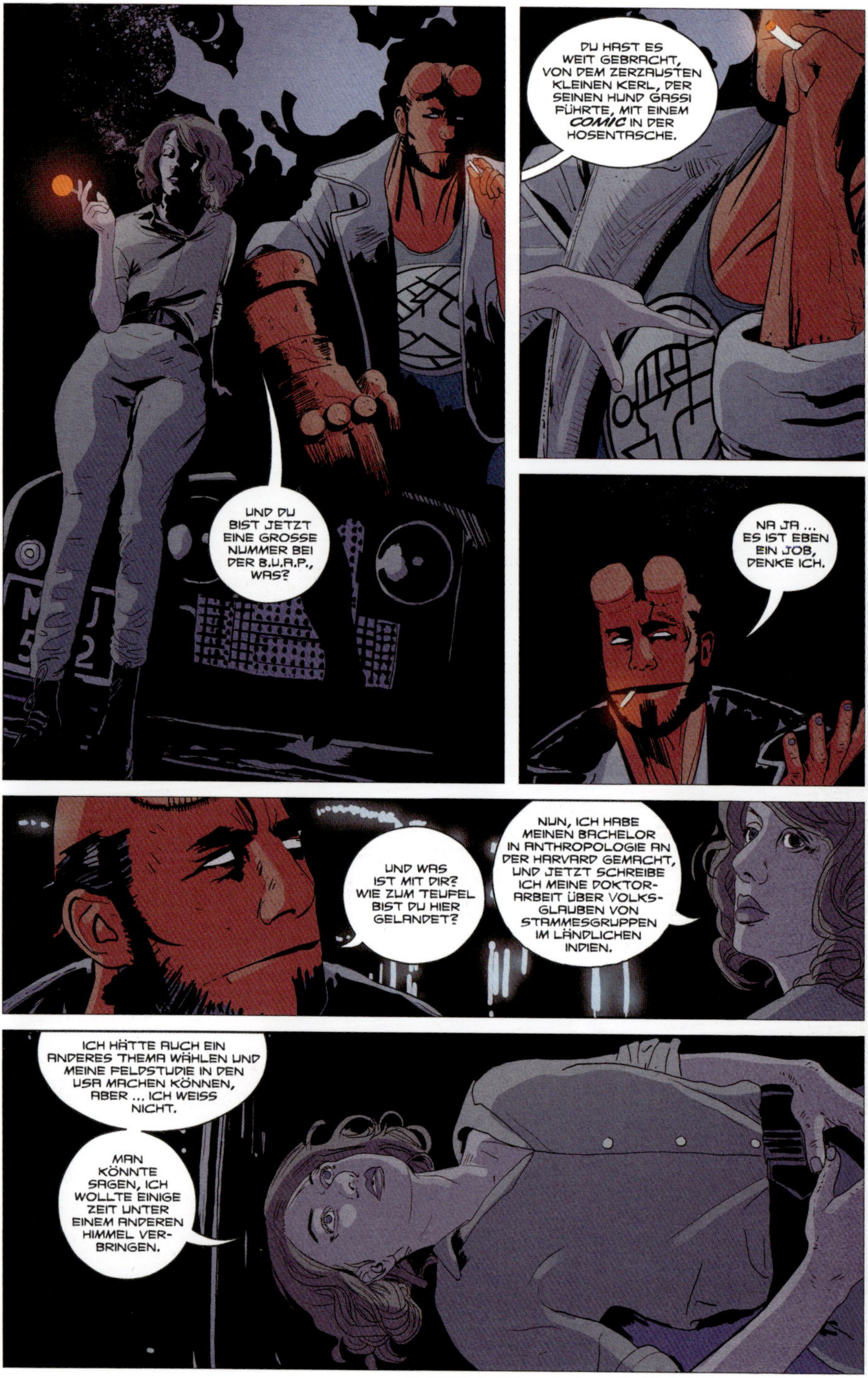
DU HAST ES WEIT GEBRACHT, VON DEM ZERZAUSTEN KLEINEN KERL, DER SEINEN HUND GASSI FÜHRTE, MIT EINEM COMIC IN DER HOSENTASCHE.
UND DU BIST JETZT EINE GROSSE NUMMER BEI DER B.U.A.P., WAS?
NA JA ... ES IST EBEN EIN JOB, DENKE ICH.
UND WAS IST MIT DIR? WIE ZUM TEUFEL BIST DU HIER GELANDET?
NUN, ICH HABE MEINEN BACHELOR IN ANTHROPOLOGIE AN DER HARVARD GEMACHT, UND JETZT SCHREIBE ICH MEINE DOKTORARBEIT ÜBER VOLKSGLAUBEN VON STAMMESGRUPPEN IM LÄNDLICHEN INDIEN.
ICH HÄTTE AUCH EIN ANDERES THEMA WÄHLEN UND MEINE FELDSTUDIE IN DEN USA MACHEN KÖNNEN, ABER ... ICH WEISS NICHT.
MAN KÖNNTE SAGEN, ICH WOLLTE EINIGE ZEIT UNTER EINEM ANDEREN HIMMEL VERBRINGEN.

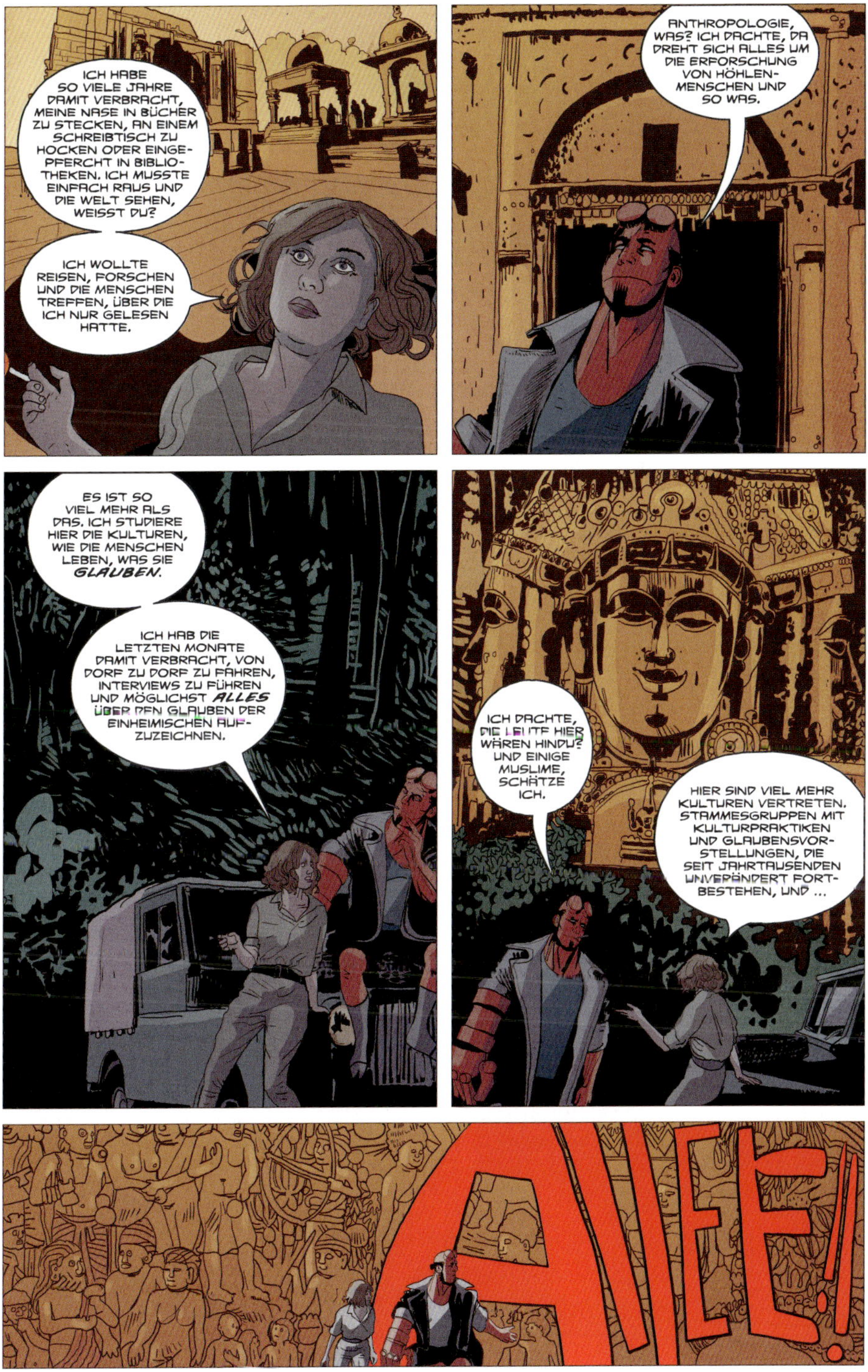
ICH HABE SO VIELE JAHRE DAMIT VERBRACHT, MEINE NASE IN BÜCHER ZU STECKEN, AN EINEM SCHREIBTISCH ZU HOCKEN ODER EINGE-PFERCHT IN BIBLIO-THEKEN. ICH MUSSTE EINFACH RAUS UND DIE WELT SEHEN, WEISST DU?
ICH WOLLTE REISEN, FORSCHEN UND DIE MENSCHEN TREFFEN, ÜBER DIE ICH NUR GELESEN HATTE.
ANTHROPOLOGIE, WAS? ICH DACHTE, DA DREHT SICH ALLES UM DIE ERFORSCHUNG VON HÖHLEN-MENSCHEN UND SO WAS.
ES IST SO VIEL MEHR ALS DAS. ICH STUDIERE HIER DIE KULTUREN, WIE DIE MENSCHEN LEBEN, WAS SIE *GLAUBEN*.
ICH HAB DIE LETZTEN MONATE DAMIT VERBRACHT, VON DORF ZU DORF ZU FAHREN, INTERVIEWS ZU FÜHREN UND MÖGLICHST *ALLES* ÜBER DEN GLAUBEN DER EINHEIMISCHEN AUF-ZUZEICHNEN.
ICH DACHTE, DIE LEUTE HIER WÄREN HINDU? UND EINIGE MUSLIME, SCHÄTZE ICH.
HIER SIND VIEL MEHR KULTUREN VERTRETEN. STAMMESGRUPPEN MIT KULTURPRAKTIKEN UND GLAUBENSVOR-STELLUNGEN, DIE SEIT JAHRTAUSENDEN UNVERÄNDERT FORT-BESTEHEN, UND ...
AIEE!!

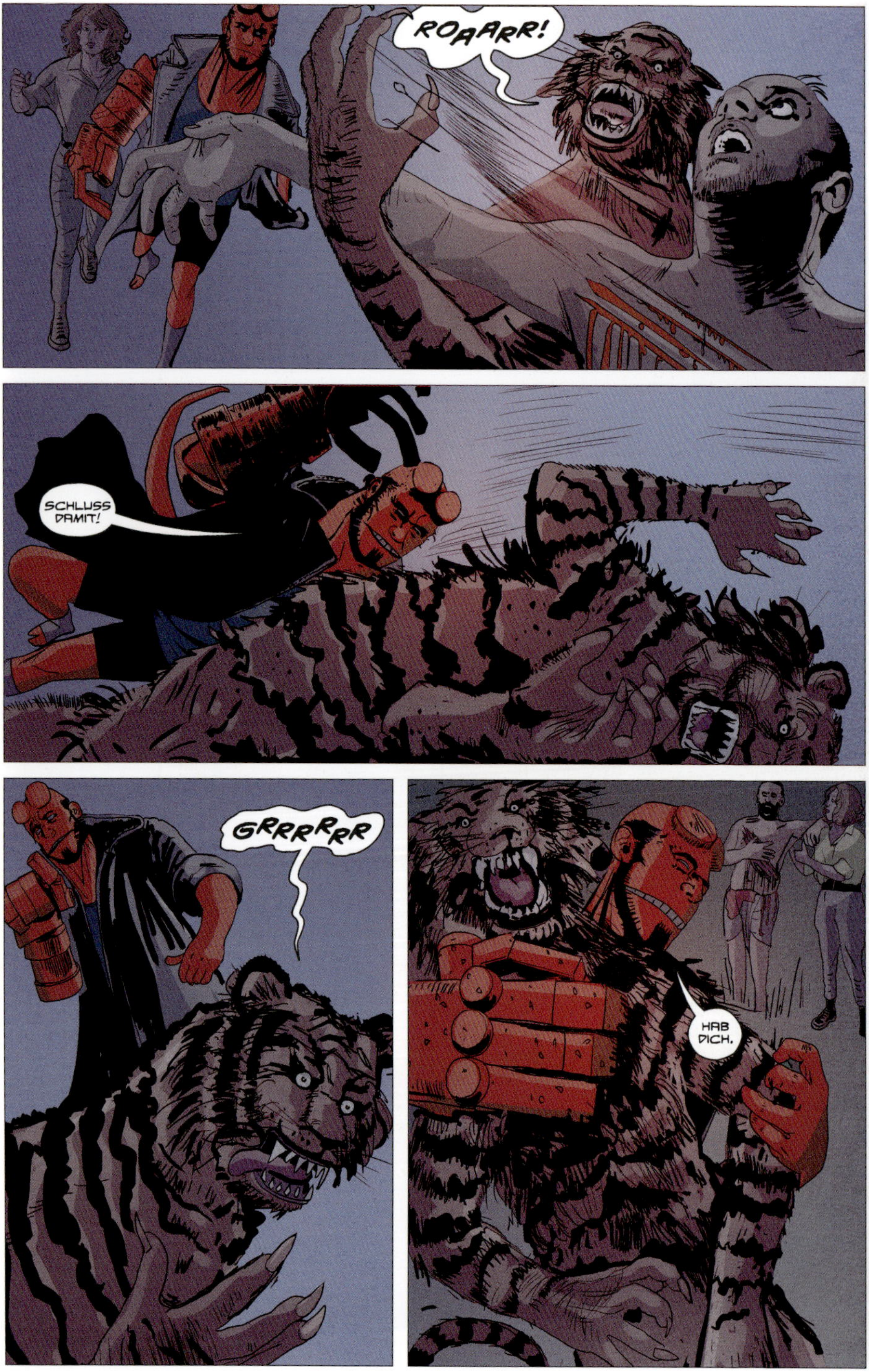
ROAARR!
SCHLUSS DAMIT!
GRRRRRR
HAB DICH.

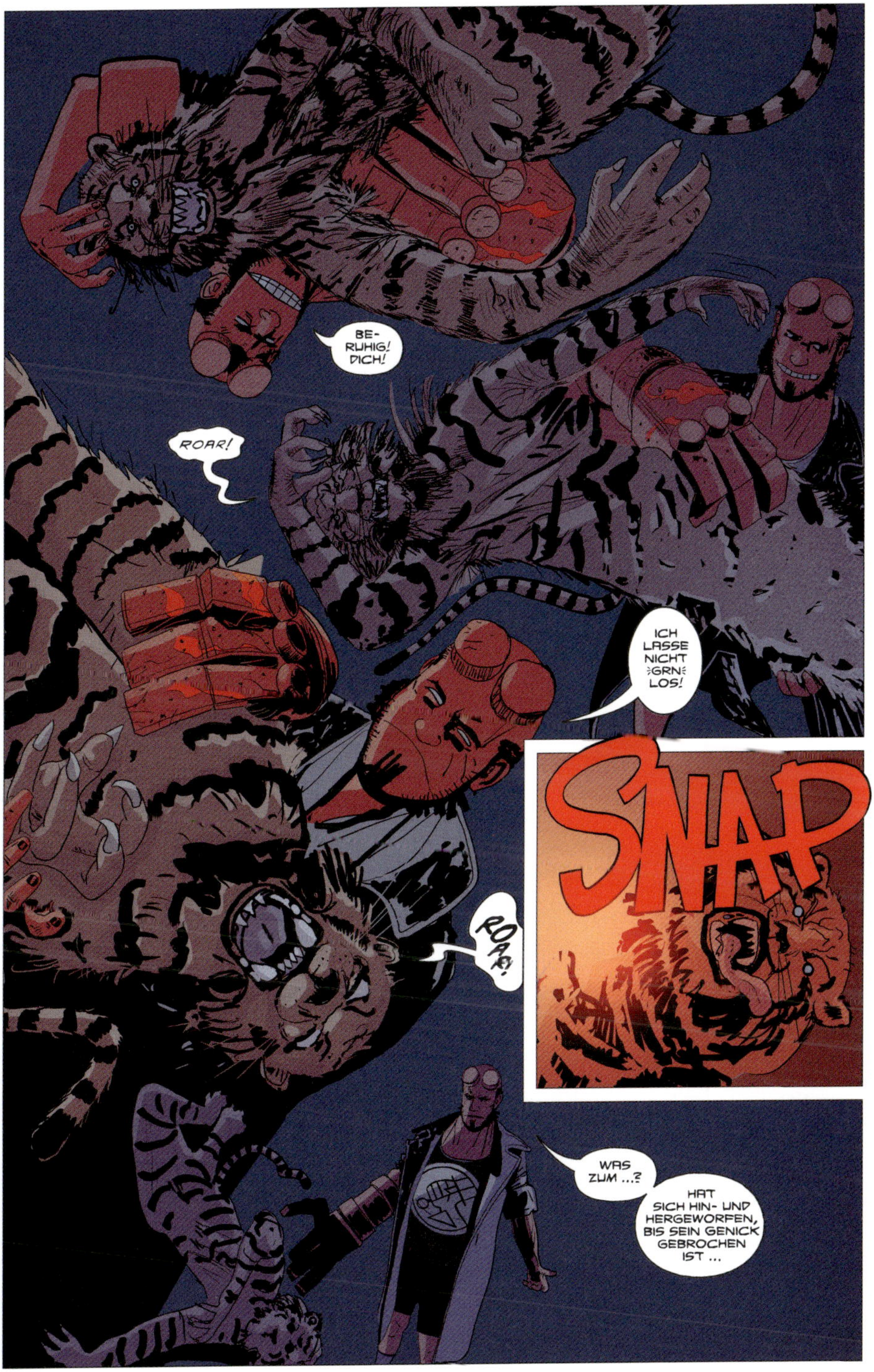
BE-
RUHIG!
DICH!
ROAR!
ICH
LASSE
NICHT
GRN
LOS!
ROAR!
SNAP
WAS
ZUM ...?
HAT
SICH HIN- UND
HERGEWORFEN,
BIS SEIN GENICK
GEBROCHEN
IST ...

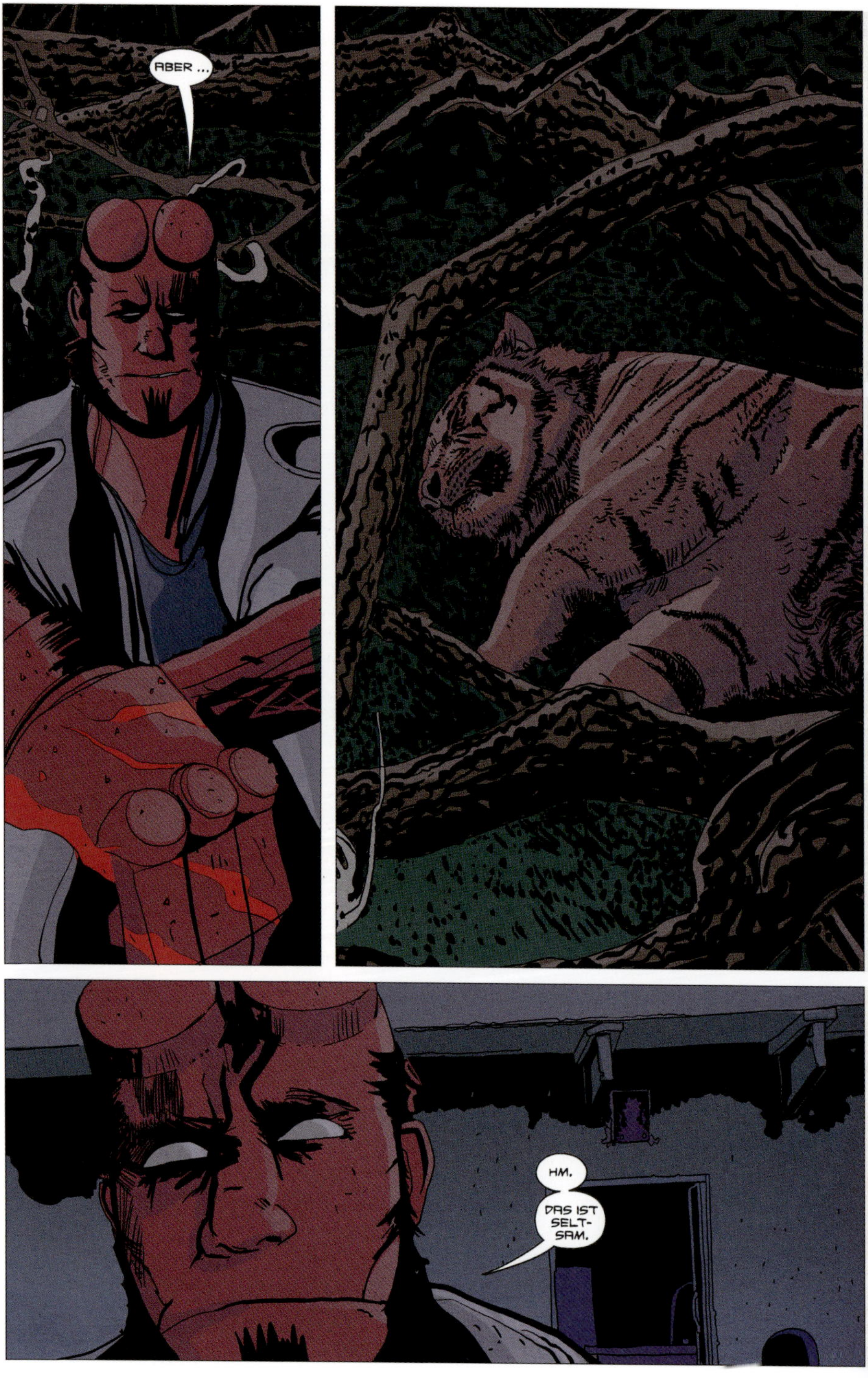
ABER ...
HM.
DAS IST SELT-SAM.

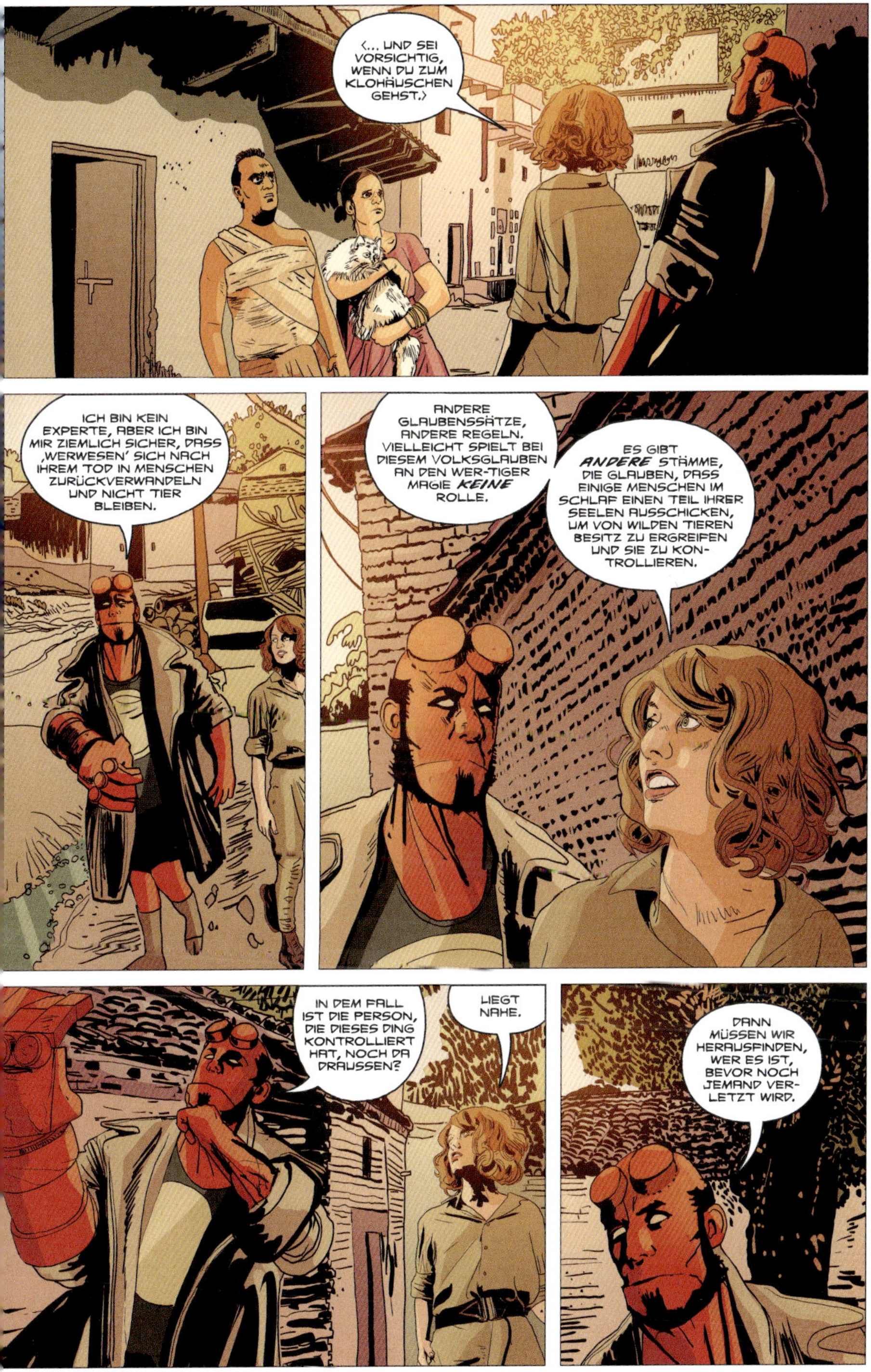
‹... UND SEI VORSICHTIG, WENN DU ZUM KLOHÄUSCHEN GEHST.›
ICH BIN KEIN EXPERTE, ABER ICH BIN MIR ZIEMLICH SICHER, DASS ‚WERWESEN' SICH NACH IHREM TOD IN MENSCHEN ZURÜCKVERWANDELN UND NICHT TIER BLEIBEN.
ANDERE GLAUBENSSÄTZE, ANDERE REGELN. VIELLEICHT SPIELT BEI DIESEM VOLKSGLAUBEN AN DEN WER-TIGER MAGIE *KEINE* ROLLE.
ES GIBT ***ANDERE*** STÄMME, DIE GLAUBEN, DASS EINIGE MENSCHEN IM SCHLAF EINEN TEIL IHRER SEELEN AUSSCHICKEN, UM VON WILDEN TIEREN BESITZ ZU ERGREIFEN UND SIE ZU KONTROLLIEREN.
IN DEM FALL IST DIE PERSON, DIE DIESES DING KONTROLLIERT HAT, NOCH DA DRAUSSEN?
LIEGT NAHE.
DANN MÜSSEN WIR HERAUSFINDEN, WER ES IST, BEVOR NOCH JEMAND VERLETZT WIRD.

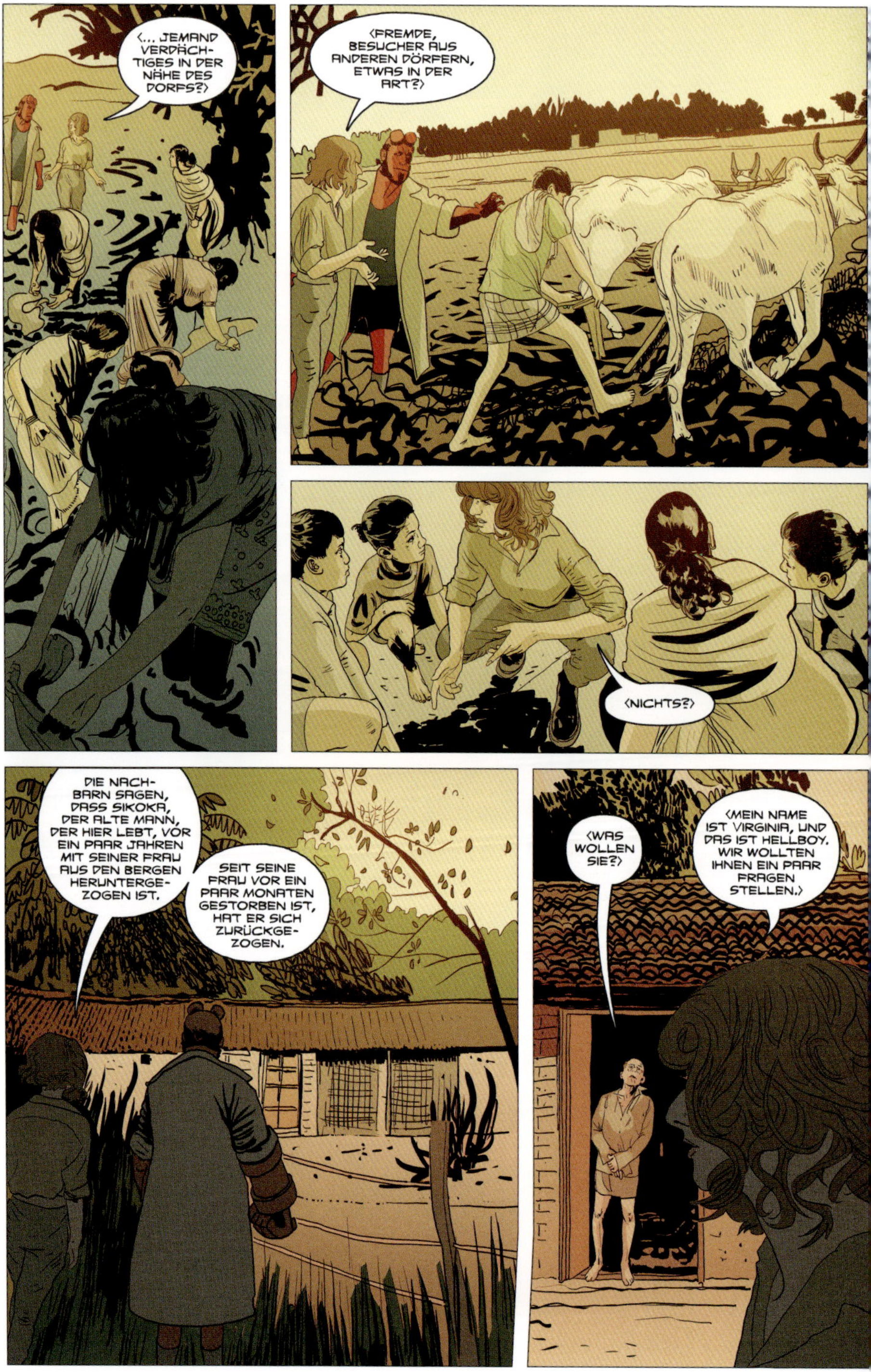
<... JEMAND VERDÄCHTIGES IN DER NÄHE DES DORFS?>
<FREMDE, BESUCHER AUS ANDEREN DÖRFERN, ETWAS IN DER ART?>
<NICHTS?>
DIE NACHBARN SAGEN, DASS SIKOKA, DER ALTE MANN, DER HIER LEBT, VOR EIN PAAR JAHREN MIT SEINER FRAU AUS DEN BERGEN HERUNTERGEZOGEN IST.
SEIT SEINE FRAU VOR EIN PAAR MONATEN GESTORBEN IST, HAT ER SICH ZURÜCKGEZOGEN.
<WAS WOLLEN SIE?>
<MEIN NAME IST VIRGINIA, UND DAS IST HELLBOY. WIR WOLLTEN IHNEN EIN PAAR FRAGEN STELLEN.>

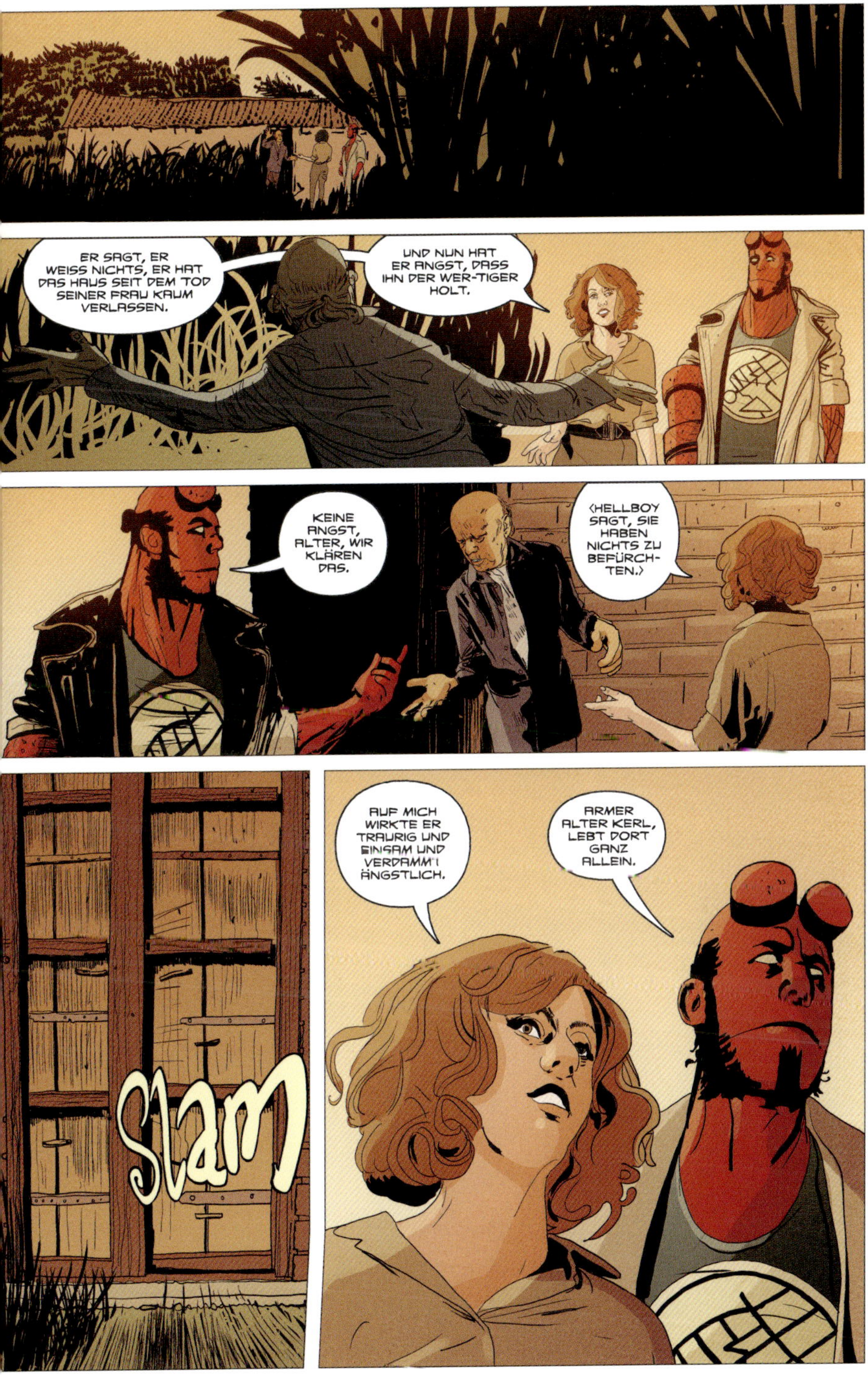
ER SAGT, ER WEISS NICHTS, ER HAT DAS HAUS SEIT DEM TOD SEINER FRAU KAUM VERLASSEN.
UND NUN HAT ER ANGST, DASS IHN DER WER-TIGER HOLT.
KEINE ANGST, ALTER, WIR KLÄREN DAS.
‹HELLBOY SAGT, SIE HABEN NICHTS ZU BEFÜRCHTEN.›
SLAM
AUF MICH WIRKTE ER TRAURIG UND EINSAM UND VERDAMMT ÄNGSTLICH.
ARMER ALTER KERL, LEBT DORT GANZ ALLEIN.

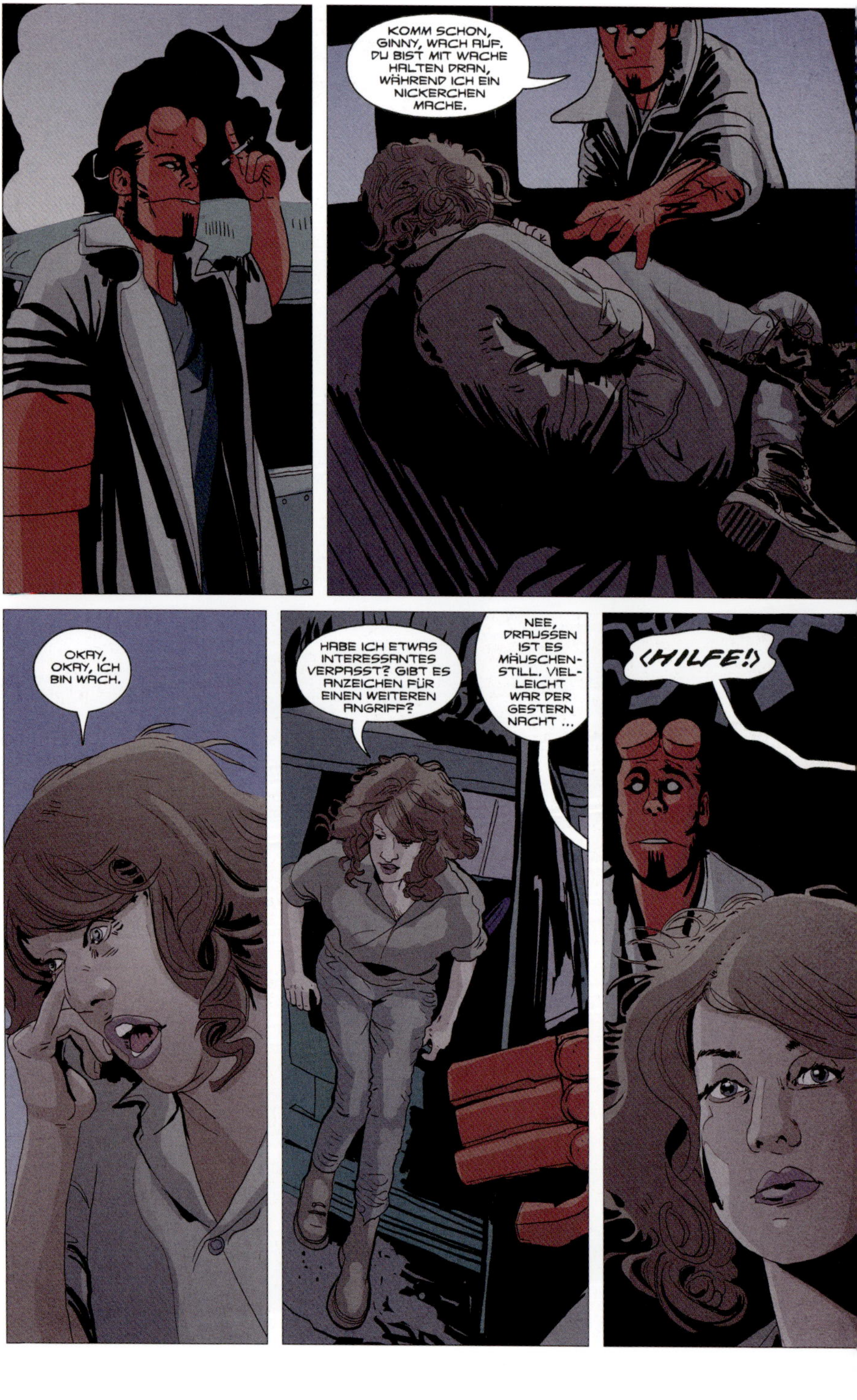
KOMM SCHON, GINNY, WACH AUF. DU BIST MIT WACHE HALTEN DRAN, WÄHREND ICH EIN NICKERCHEN MACHE.
OKAY, OKAY, ICH BIN WACH.
HABE ICH ETWAS INTERESSANTES VERPASST? GIBT ES ANZEICHEN FÜR EINEN WEITEREN ANGRIFF?
NEE, DRAUSSEN IST ES MÄUSCHENSTILL. VIELLEICHT WAR DER GESTERN NACHT ...
‹HILFE!›

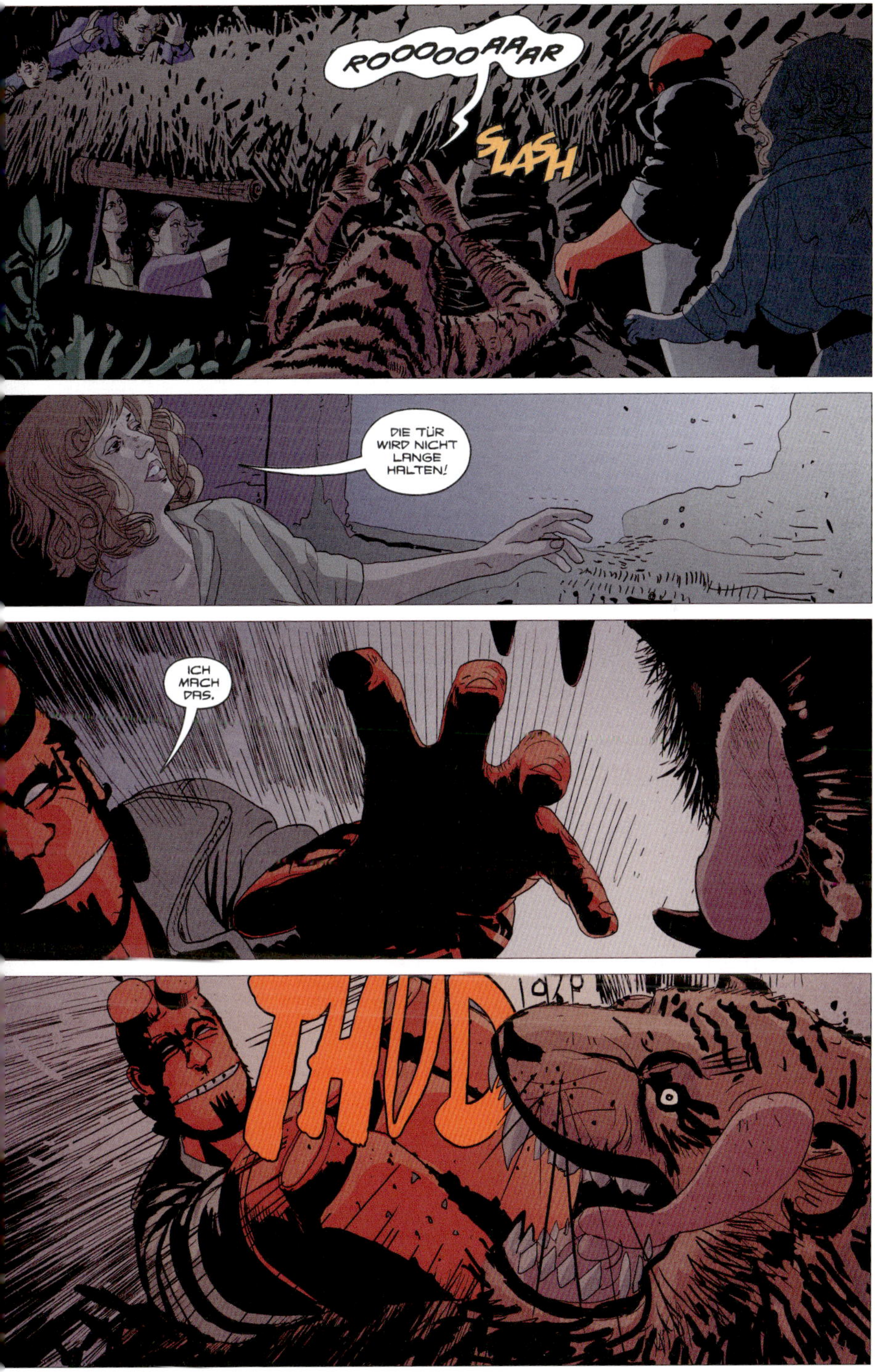
ROOOOOAAAR
SLASH
DIE TÜR WIRD NICHT LANGE HALTEN!
ICH MACH DAS.
THUD

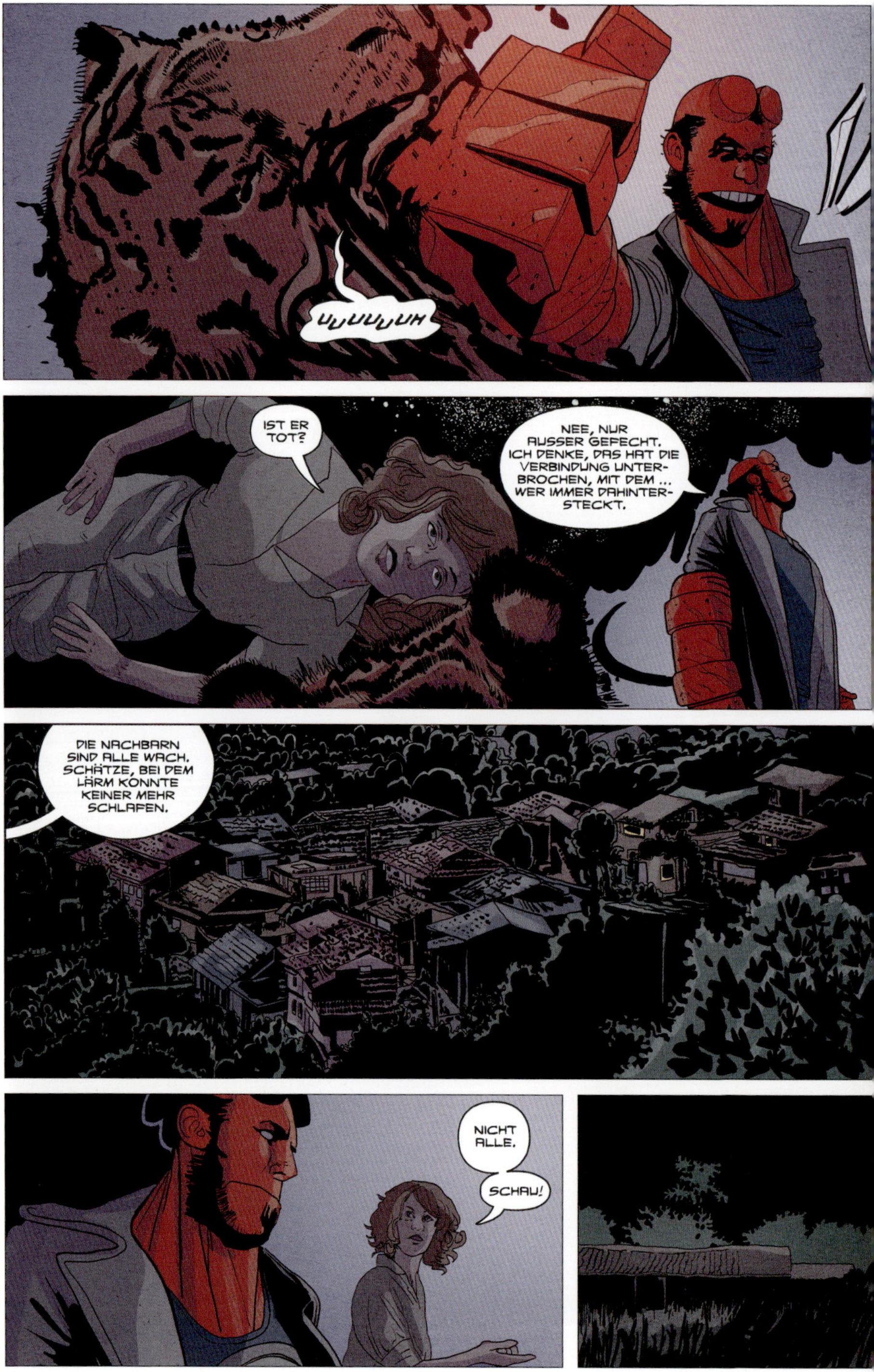
UUUUUUH
IST ER TOT?
NEE, NUR AUSSER GEFECHT. ICH DENKE, DAS HAT DIE VERBINDUNG UNTERBROCHEN, MIT DEM ... WER IMMER DAHINTERSTECKT.
DIE NACHBARN SIND ALLE WACH. SCHÄTZE, BEI DEM LÄRM KONNTE KEINER MEHR SCHLAFEN.
NICHT ALLE.
SCHAU!

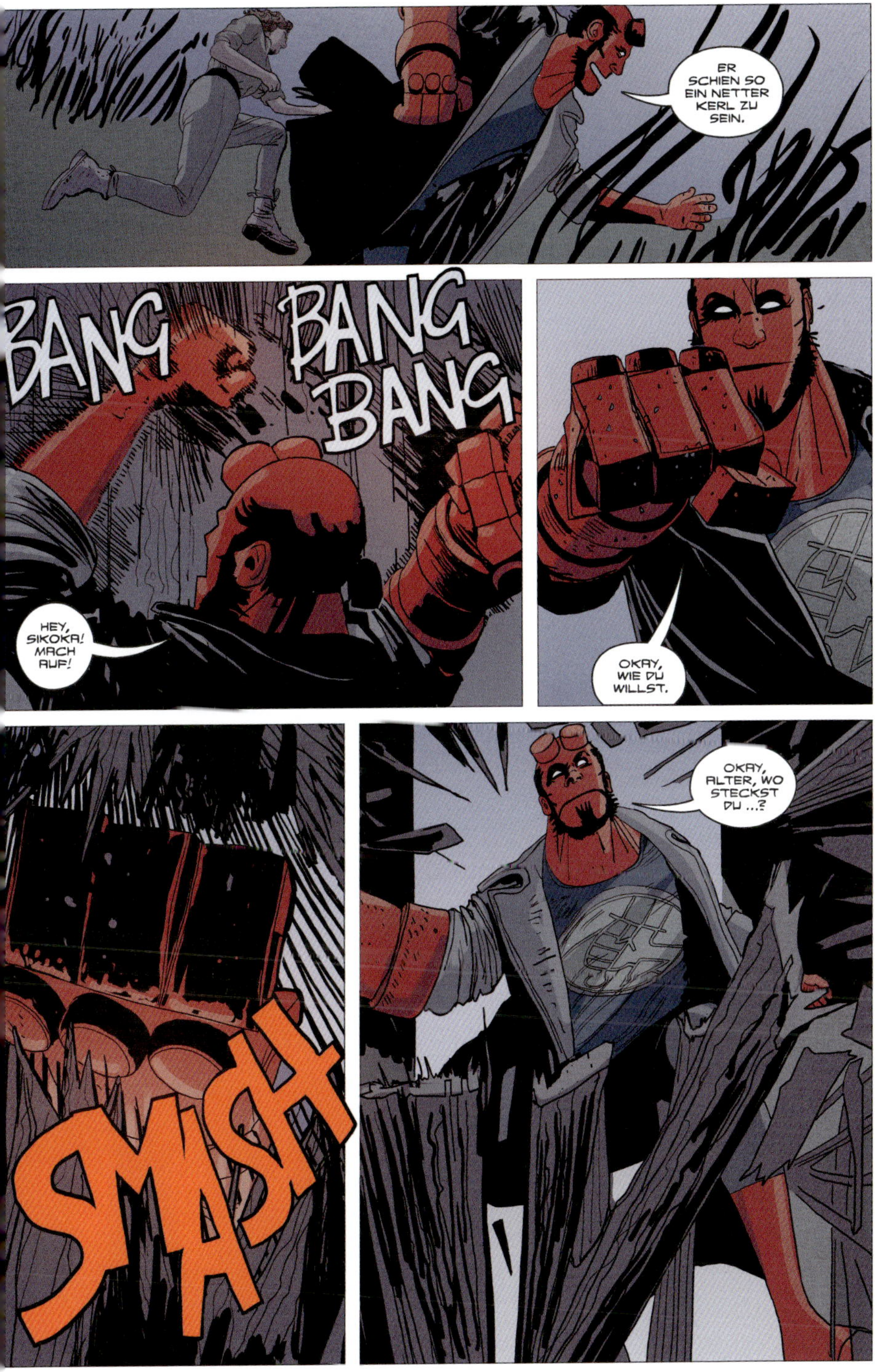
ER SCHIEN SO EIN NETTER KERL ZU SEIN.
BANG BANG BANG
HEY, SIKOKA! MACH AUF!
OKAY, WIE DU WILLST.
SMASH
OKAY, ALTER, WO STECKST DU ...?

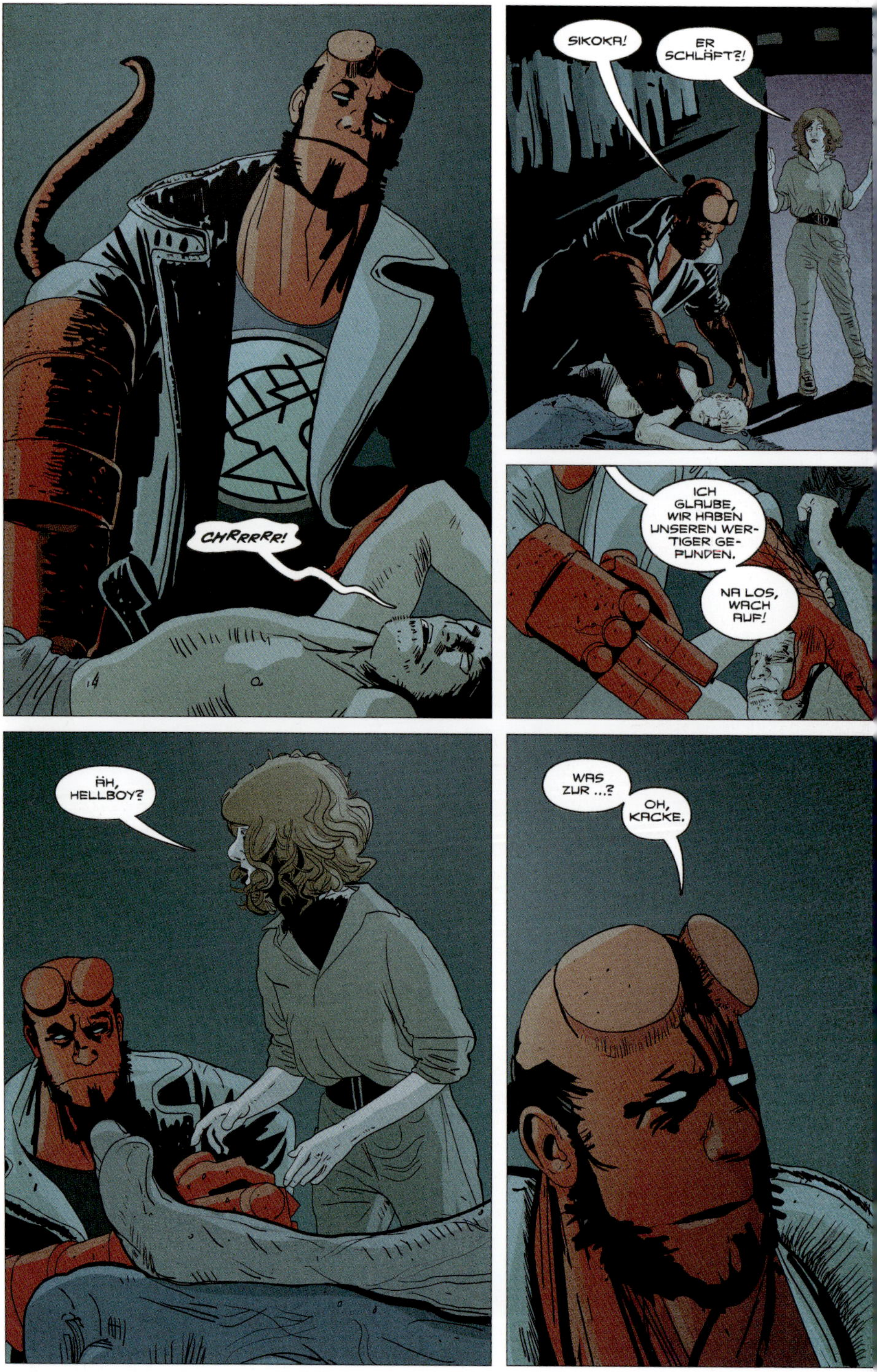
CHRRRRR!
SIKOKA!
ER SCHLÄFT?!
ICH GLAUBE, WIR HABEN UNSEREN WER-TIGER GE-FUNDEN.
NA LOS, WACH AUF!
ÄH, HELLBOY?
WAS ZUR ...?
OH, KACKE.

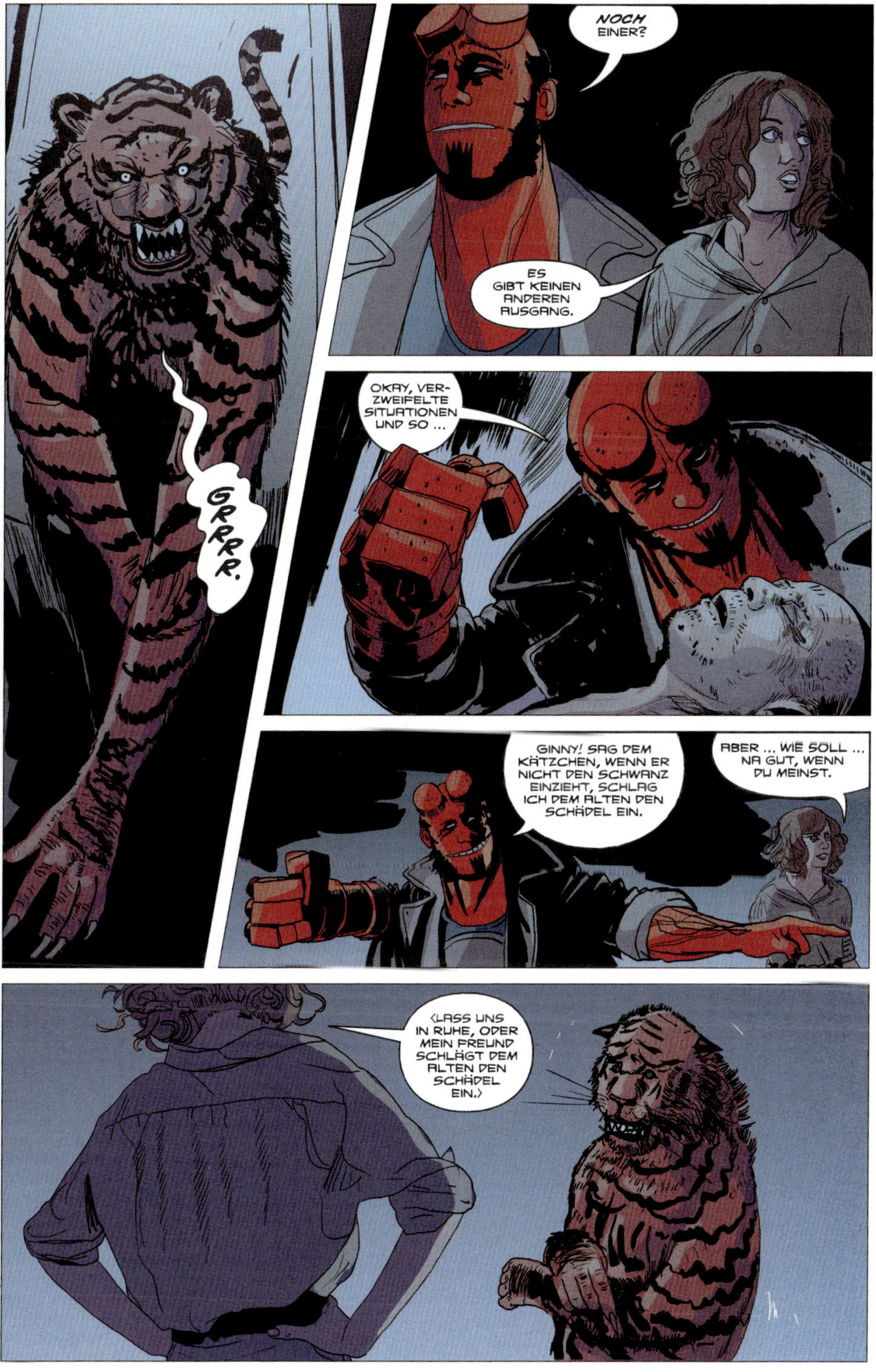
GRRRR.
NOCH EINER?
ES GIBT KEINEN ANDEREN AUSGANG.
OKAY, VERZWEIFELTE SITUATIONEN UND SO ...
GINNY! SAG DEM KÄTZCHEN, WENN ER NICHT DEN SCHWANZ EINZIEHT, SCHLAG ICH DEM ALTEN DEN SCHÄDEL EIN.
ABER ... WIE SOLL ... NA GUT, WENN DU MEINST.
<LASS UNS IN RUHE, ODER MEIN FREUND SCHLÄGT DEM ALTEN DEN SCHÄDEL EIN.>

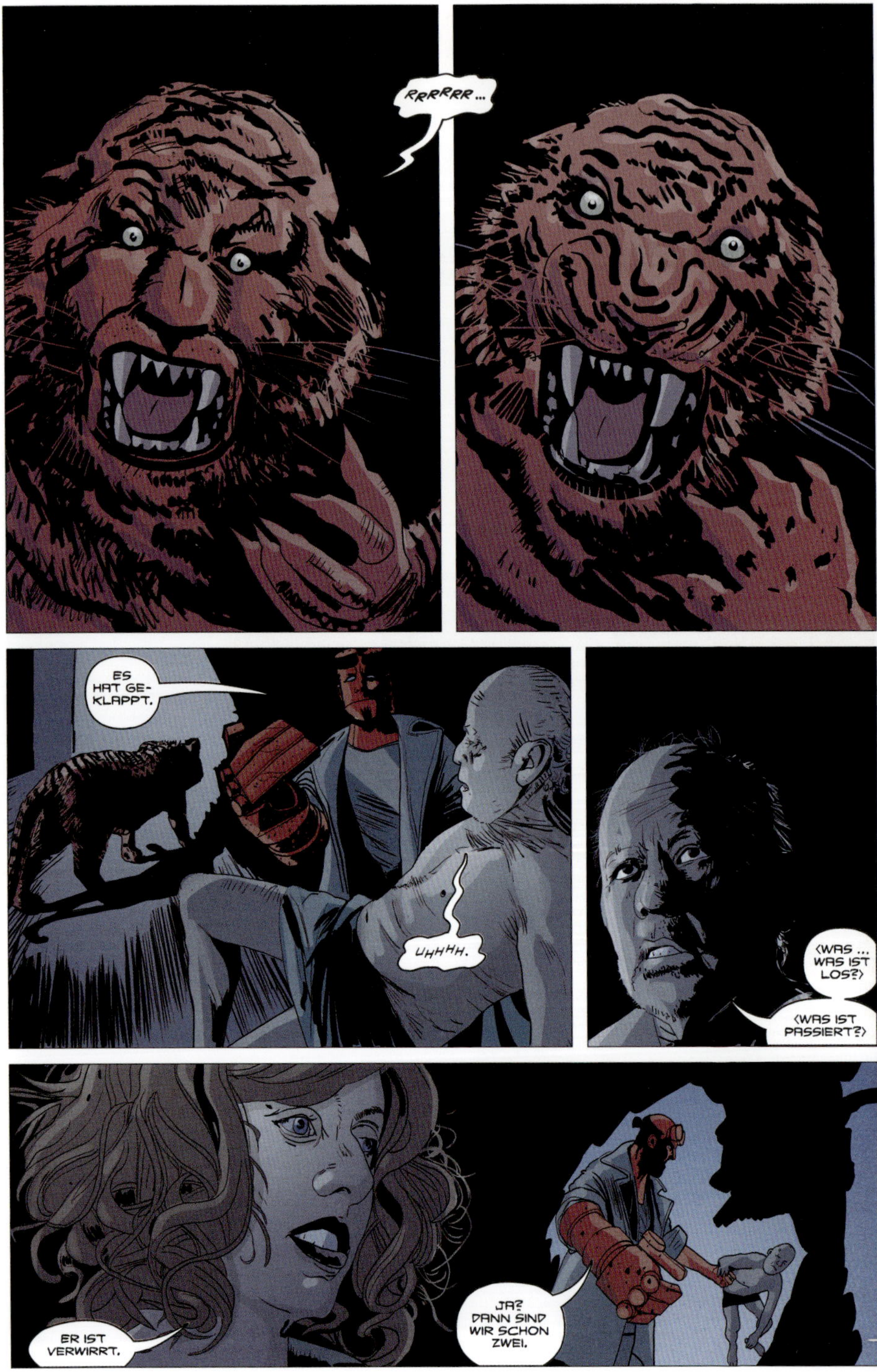
RRRRRR ...
ES HAT GE-KLAPPT.
UHHHH.
⟨WAS ... WAS IST LOS?⟩
⟨WAS IST PASSIERT?⟩
ER IST VERWIRRT.
JA? DANN SIND WIR SCHON ZWEI.

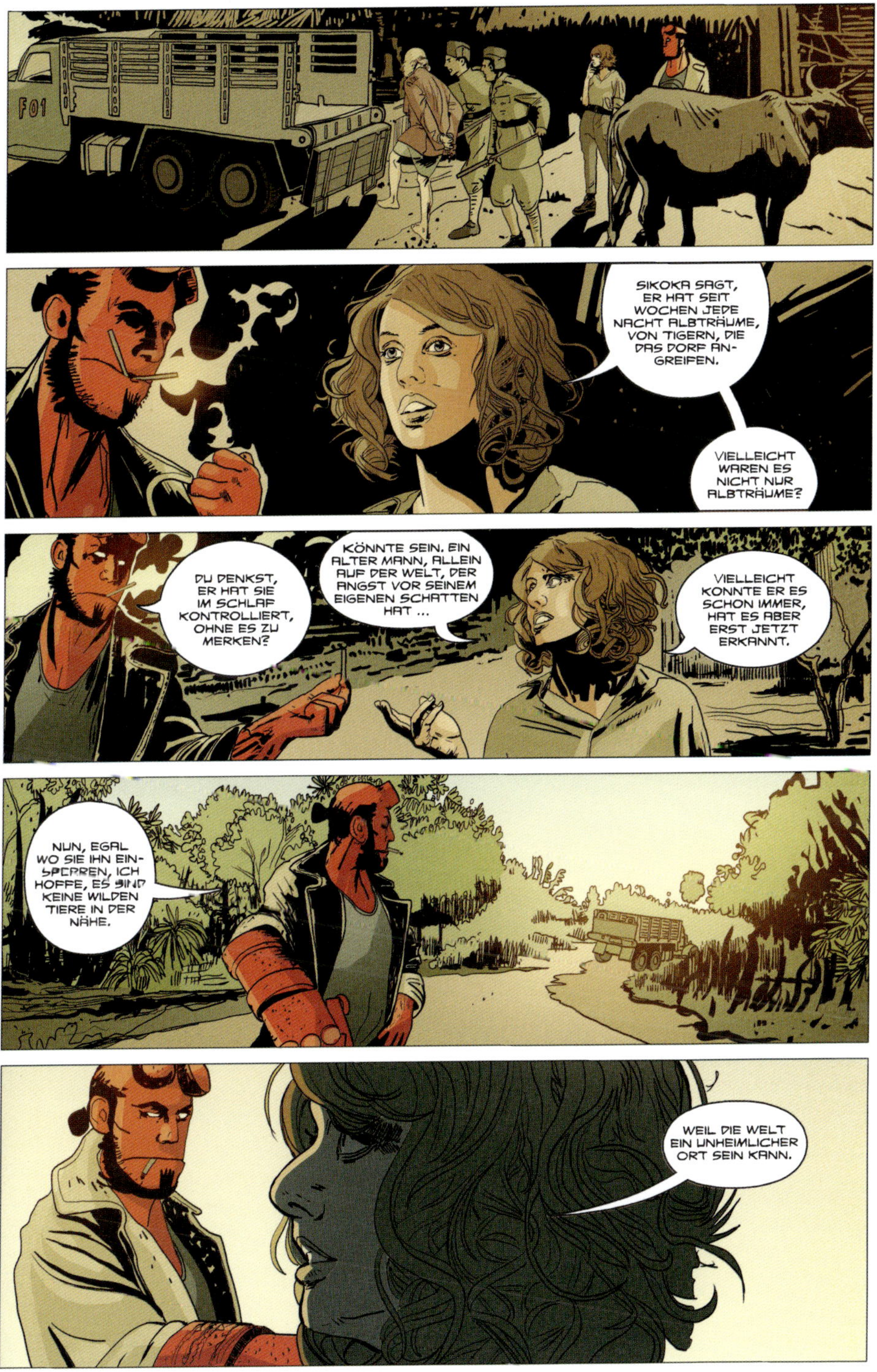
F01
SIKOKA SAGT, ER HAT SEIT WOCHEN JEDE NACHT ALBTRÄUME, VON TIGERN, DIE DAS DORF ANGREIFEN.
VIELLEICHT WAREN ES NICHT NUR ALBTRÄUME?
DU DENKST, ER HAT SIE IM SCHLAF KONTROLLIERT, OHNE ES ZU MERKEN?
KÖNNTE SEIN. EIN ALTER MANN, ALLEIN AUF DER WELT, DER ANGST VOR SEINEM EIGENEN SCHATTEN HAT ...
VIELLEICHT KONNTE ER ES SCHON IMMER, HAT ES ABER ERST JETZT ERKANNT.
NUN, EGAL WO SIE IHN EINSPERREN, ICH HOFFE, ES SIND KEINE WILDEN TIERE IN DER NÄHE.
WEIL DIE WELT EIN UNHEIMLICHER ORT SEIN KANN.

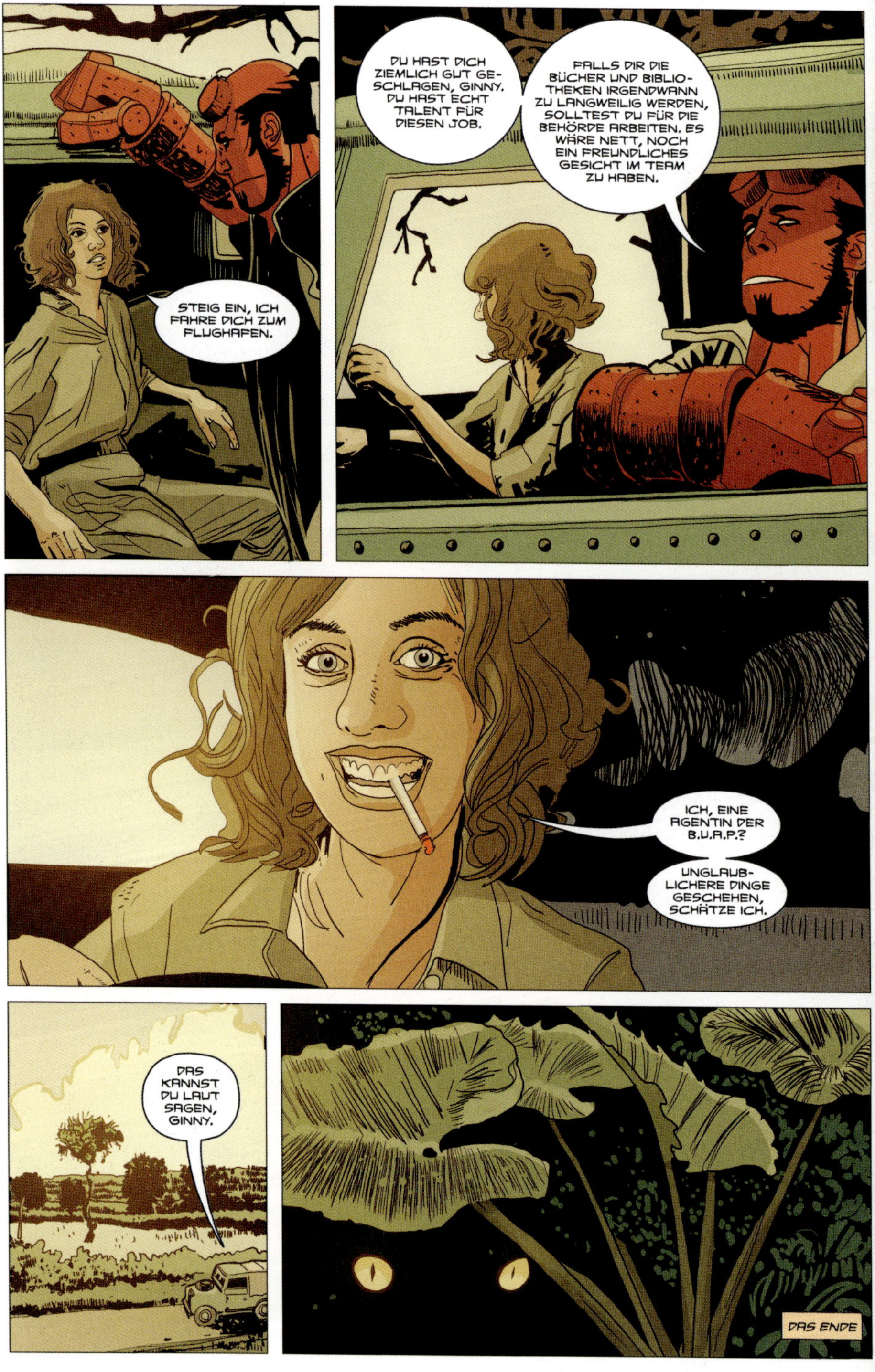
STEIG EIN, ICH FAHRE DICH ZUM FLUGHAFEN.
DU HAST DICH ZIEMLICH GUT GESCHLAGEN, GINNY. DU HAST ECHT TALENT FÜR DIESEN JOB.
FALLS DIR DIE BÜCHER UND BIBLIOTHEKEN IRGENDWANN ZU LANGWEILIG WERDEN, SOLLTEST DU FÜR DIE BEHÖRDE ARBEITEN. ES WÄRE NETT, NOCH EIN FREUNDLICHES GESICHT IM TEAM ZU HABEN.
ICH, EINE AGENTIN DER B.U.A.P.?
UNGLAUBLICHERE DINGE GESCHEHEN, SCHÄTZE ICH.
DAS KANNST DU LAUT SAGEN, GINNY.
DAS ENDE

VON UNTEN

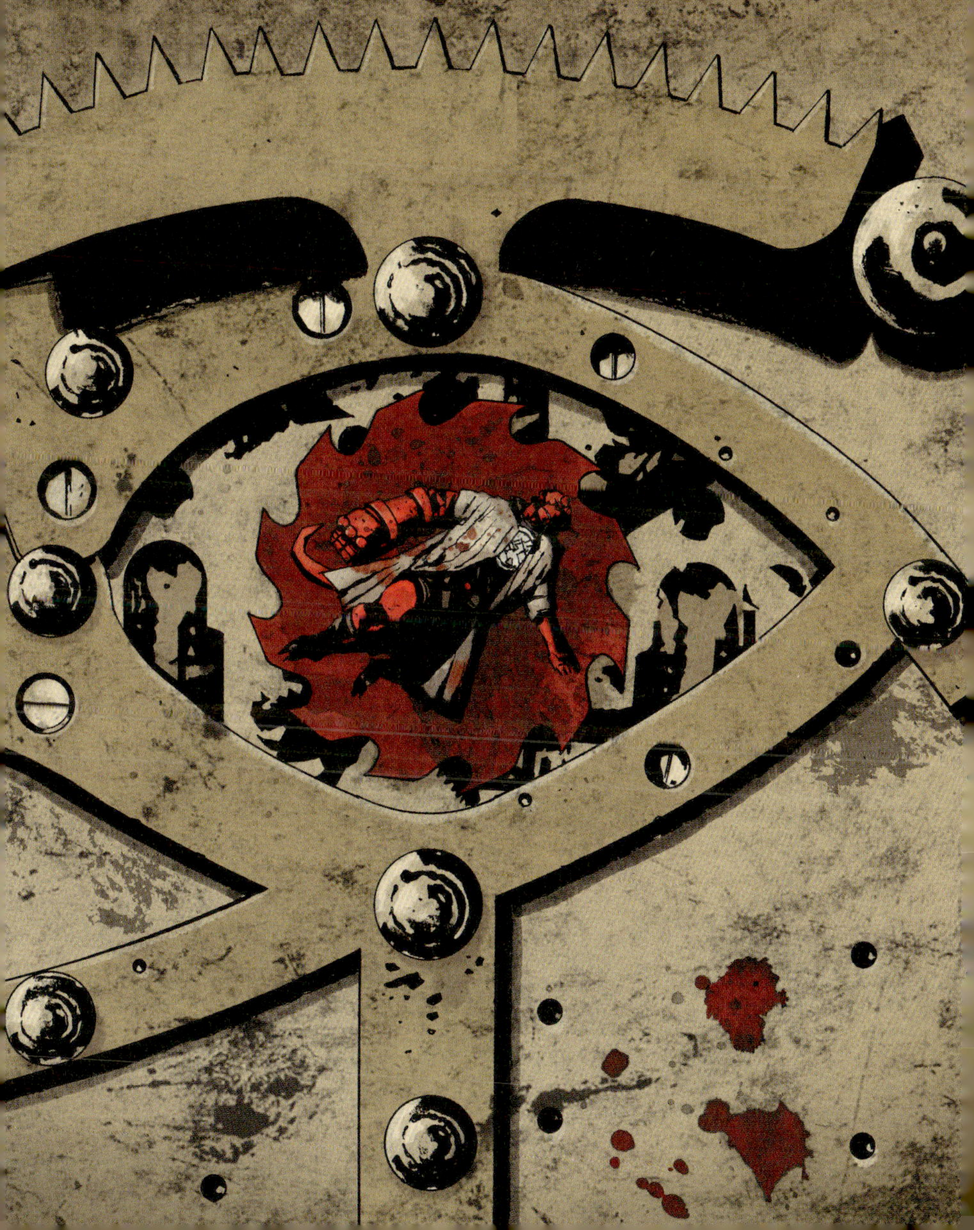

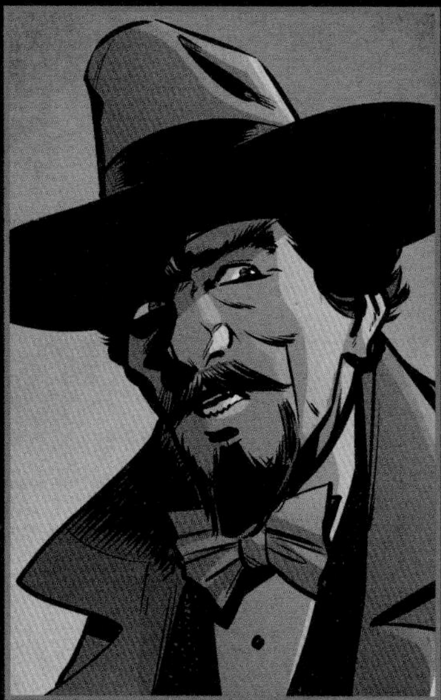

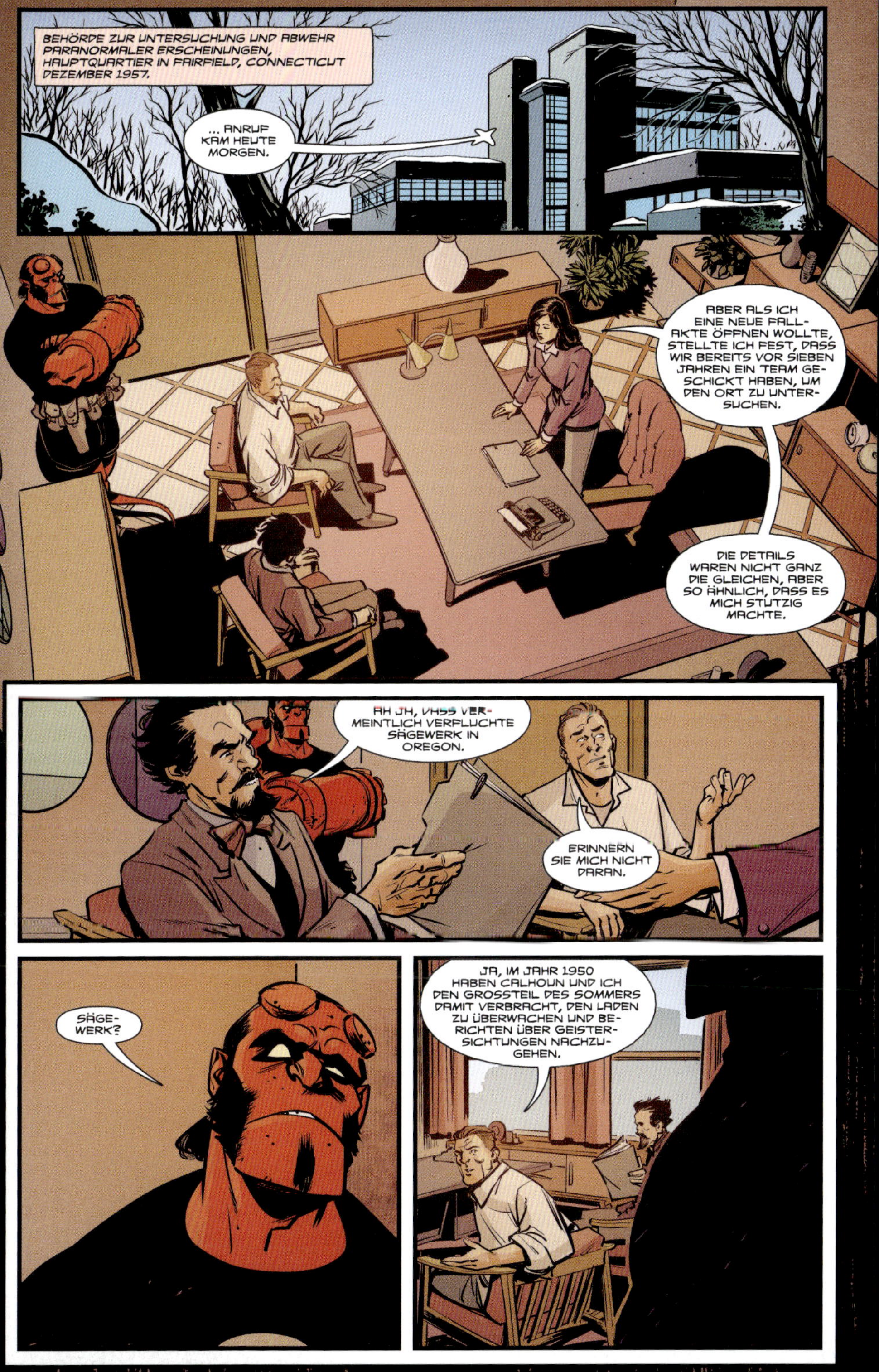
BEHÖRDE ZUR UNTERSUCHUNG UND ABWEHR PARANORMALER ERSCHEINUNGEN, HAUPTQUARTIER IN FAIRFIELD, CONNECTICUT DEZEMBER 1957.
... ANRUF KAM HEUTE MORGEN.
ABER ALS ICH EINE NEUE FALL-AKTE ÖFFNEN WOLLTE, STELLTE ICH FEST, DASS WIR BEREITS VOR SIEBEN JAHREN EIN TEAM GE-SCHICKT HABEN, UM DEN ORT ZU UNTER-SUCHEN.
DIE DETAILS WAREN NICHT GANZ DIE GLEICHEN, ABER SO ÄHNLICH, DASS ES MICH STUTZIG MACHTE.
AH JA, DASS VER-MEINTLICH VERFLUCHTE SÄGEWERK IN OREGON.
ERINNERN SIE MICH NICHT DARAN.
SÄGE-WERK?
JA, IM JAHR 1950 HABEN CALHOUN UND ICH DEN GROSSTEIL DES SOMMERS DAMIT VERBRACHT, DEN LADEN ZU ÜBERWACHEN UND BE-RICHTEN ÜBER GEISTER-SICHTUNGEN NACHZU-GEHEN.

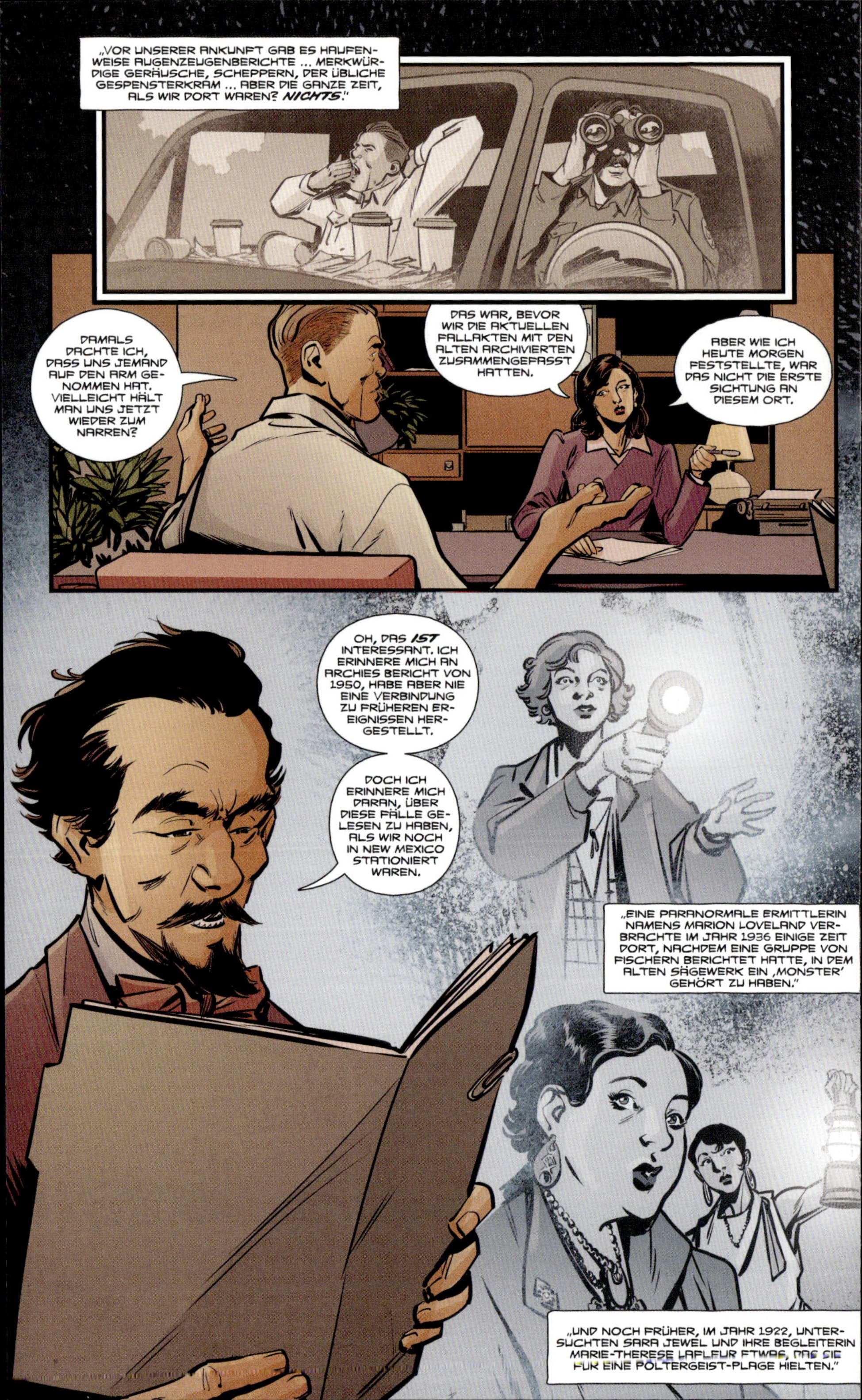
„VOR UNSERER ANKUNFT GAB ES HAUFENWEISE AUGENZEUGENBERICHTE ... MERKWÜRDIGE GERÄUSCHE, SCHEPPERN, DER ÜBLICHE GESPENSTERKRAM ... ABER DIE GANZE ZEIT, ALS WIR DORT WAREN? NICHTS."
DAMALS DACHTE ICH, DASS UNS JEMAND AUF DEN ARM GENOMMEN HAT. VIELLEICHT HÄLT MAN UNS JETZT WIEDER ZUM NARREN?
DAS WAR, BEVOR WIR DIE AKTUELLEN FALLAKTEN MIT DEN ALTEN ARCHIVIERTEN ZUSAMMENGEFASST HATTEN.
ABER WIE ICH HEUTE MORGEN FESTSTELLTE, WAR DAS NICHT DIE ERSTE SICHTUNG AN DIESEM ORT.
OH, DAS IST INTERESSANT. ICH ERINNERE MICH AN ARCHIES BERICHT VON 1950, HABE ABER NIE EINE VERBINDUNG ZU FRÜHEREN EREIGNISSEN HERGESTELLT.
DOCH ICH ERINNERE MICH DARAN, ÜBER DIESE FÄLLE GELESEN ZU HABEN, ALS WIR NOCH IN NEW MEXICO STATIONIERT WAREN.
„EINE PARANORMALE ERMITTLERIN NAMENS MARION LOVELAND VERBRACHTE IM JAHR 1936 EINIGE ZEIT DORT, NACHDEM EINE GRUPPE VON FISCHERN BERICHTET HATTE, IN DEM ALTEN SÄGEWERK EIN ‚MONSTER' GEHÖRT ZU HABEN."
„UND NOCH FRÜHER, IM JAHR 1922, UNTERSUCHTEN SARA JEWEL UND IHRE BEGLEITERIN MARIE-THERESE LAFLEUR ETWAS, DAS SIE FÜR EINE POLTERGEIST-PLAGE HIELTEN."

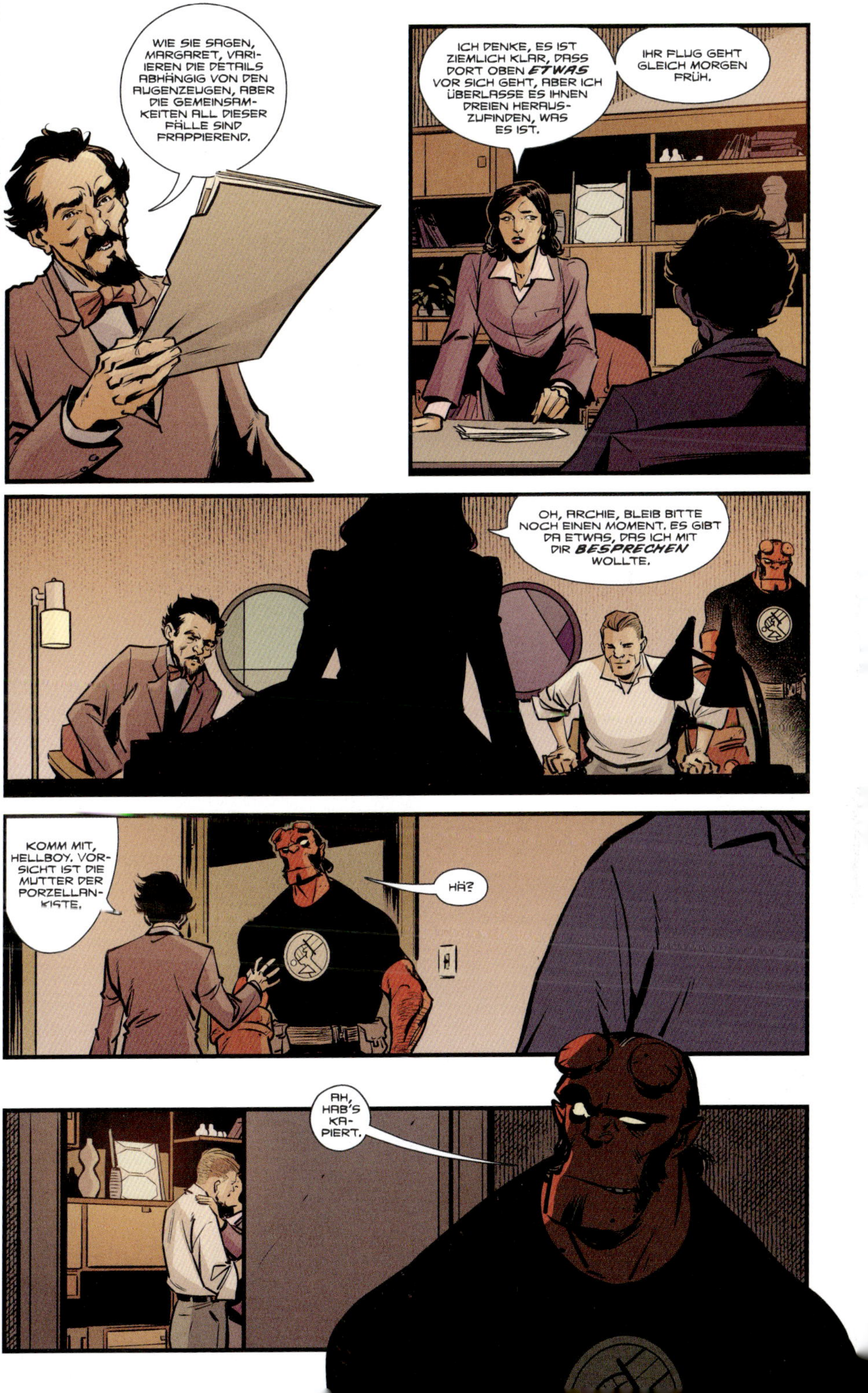
WIE SIE SAGEN, MARGARET, VARIIEREN DIE DETAILS ABHÄNGIG VON DEN AUGENZEUGEN, ABER DIE GEMEINSAMKEITEN ALL DIESER FÄLLE SIND FRAPPIEREND.
ICH DENKE, ES IST ZIEMLICH KLAR, DASS DORT OBEN ETWAS VOR SICH GEHT, ABER ICH ÜBERLASSE ES IHNEN DREIEN HERAUSZUFINDEN, WAS ES IST.
IHR FLUG GEHT GLEICH MORGEN FRÜH.
OH, ARCHIE, BLEIB BITTE NOCH EINEN MOMENT. ES GIBT DA ETWAS, DAS ICH MIT DIR BESPRECHEN WOLLTE.
KOMM MIT, HELLBOY. VORSICHT IST DIE MUTTER DER PORZELLANKISTE.
HÄ?
AH, HAB'S KAPIERT.

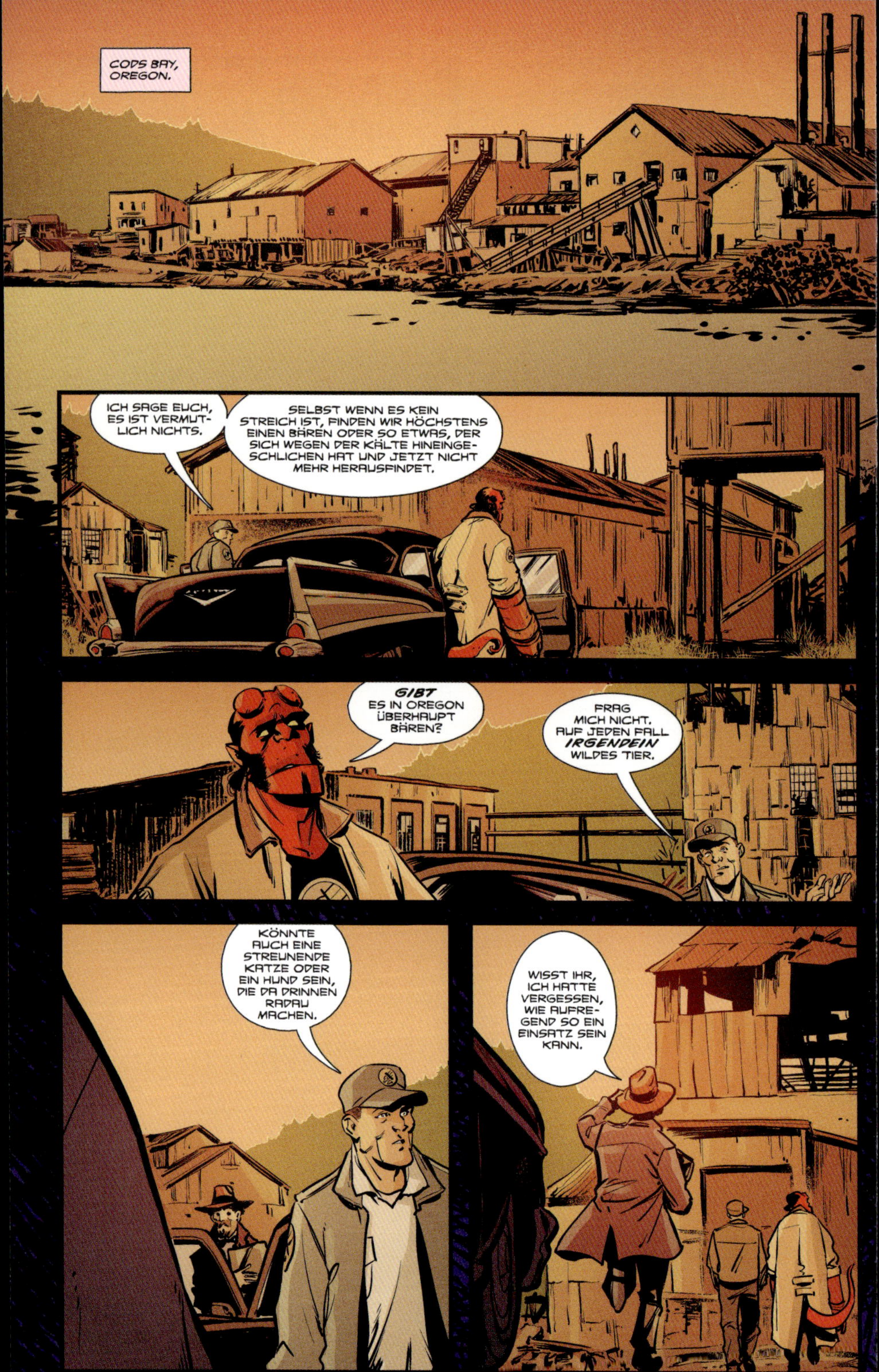
CODS BAY, OREGON.
ICH SAGE EUCH, ES IST VERMUTLICH NICHTS.
SELBST WENN ES KEIN STREICH IST, FINDEN WIR HÖCHSTENS EINEN BÄREN ODER SO ETWAS, DER SICH WEGEN DER KÄLTE HINEINGESCHLICHEN HAT UND JETZT NICHT MEHR HERAUSFINDET.
GIBT ES IN OREGON ÜBERHAUPT BÄREN?
FRAG MICH NICHT. AUF JEDEN FALL IRGENDEIN WILDES TIER.
KÖNNTE AUCH EINE STREUNENDE KATZE ODER EIN HUND SEIN, DIE DA DRINNEN RADAU MACHEN.
WISST IHR, ICH HATTE VERGESSEN, WIE AUFREGEND SO EIN EINSATZ SEIN KANN.

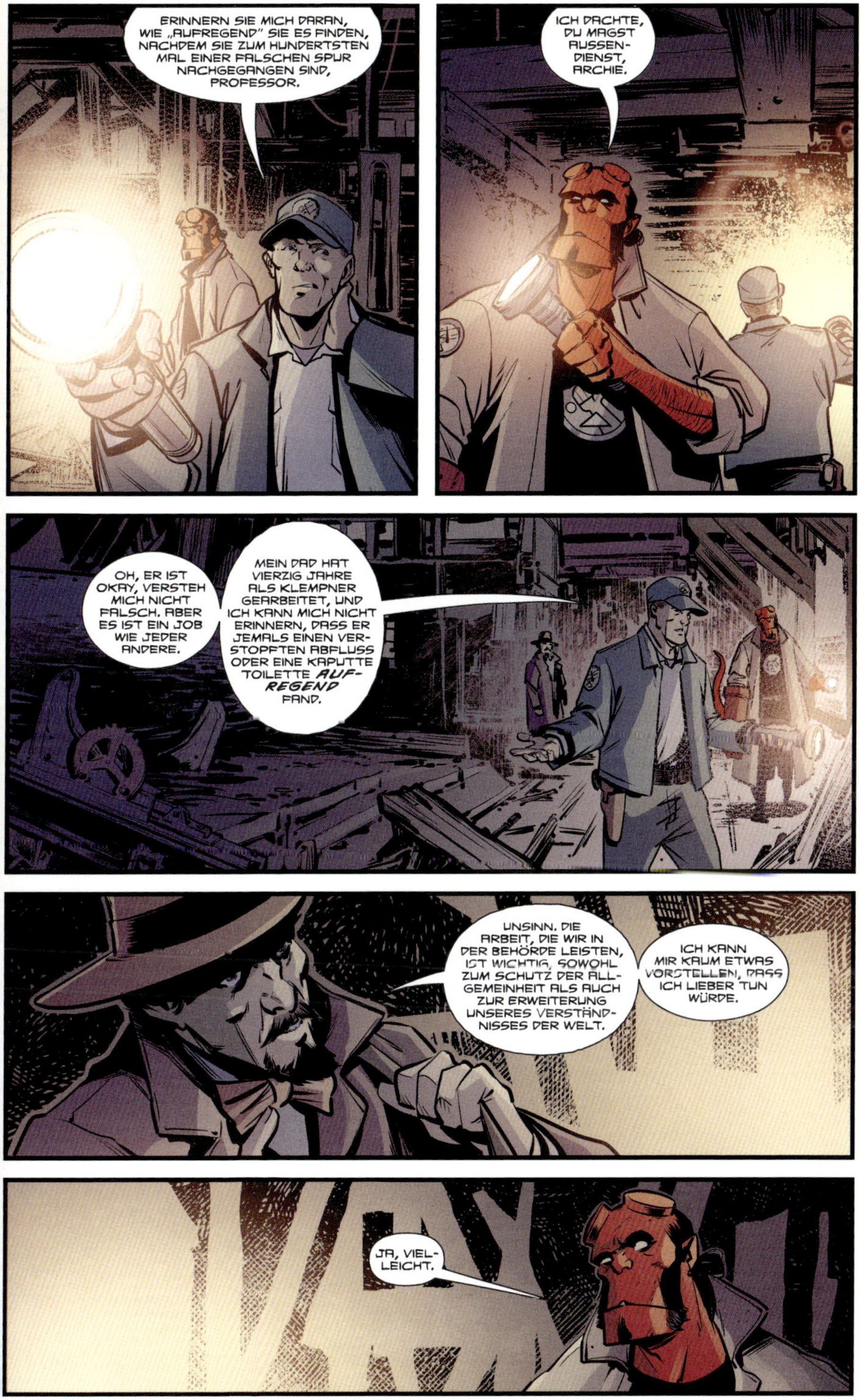
ERINNERN SIE MICH DARAN, WIE „AUFREGEND" SIE ES FINDEN, NACHDEM SIE ZUM HUNDERTSTEN MAL EINER FALSCHEN SPUR NACHGEGANGEN SIND, PROFESSOR.
ICH DACHTE, DU MAGST AUSSEN-DIENST, ARCHIE.
OH, ER IST OKAY, VERSTEH MICH NICHT FALSCH. ABER ES IST EIN JOB WIE JEDER ANDERE.
MEIN DAD HAT VIERZIG JAHRE ALS KLEMPNER GEARBEITET, UND ICH KANN MICH NICHT ERINNERN, DASS ER JEMALS EINEN VER-STOPFTEN ABFLUSS ODER EINE KAPUTTE TOILETTE *AUF-REGEND* FAND.
UNSINN. DIE ARBEIT, DIE WIR IN DER BEHÖRDE LEISTEN, IST WICHTIG, SOWOHL ZUM SCHUTZ DER ALL-GEMEINHEIT ALS AUCH ZUR ERWEITERUNG UNSERES VERSTÄND-NISSES DER WELT.
ICH KANN MIR KAUM ETWAS VORSTELLEN, DASS ICH LIEBER TUN WÜRDE.
JA, VIEL-LEICHT.

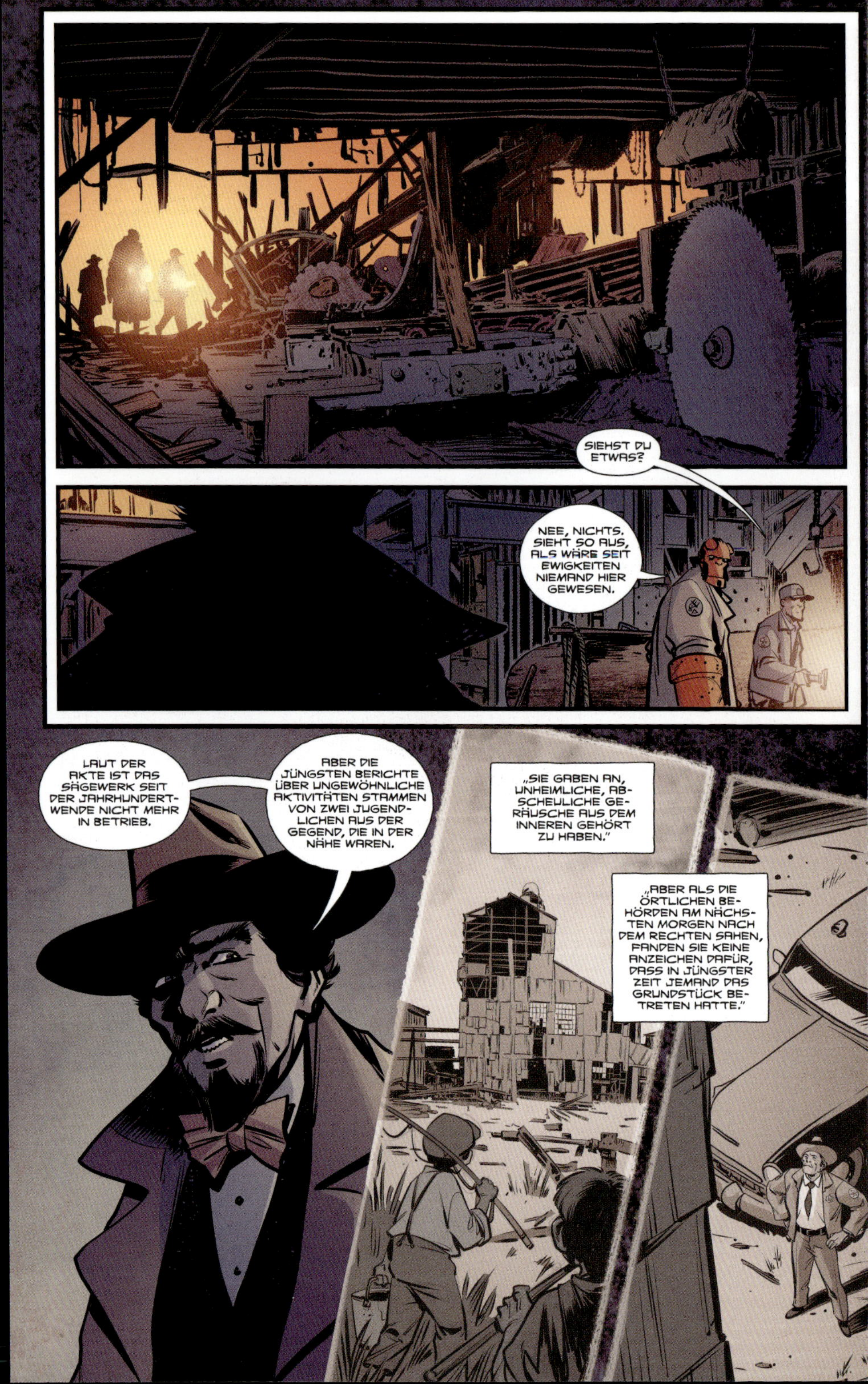
SIEHST DU ETWAS?
NEE, NICHTS. SIEHT SO AUS, ALS WÄRE SEIT EWIGKEITEN NIEMAND HIER GEWESEN.
LAUT DER AKTE IST DAS SÄGEWERK SEIT DER JAHRHUNDERTWENDE NICHT MEHR IN BETRIEB.
ABER DIE JÜNGSTEN BERICHTE ÜBER UNGEWÖHNLICHE AKTIVITÄTEN STAMMEN VON ZWEI JUGENDLICHEN AUS DER GEGEND, DIE IN DER NÄHE WAREN.
„SIE GABEN AN, UNHEIMLICHE, ABSCHEULICHE GERÄUSCHE AUS DEM INNEREN GEHÖRT ZU HABEN."
„ABER ALS DIE ÖRTLICHEN BEHÖRDEN AM NÄCHSTEN MORGEN NACH DEM RECHTEN SAHEN, FANDEN SIE KEINE ANZEICHEN DAFÜR, DASS IN JÜNGSTER ZEIT JEMAND DAS GRUNDSTÜCK BETRETEN HATTE."

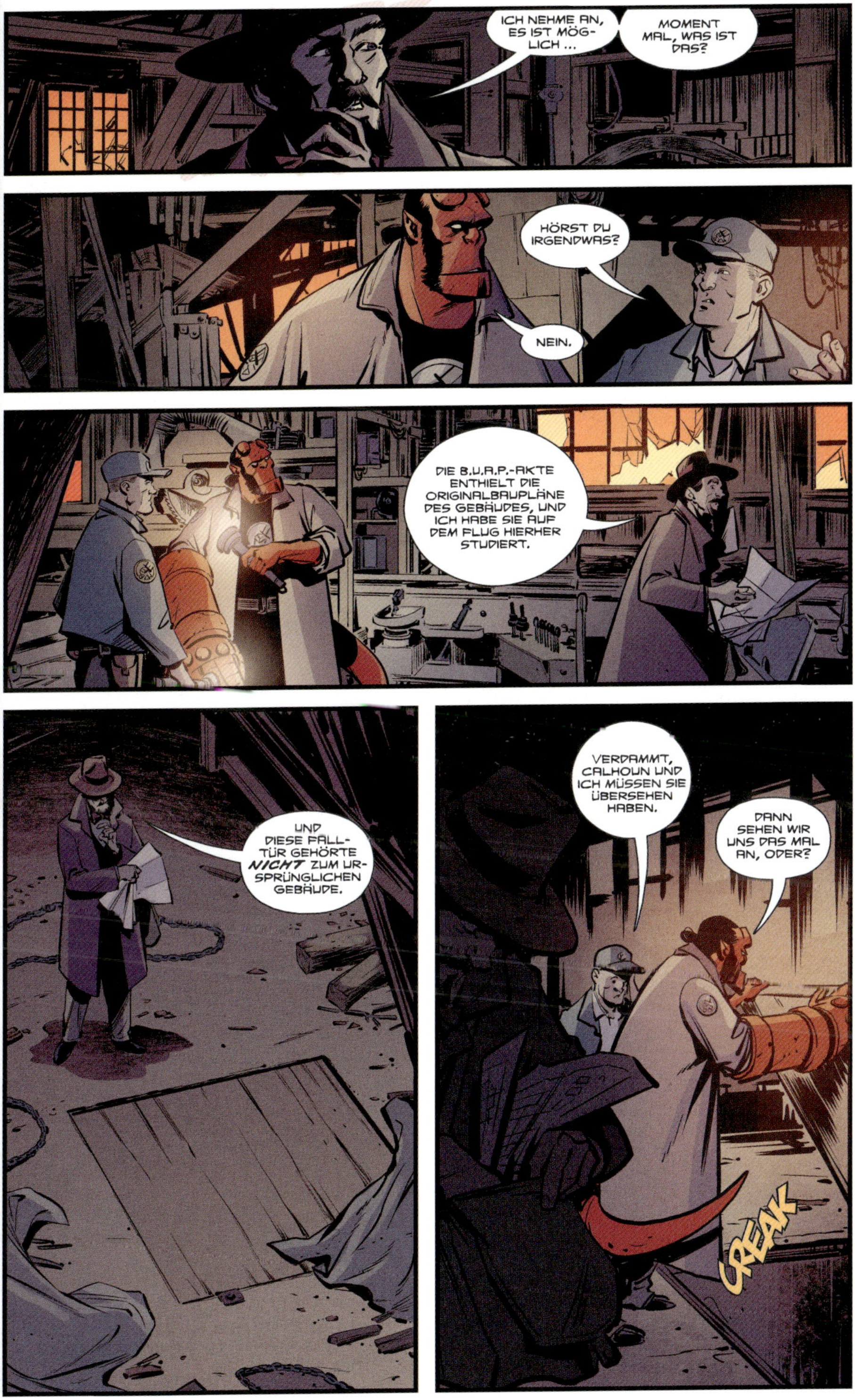
ICH NEHME AN, ES IST MÖGLICH ...
MOMENT MAL, WAS IST DAS?
HÖRST DU IRGENDWAS?
NEIN.
DIE B.U.A.P.-AKTE ENTHIELT DIE ORIGINALBAUPLÄNE DES GEBÄUDES, UND ICH HABE SIE AUF DEM FLUG HIERHER STUDIERT.
UND DIESE FALLTÜR GEHÖRTE *NICHT* ZUM URSPRÜNGLICHEN GEBÄUDE.
VERDAMMT, CALHOUN UND ICH MÜSSEN SIE ÜBERSEHEN HABEN.
DANN SEHEN WIR UNS DAS MAL AN, ODER?
CREAK

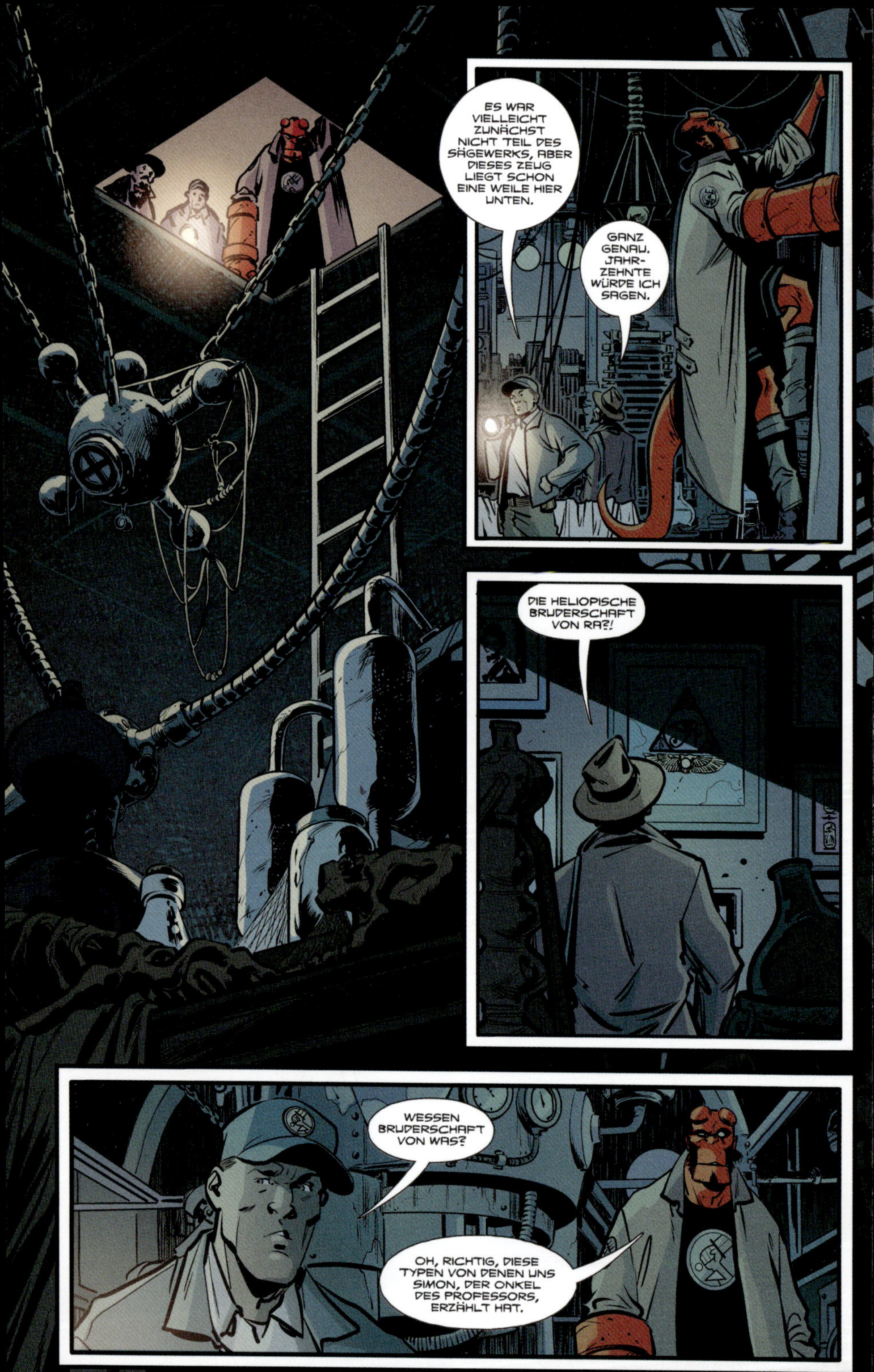
ES WAR VIELLEICHT ZUNÄCHST NICHT TEIL DES SÄGEWERKS, ABER DIESES ZEUG LIEGT SCHON EINE WEILE HIER UNTEN.
GANZ GENAU. JAHRZEHNTE WÜRDE ICH SAGEN.
DIE HELIOPISCHE BRUDERSCHAFT VON RA?!
WESSEN BRUDERSCHAFT VON WAS?
OH, RICHTIG, DIESE TYPEN VON DENEN UNS SIMON, DER ONKEL DES PROFESSORS, ERZÄHLT HAT.

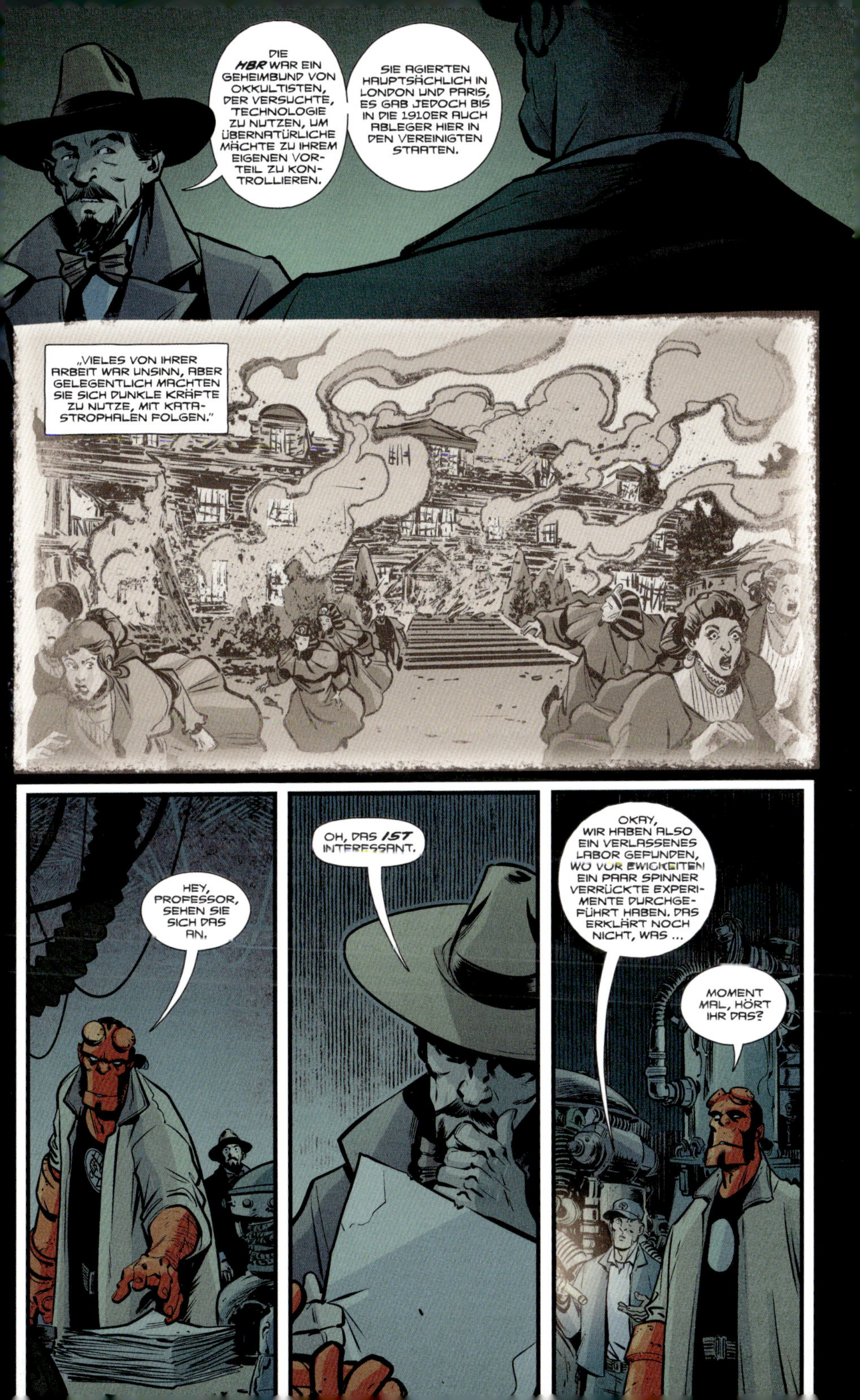
DIE HBR WAR EIN GEHEIMBUND VON OKKULTISTEN, DER VERSUCHTE, TECHNOLOGIE ZU NUTZEN, UM ÜBERNATÜRLICHE MÄCHTE ZU IHREM EIGENEN VORTEIL ZU KONTROLLIEREN.
SIE AGIERTEN HAUPTSÄCHLICH IN LONDON UND PARIS, ES GAB JEDOCH BIS IN DIE 1910ER AUCH ABLEGER HIER IN DEN VEREINIGTEN STAATEN.
„VIELES VON IHRER ARBEIT WAR UNSINN, ABER GELEGENTLICH MACHTEN SIE SICH DUNKLE KRÄFTE ZU NUTZE, MIT KATASTROPHALEN FOLGEN."
HEY, PROFESSOR, SEHEN SIE SICH DAS AN.
OH, DAS IST INTERESSANT.
OKAY, WIR HABEN ALSO EIN VERLASSENES LABOR GEFUNDEN, WO VOR EWIGKEITEN EIN PAAR SPINNER VERRÜCKTE EXPERIMENTE DURCHGEFÜHRT HABEN. DAS ERKLÄRT NOCH NICHT, WAS ...
MOMENT MAL, HÖRT IHR DAS?

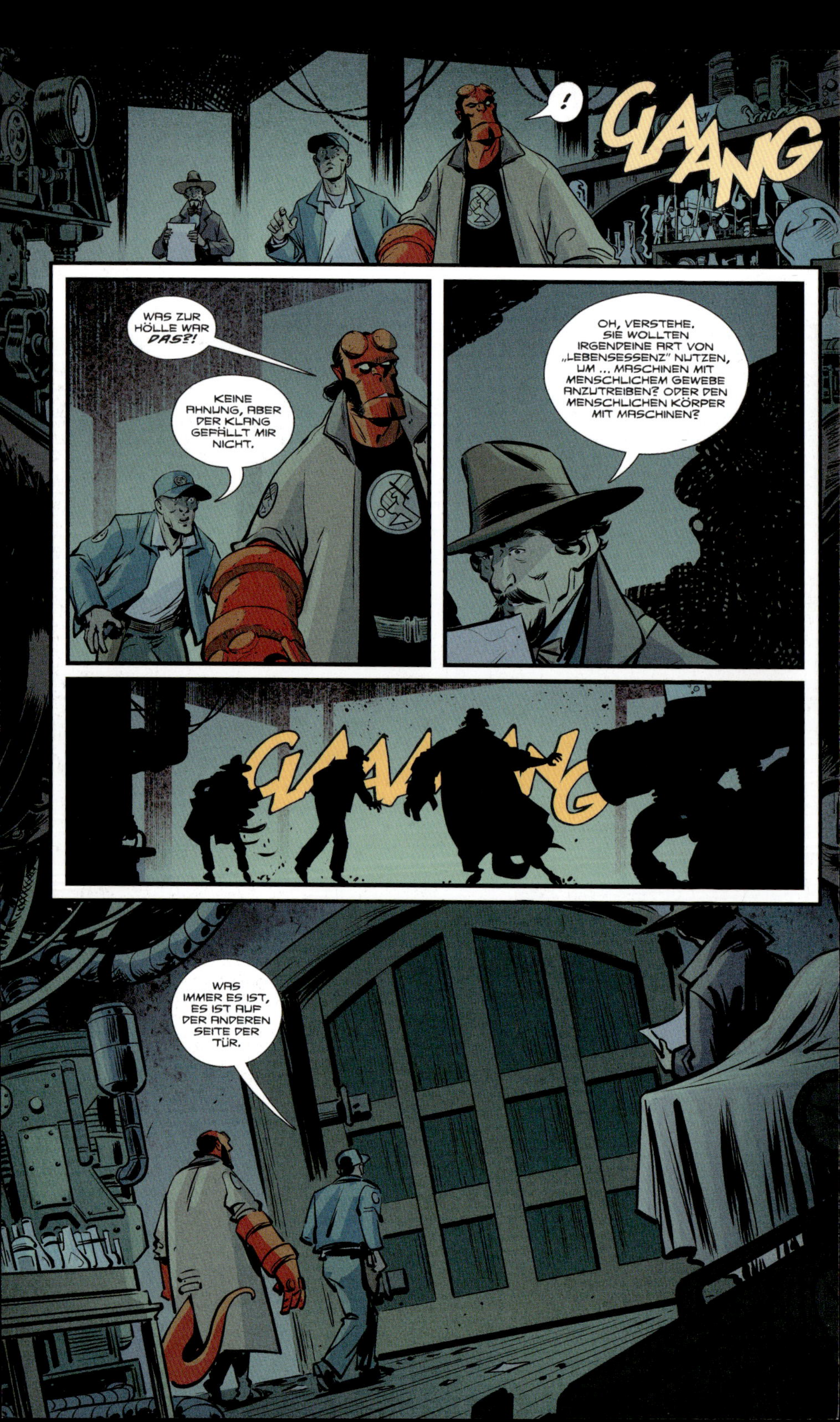
!
CLAANG
WAS ZUR HÖLLE WAR *DAS?!*
KEINE AHNUNG, ABER DER KLANG GEFÄLLT MIR NICHT.
OH, VERSTEHE. SIE WOLLTEN IRGENDEINE ART VON „LEBENSESSENZ" NUTZEN, UM ... MASCHINEN MIT MENSCHLICHEM GEWEBE ANZUTREIBEN? ODER DEN MENSCHLICHEN KÖRPER MIT MASCHINEN?
CLAAANG
WAS IMMER ES IST, ES IST AUF DER ANDEREN SEITE DER TÜR.

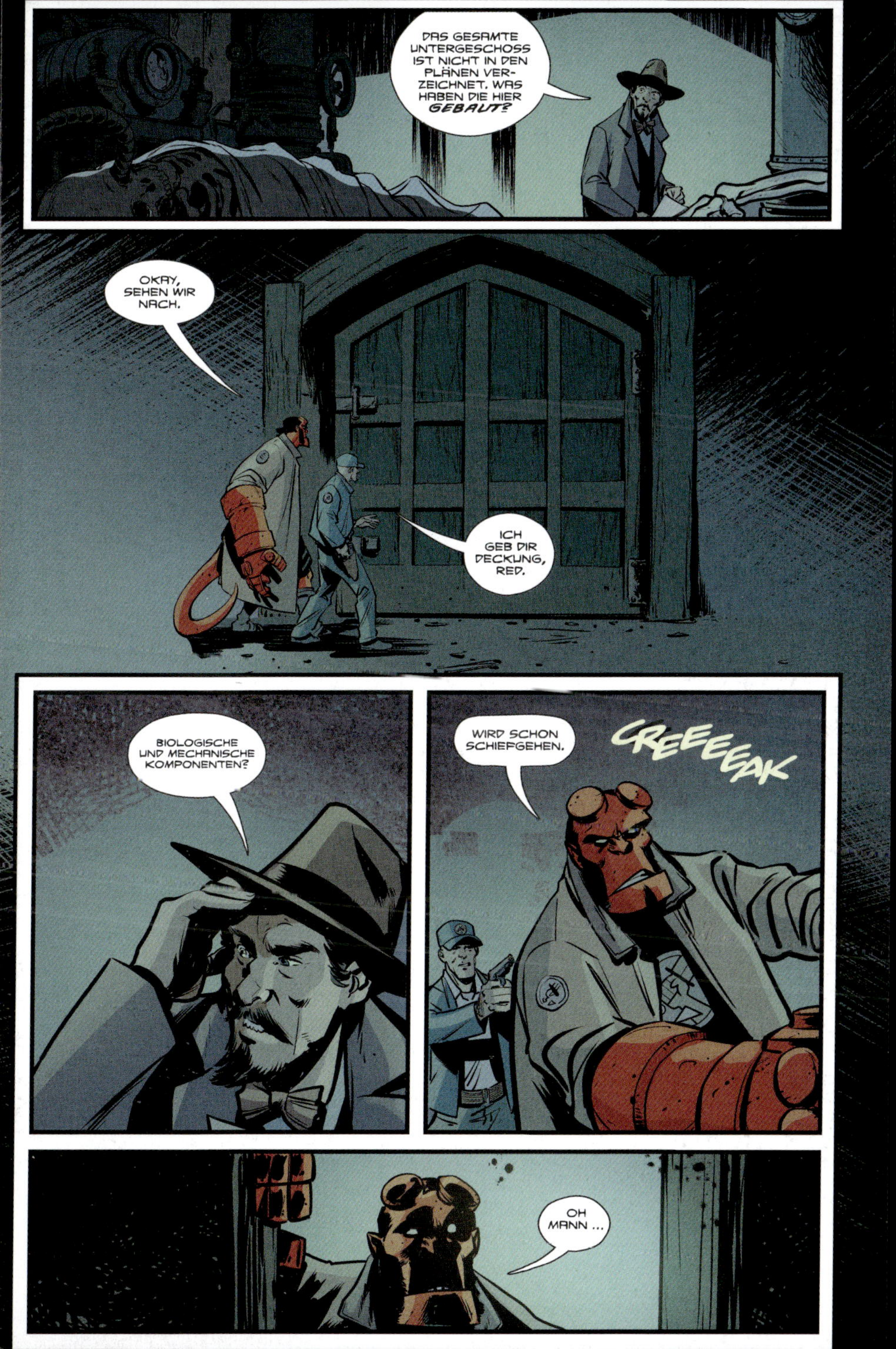
DAS GESAMTE UNTERGESCHOSS IST NICHT IN DEN PLÄNEN VERZEICHNET. WAS HABEN DIE HIER GEBAUT?
OKAY, SEHEN WIR NACH.
ICH GEB DIR DECKUNG, RED.
BIOLOGISCHE UND MECHANISCHE KOMPONENTEN?
WIRD SCHON SCHIEFGEHEN.
CREEEEAK
OH MANN ...

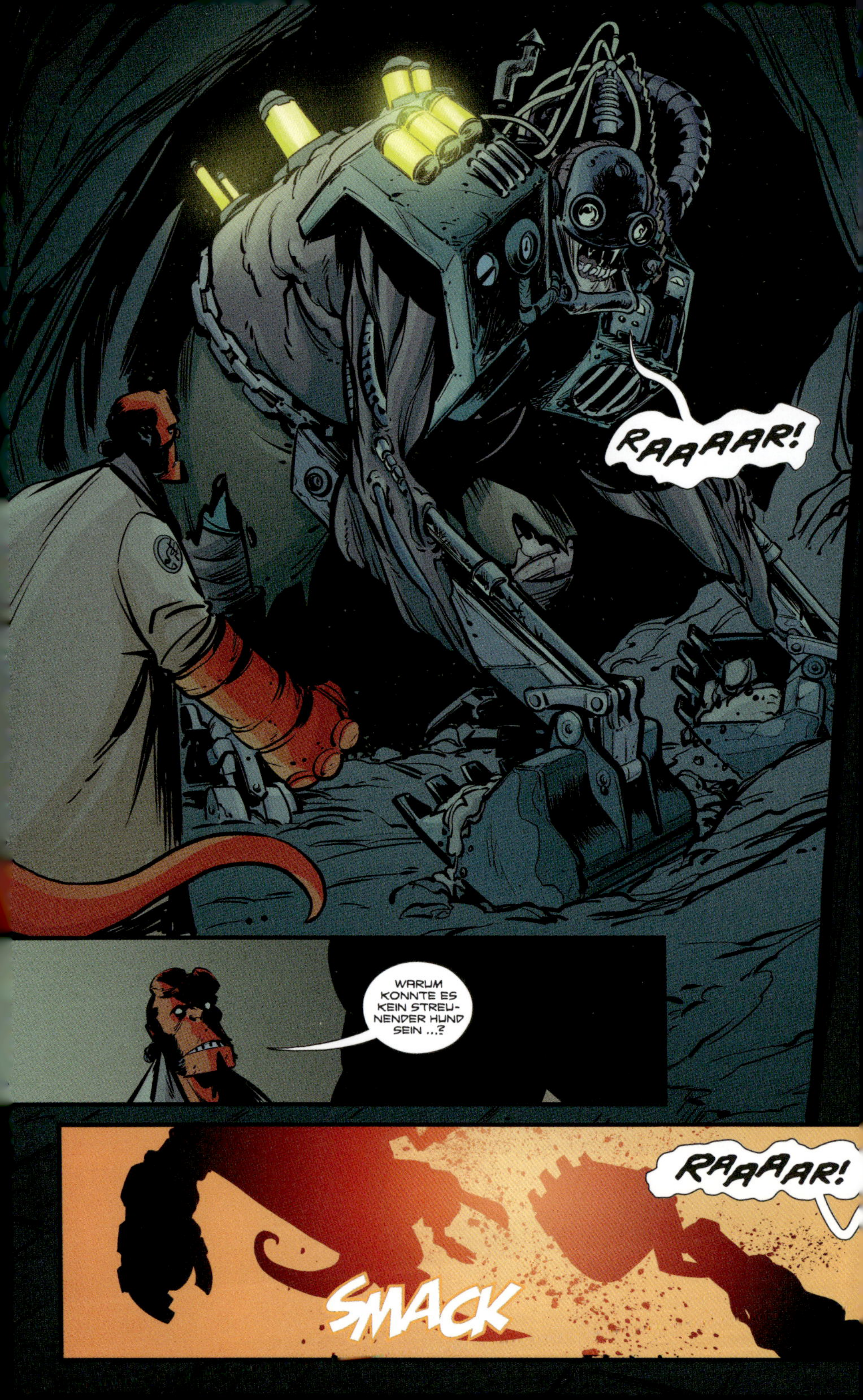
RAAAAAR!
WARUM KONNTE ES KEIN STREU-NENDER HUND SEIN ...?
RAAAAAR!
SMACK

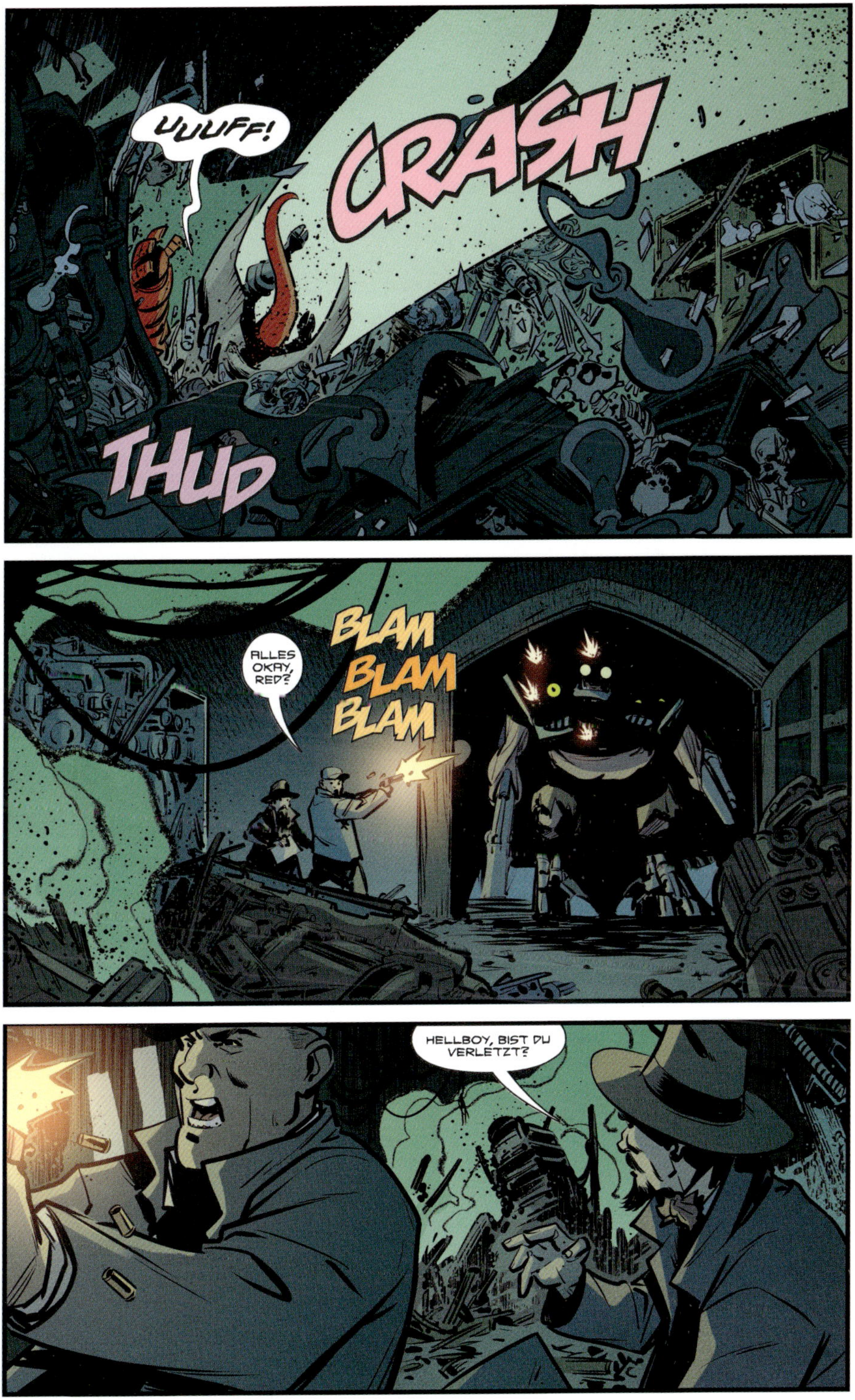
UUUFF!
CRASH
THUD
ALLES OKAY, RED?
BLAM
BLAM
BLAM
HELLBOY, BIST DU VERLETZT?

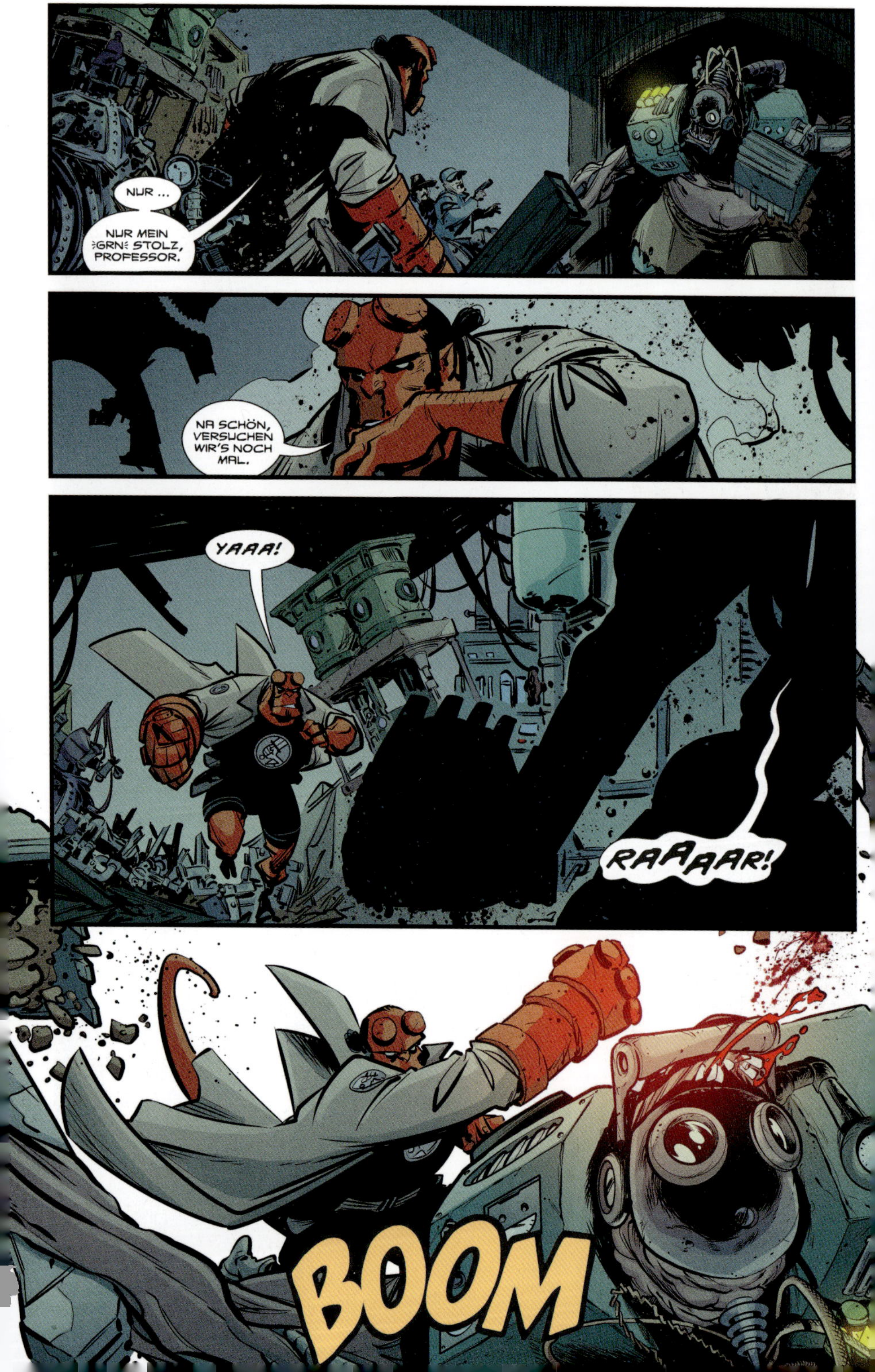
NUR ...
NUR MEIN GRN STOLZ, PROFESSOR.
NA SCHÖN, VERSUCHEN WIR'S NOCH MAL.
YAAA!
RAAAAAR!
BOOM

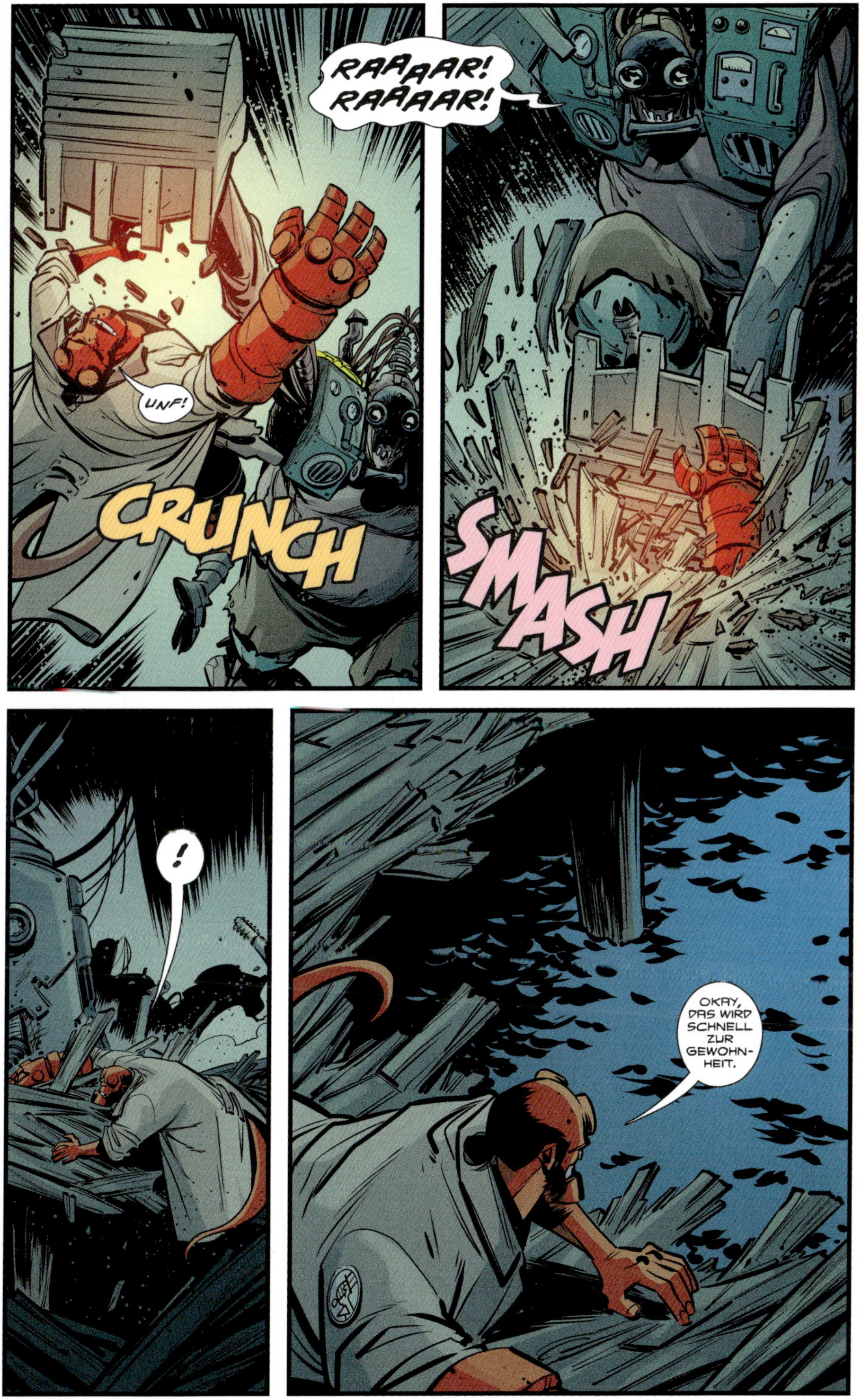
UNF!
CRUNCH
RAAAAAR!
RAAAAAR!
SMASH
!
OKAY, DAS WIRD SCHNELL ZUR GEWOHNHEIT.

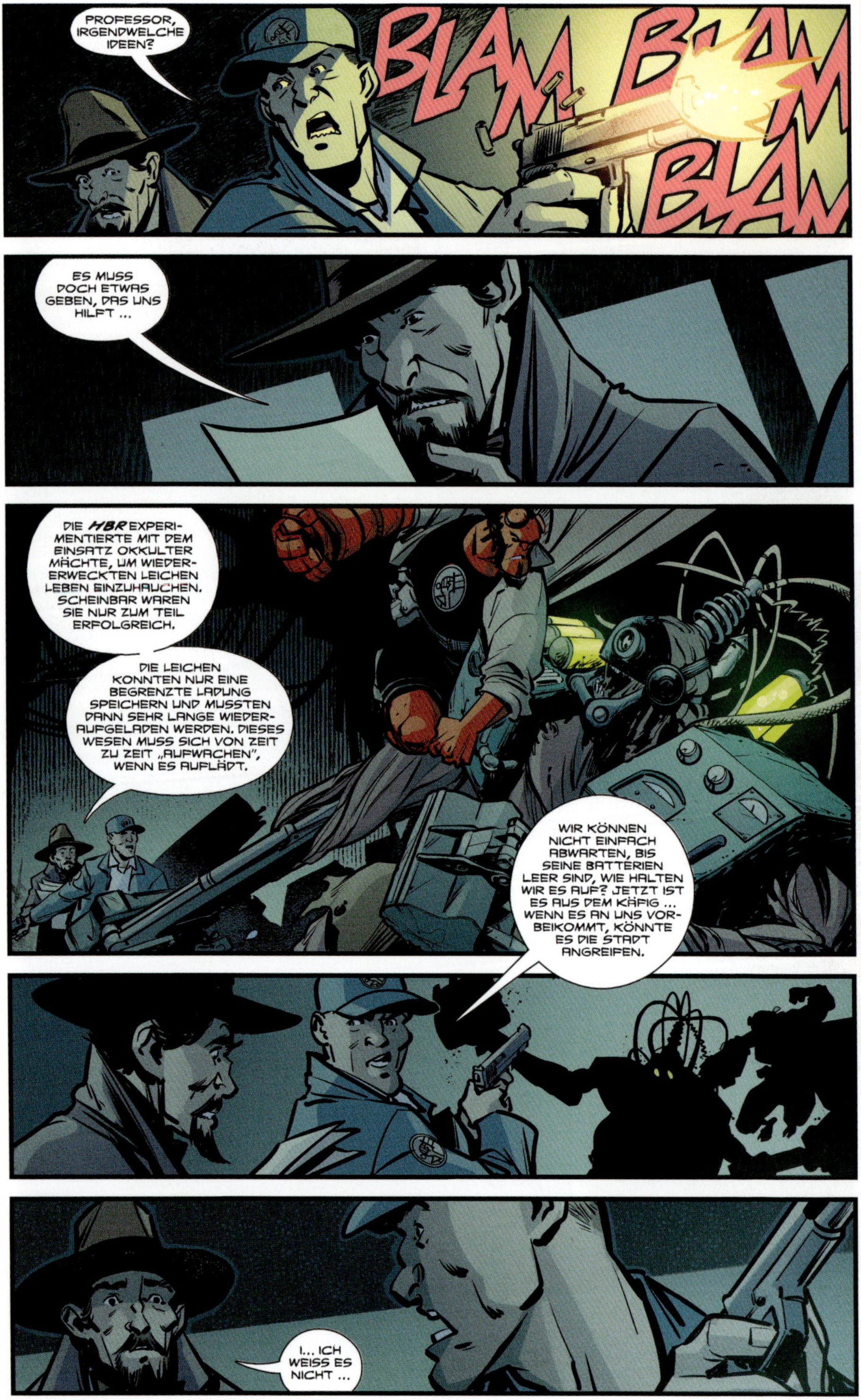
PROFESSOR, IRGENDWELCHE IDEEN?
BLAM BLAM BLAM
ES MUSS DOCH ETWAS GEBEN, DAS UNS HILFT ...
DIE HBR EXPERIMENTIERTE MIT DEM EINSATZ OKKULTER MÄCHTE, UM WIEDERERWECKTEN LEICHEN LEBEN EINZUHAUCHEN. SCHEINBAR WAREN SIE NUR ZUM TEIL ERFOLGREICH.
DIE LEICHEN KONNTEN NUR EINE BEGRENZTE LADUNG SPEICHERN UND MUSSTEN DANN SEHR LANGE WIEDERAUFGELADEN WERDEN. DIESES WESEN MUSS SICH VON ZEIT ZU ZEIT „AUFWACHEN“, WENN ES AUFLÄDT.
WIR KÖNNEN NICHT EINFACH ABWARTEN, BIS SEINE BATTERIEN LEER SIND, WIE HALTEN WIR ES AUF? JETZT IST ES AUS DEM KÄFIG ... WENN ES AN UNS VORBEIKOMMT, KÖNNTE ES DIE STADT ANGREIFEN.
I... ICH WEISS ES NICHT ...

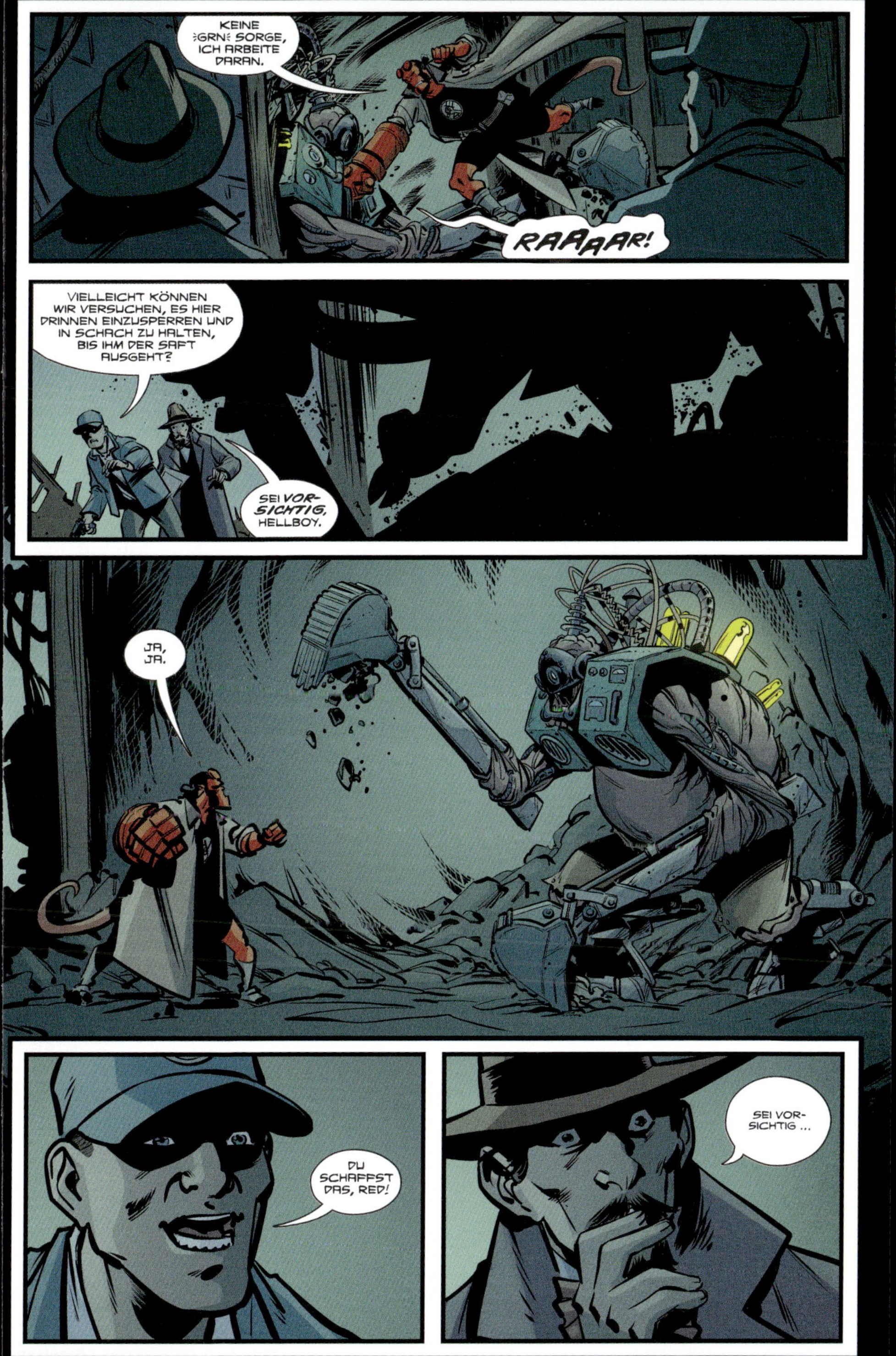
KEINE
⋮GRN⋮ SORGE,
ICH ARBEITE
DARAN.
RAAAAAR!
VIELLEICHT KÖNNEN
WIR VERSUCHEN, ES HIER
DRINNEN EINZUSPERREN UND
IN SCHACH ZU HALTEN,
BIS IHM DER SAFT
AUSGEHT?
SEI VOR-
SICHTIG,
HELLBOY.
JA,
JA.
DU
SCHAFFST
DAS, RED!
SEI VOR-
SICHTIG ...

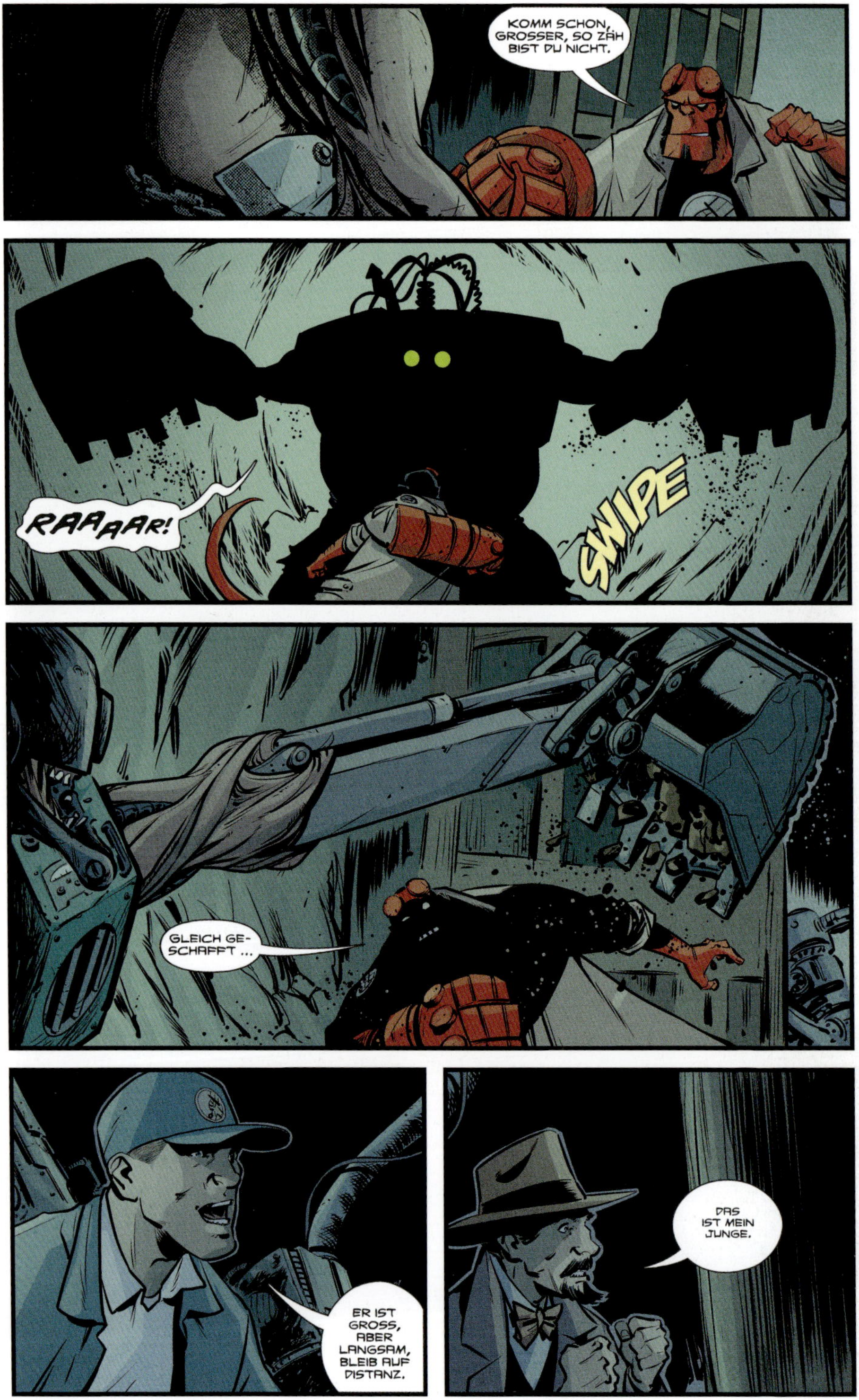
KOMM SCHON, GROSSER, SO ZÄH BIST DU NICHT.
RAAAAAR!
SWIPE
GLEICH GE-SCHAFFT ...
ER IST GROSS, ABER LANGSAM, BLEIB AUF DISTANZ.
DAS IST MEIN JUNGE.

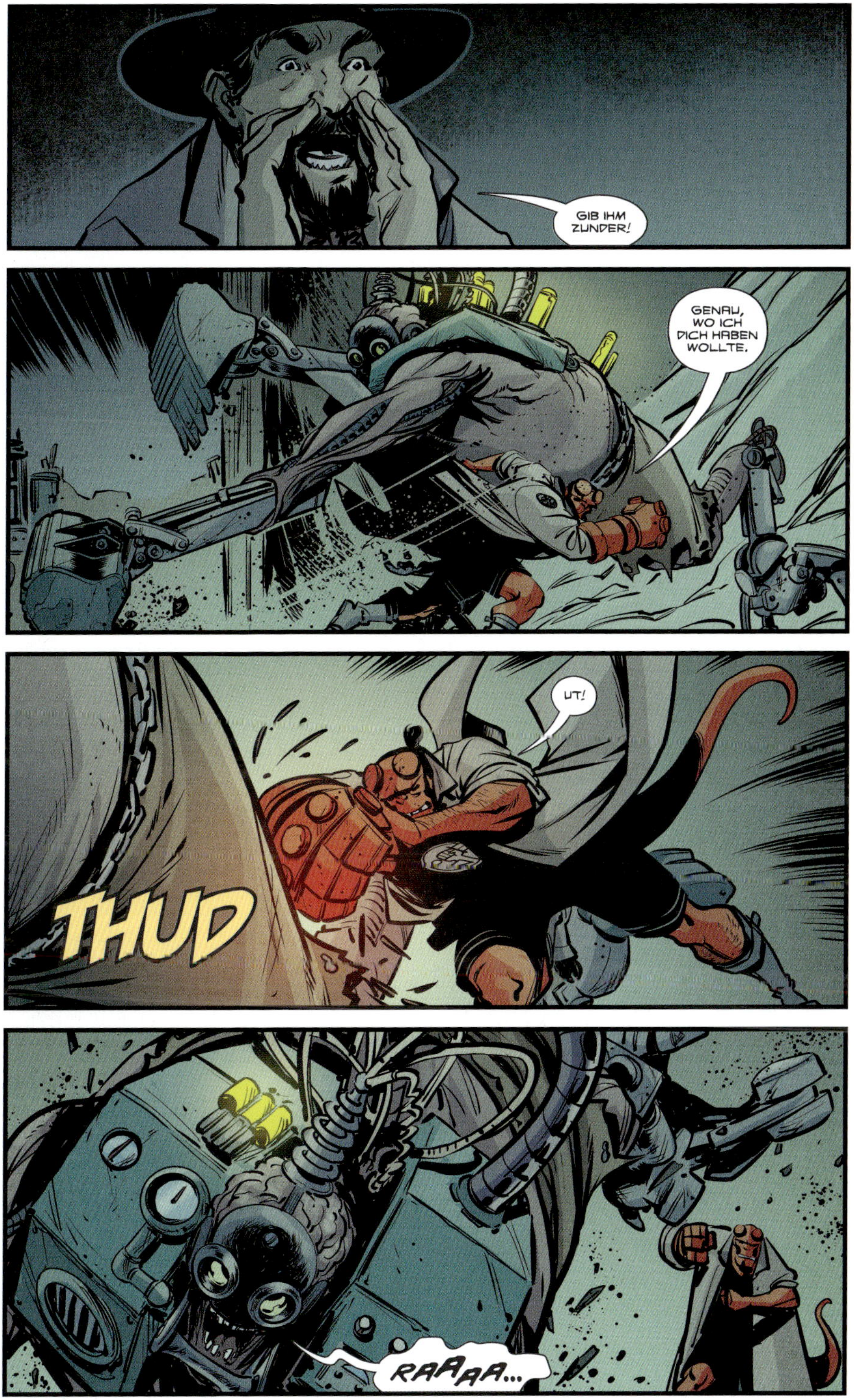
GIB IHM ZUNDER!
GENAU, WO ICH DICH HABEN WOLLTE.
UT!
THUD
RAAAA...

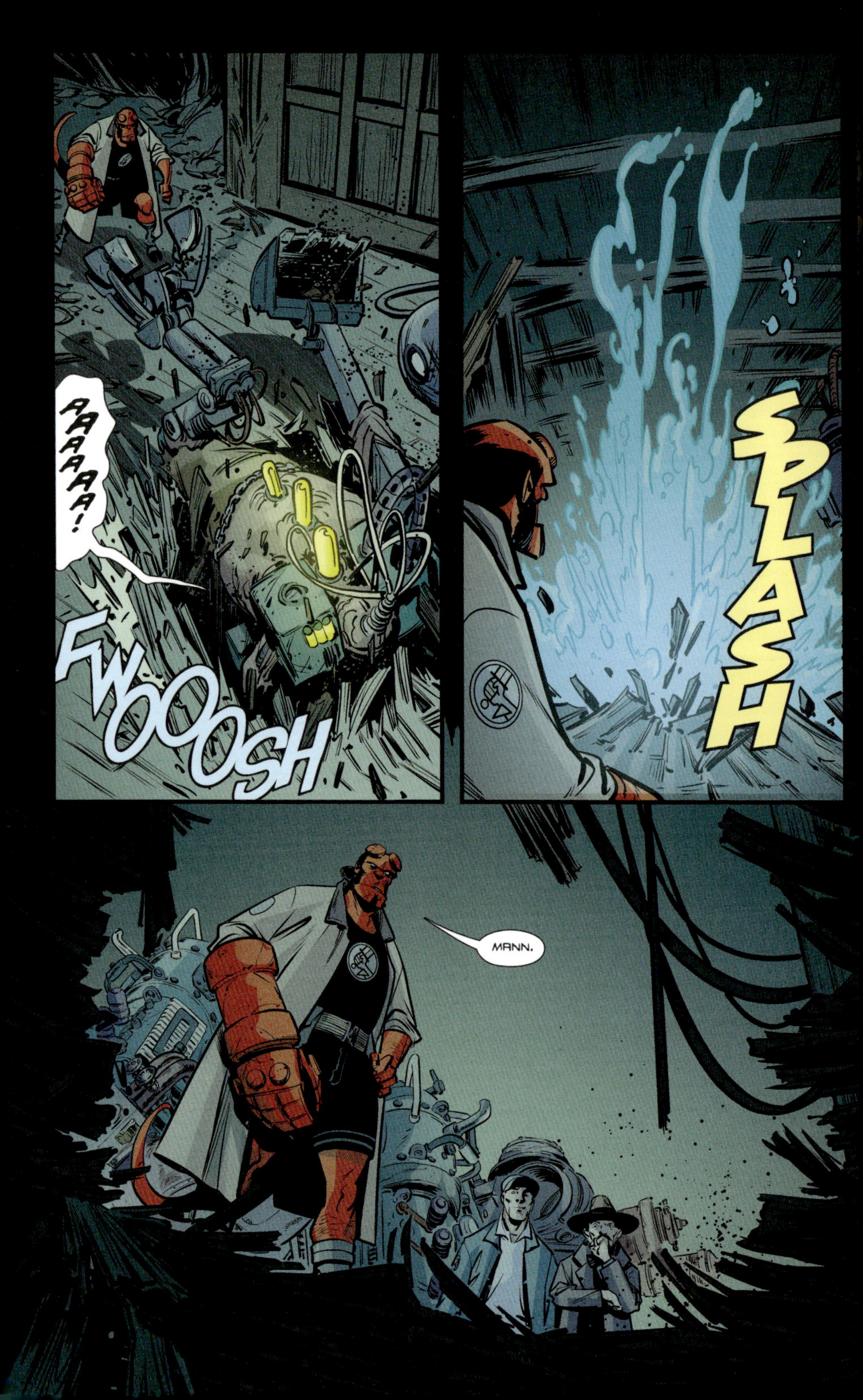
AAAAAA!
FWOOOOSH
SPLASH
MANN.

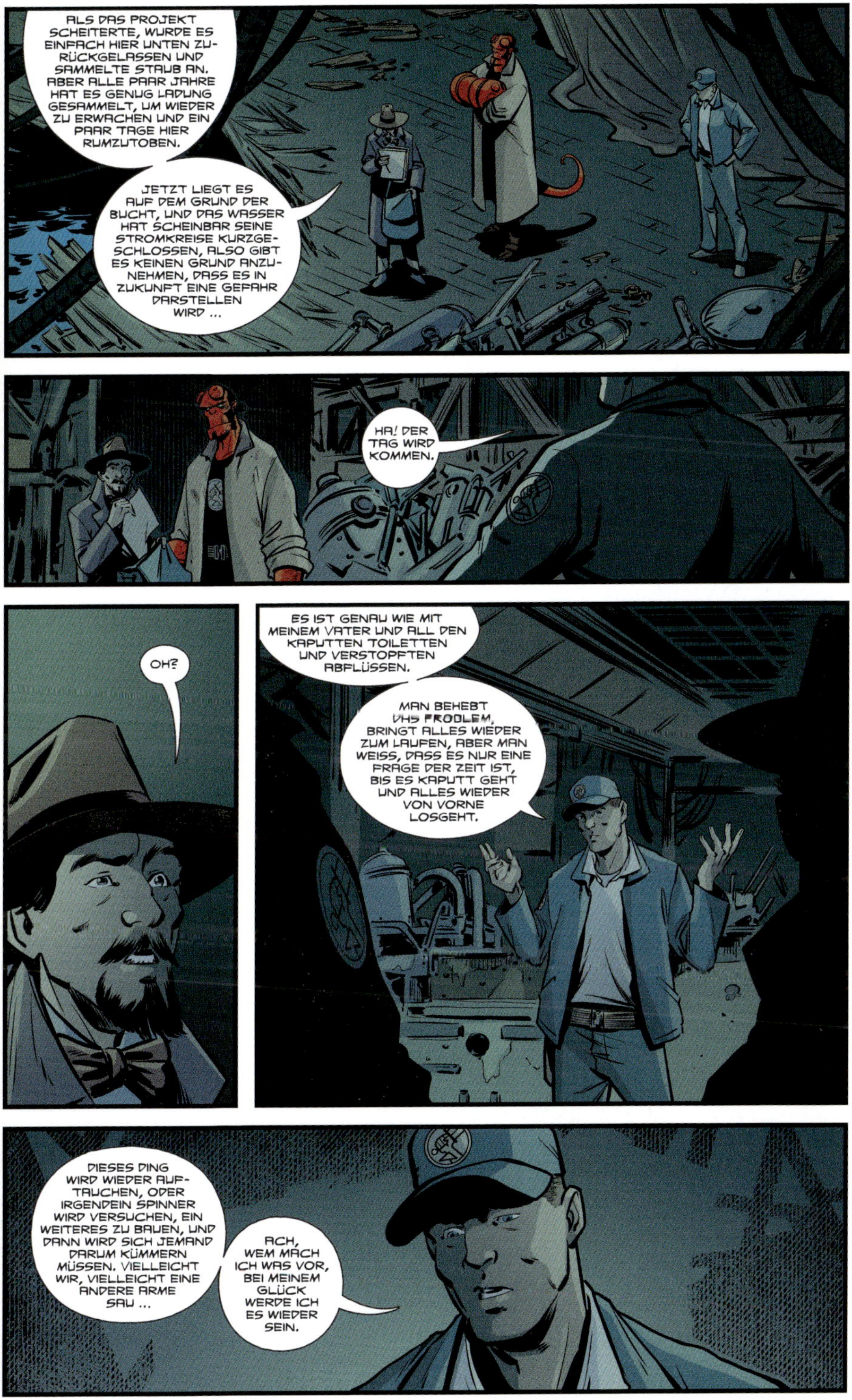
ALS DAS PROJEKT SCHEITERTE, WURDE ES EINFACH HIER UNTEN ZURÜCKGELASSEN UND SAMMELTE STAUB AN. ABER ALLE PAAR JAHRE HAT ES GENUG LADUNG GESAMMELT, UM WIEDER ZU ERWACHEN UND EIN PAAR TAGE HIER RUMZUTOBEN.
JETZT LIEGT ES AUF DEM GRUND DER BUCHT, UND DAS WASSER HAT SCHEINBAR SEINE STROMKREISE KURZGESCHLOSSEN, ALSO GIBT ES KEINEN GRUND ANZUNEHMEN, DASS ES IN ZUKUNFT EINE GEFAHR DARSTELLEN WIRD …
HA! DER TAG WIRD KOMMEN.
OH?
ES IST GENAU WIE MIT MEINEM VATER UND ALL DEN KAPUTTEN TOILETTEN UND VERSTOPFTEN ABFLÜSSEN.
MAN BEHEBT DAS PROBLEM, BRINGT ALLES WIEDER ZUM LAUFEN, ABER MAN WEISS, DASS ES NUR EINE FRAGE DER ZEIT IST, BIS ES KAPUTT GEHT UND ALLES WIEDER VON VORNE LOSGEHT.
DIESES DING WIRD WIEDER AUFTAUCHEN, ODER IRGENDEIN SPINNER WIRD VERSUCHEN, EIN WEITERES ZU BAUEN, UND DANN WIRD SICH JEMAND DARUM KÜMMERN MÜSSEN. VIELLEICHT WIR, VIELLEICHT EINE ANDERE ARME SAU …
ACH, WEM MACH ICH WAS VOR, BEI MEINEM GLÜCK WERDE ICH ES WIEDER SEIN.

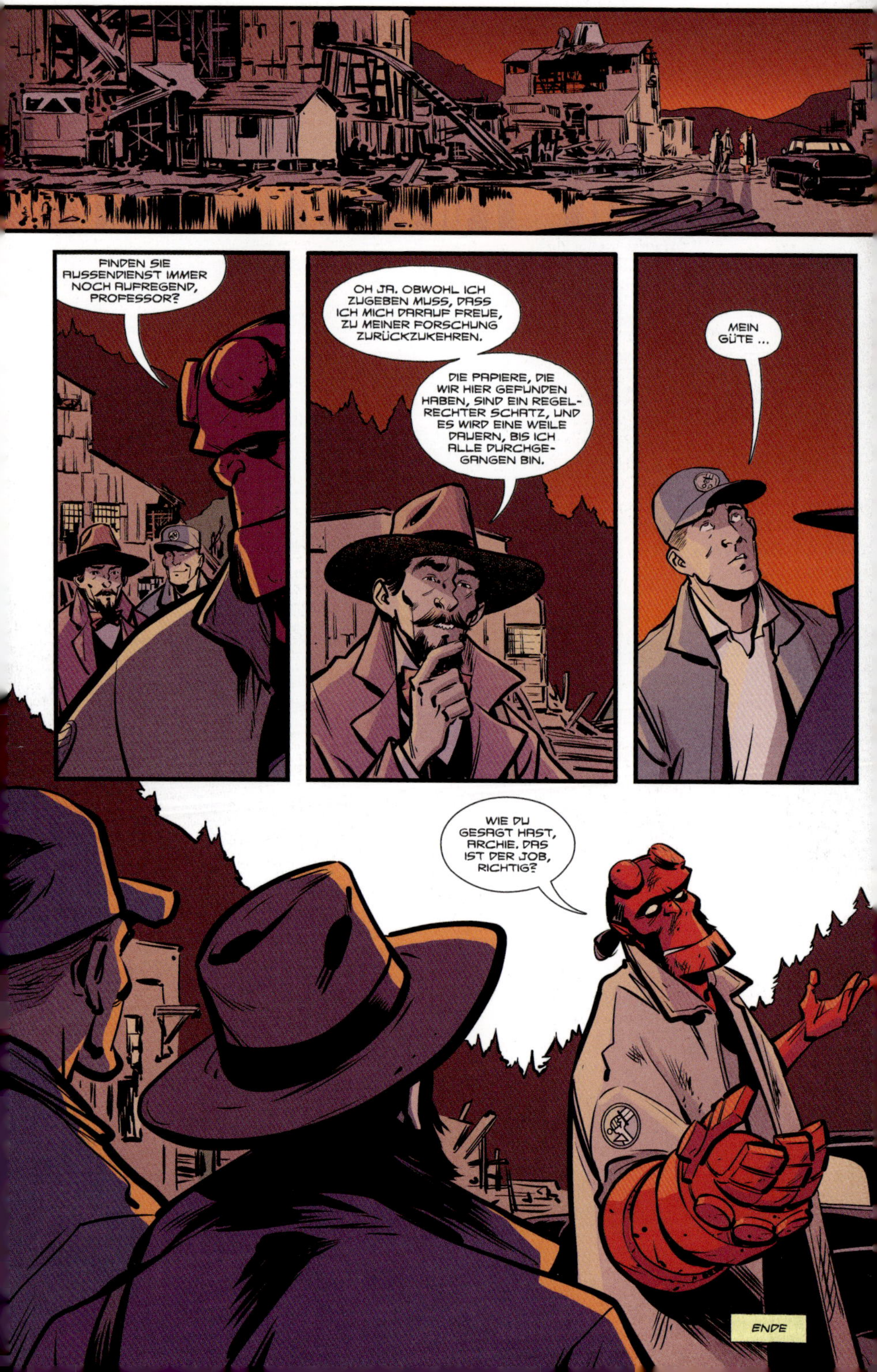
FINDEN SIE AUSSENDIENST IMMER NOCH AUFREGEND, PROFESSOR?
OH JA. OBWOHL ICH ZUGEBEN MUSS, DASS ICH MICH DARAUF FREUE, ZU MEINER FORSCHUNG ZURÜCKZUKEHREN.
DIE PAPIERE, DIE WIR HIER GEFUNDEN HABEN, SIND EIN REGEL-RECHTER SCHATZ, UND ES WIRD EINE WEILE DAUERN, BIS ICH ALLE DURCHGE-GANGEN BIN.
MEIN GÜTE ...
WIE DU GESAGT HAST, ARCHIE. DAS IST DER JOB, RICHTIG?
ENDE

FROHES NEUES JAHR, AVA GALLUCI

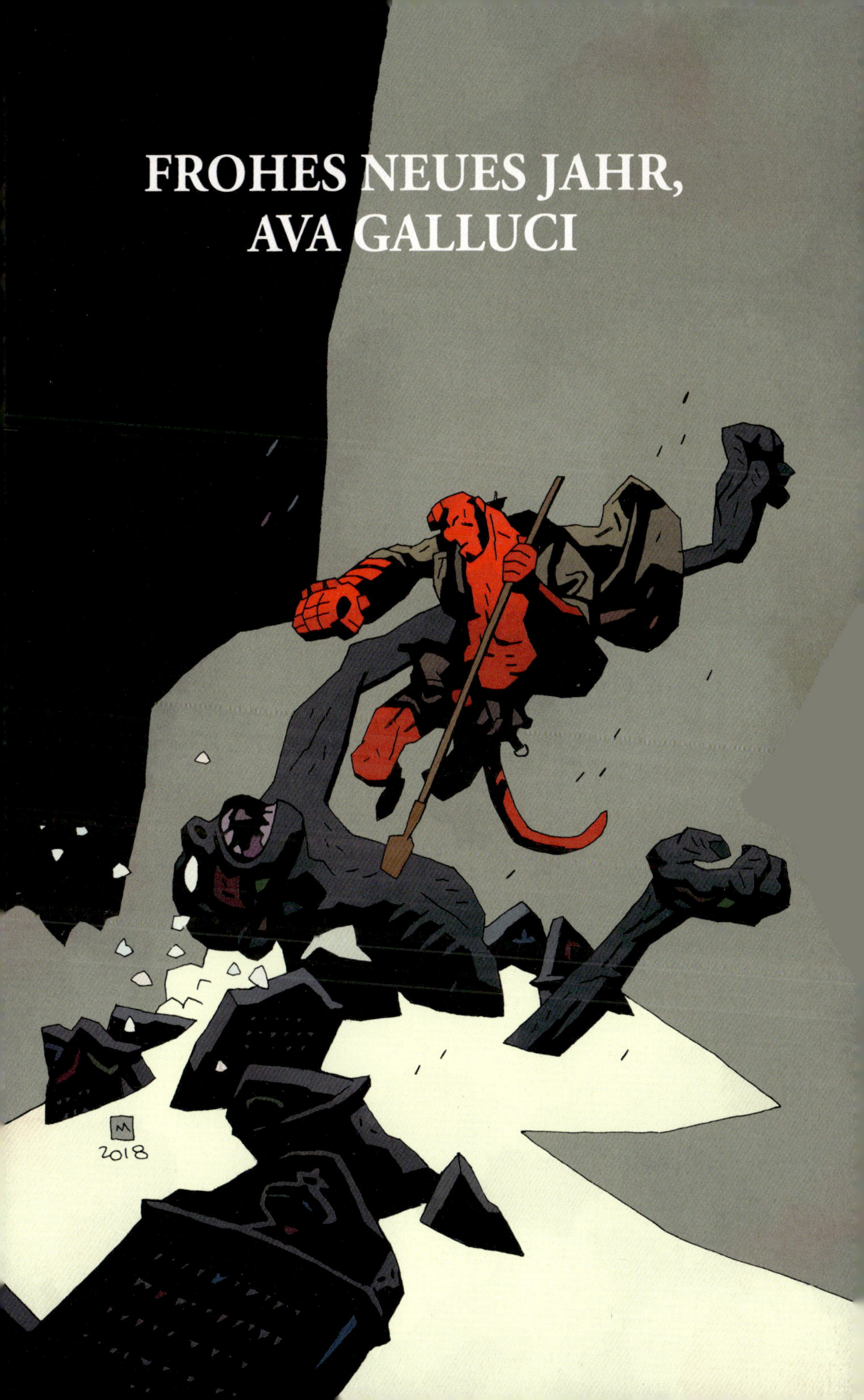

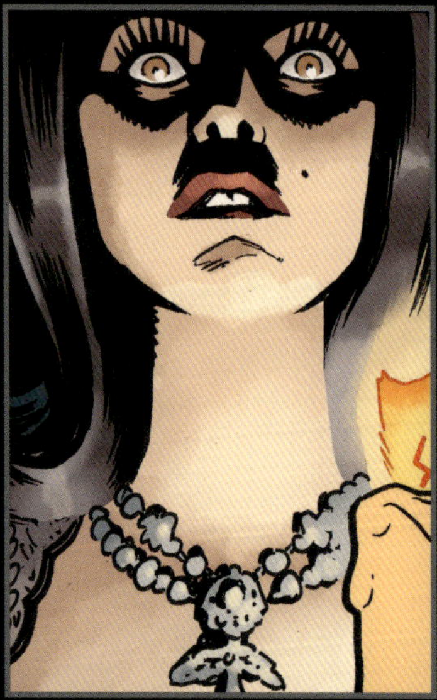

Frohes neues Jahr, Ava Galluci

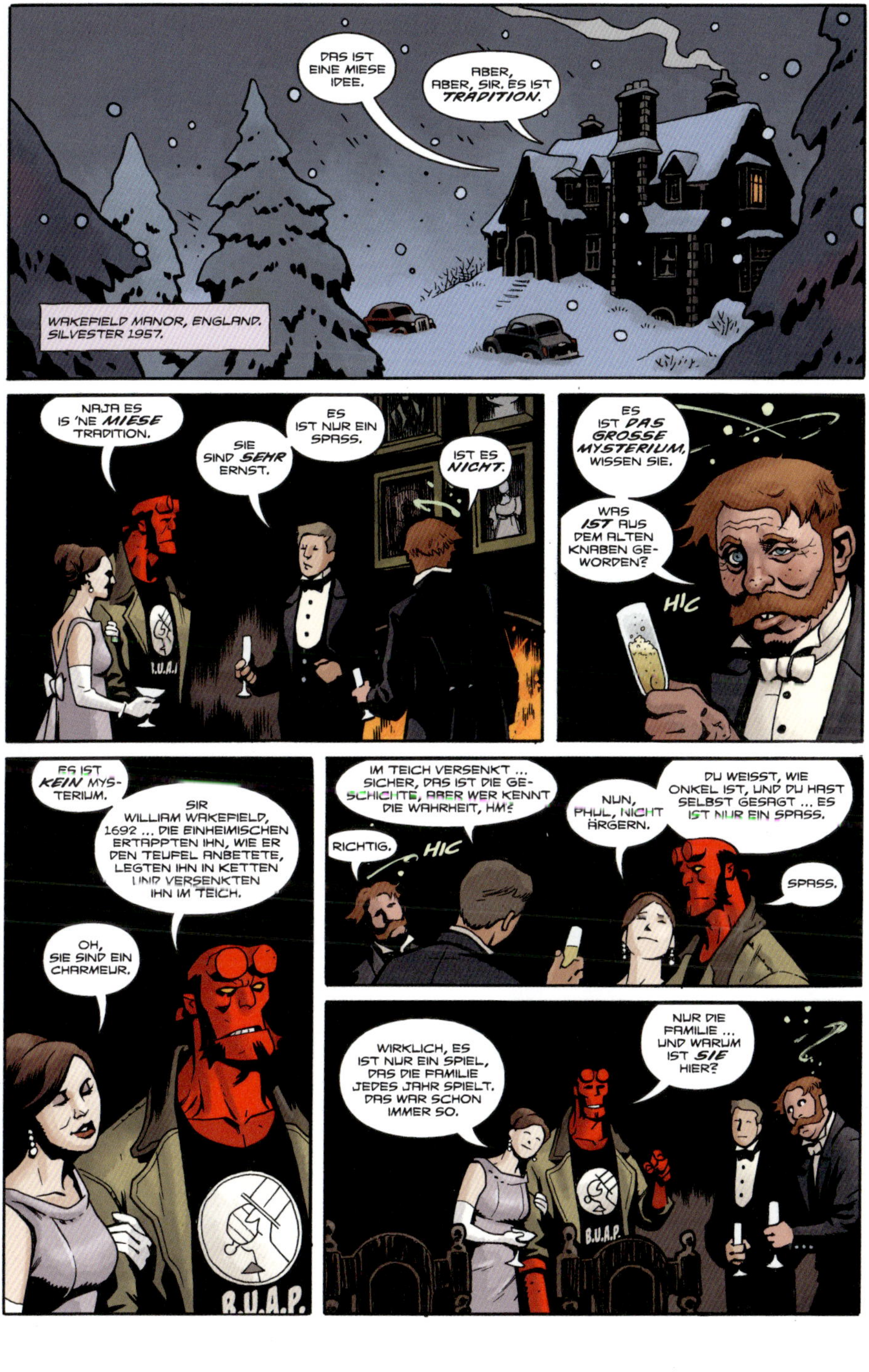

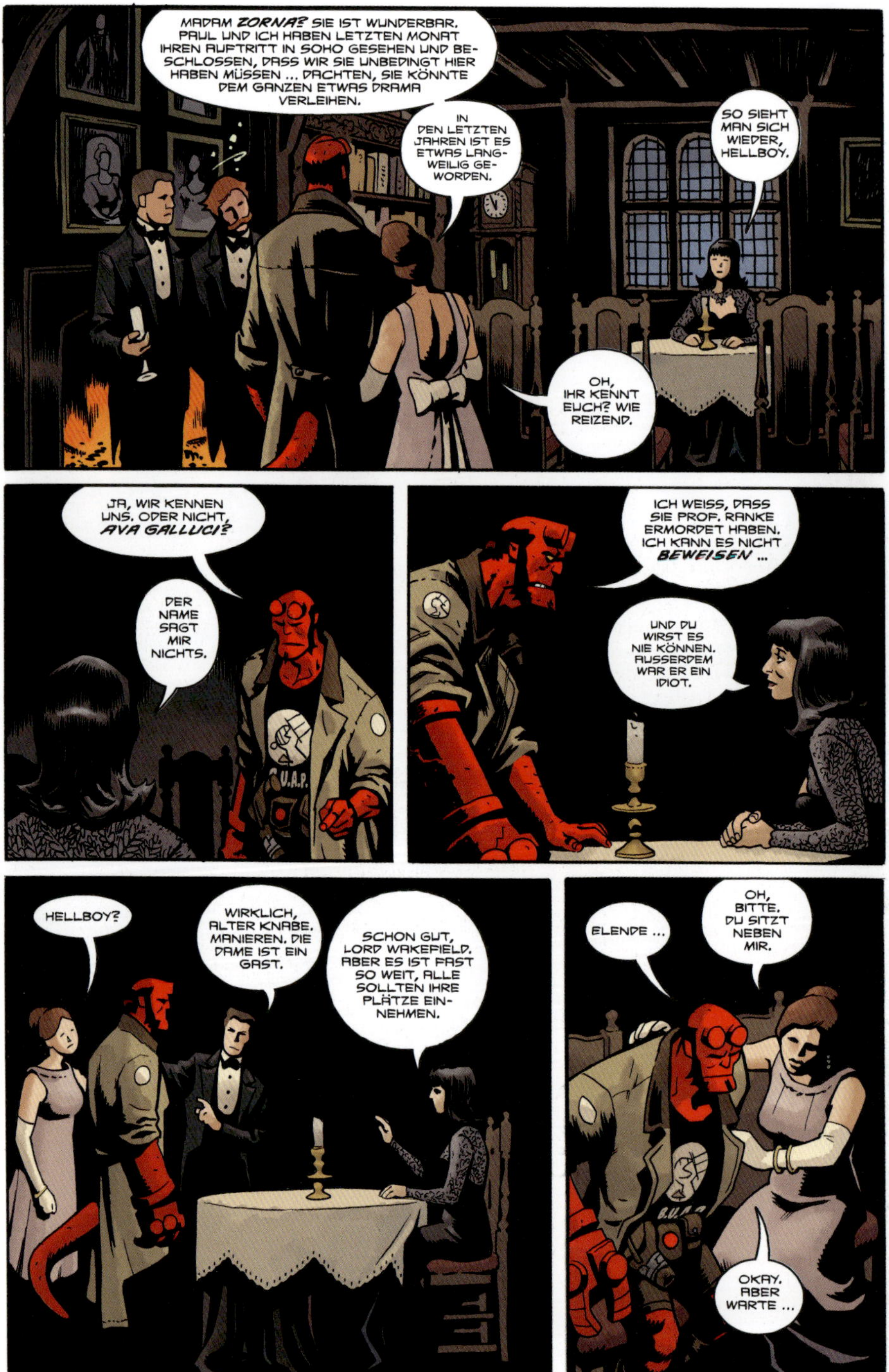
MADAM ZORNA? SIE IST WUNDERBAR. PAUL UND ICH HABEN LETZTEN MONAT IHREN AUFTRITT IN SOHO GESEHEN UND BESCHLOSSEN, DASS WIR SIE UNBEDINGT HIER HABEN MÜSSEN ... DACHTEN, SIE KÖNNTE DEM GANZEN ETWAS DRAMA VERLEIHEN.
IN DEN LETZTEN JAHREN IST ES ETWAS LANGWEILIG GEWORDEN.
SO SIEHT MAN SICH WIEDER, HELLBOY.
OH, IHR KENNT EUCH? WIE REIZEND.
JA, WIR KENNEN UNS. ODER NICHT, AVA GALLUCI?
DER NAME SAGT MIR NICHTS.
ICH WEISS, DASS SIE PROF. RANKE ERMORDET HABEN. ICH KANN ES NICHT BEWEISEN ...
UND DU WIRST ES NIE KÖNNEN. AUSSERDEM WAR ER EIN IDIOT.
HELLBOY?
WIRKLICH, ALTER KNABE. MANIEREN. DIE DAME IST EIN GAST.
SCHON GUT, LORD WAKEFIELD. ABER ES IST FAST SO WEIT, ALLE SOLLTEN IHRE PLÄTZE EINNEHMEN.
ELENDE ...
OH, BITTE. DU SITZT NEBEN MIR.
OKAY. ABER WARTE ...

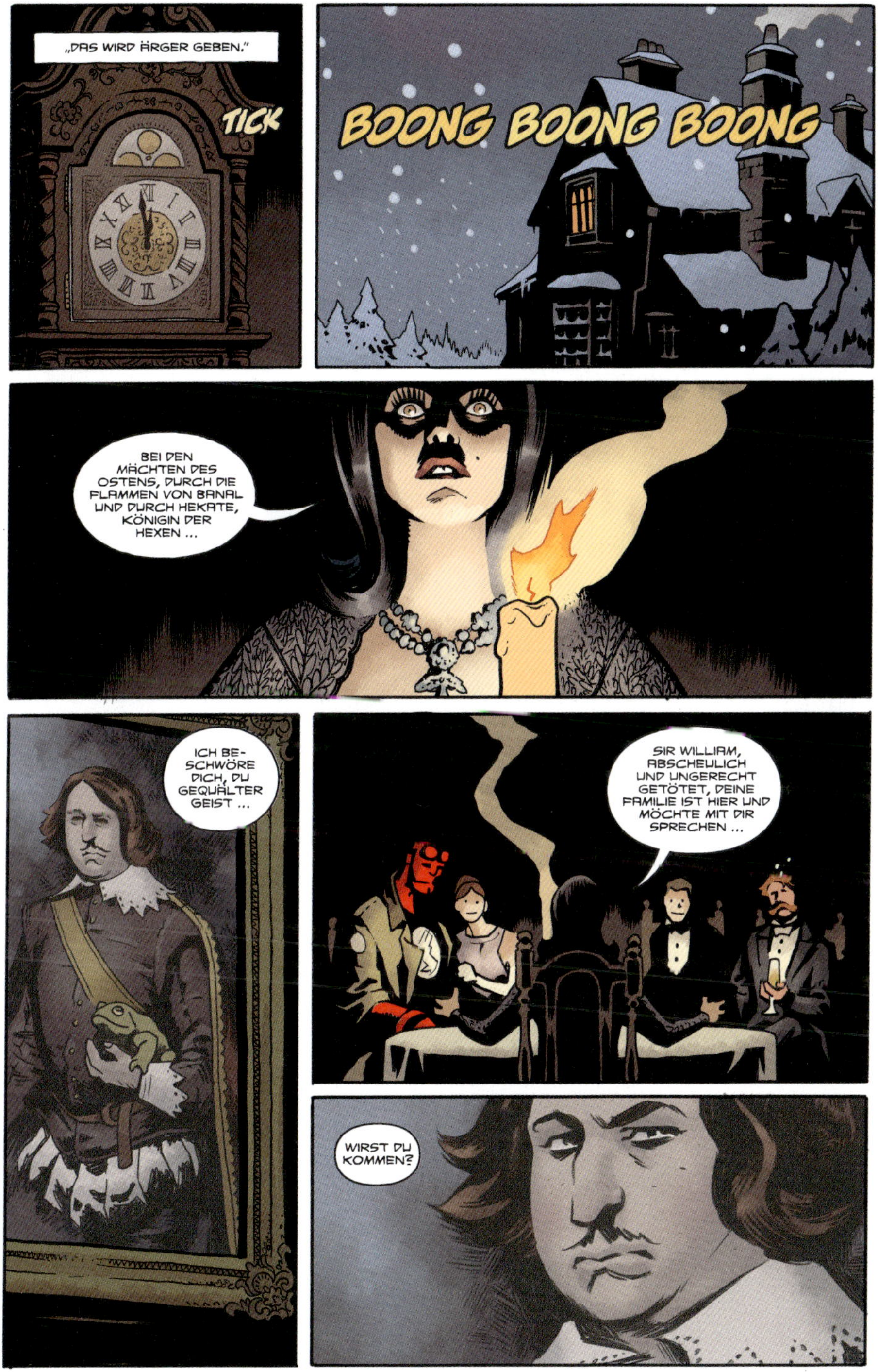
„DAS WIRD ÄRGER GEBEN."
TICK
BOONG BOONG BOONG
BEI DEN MÄCHTEN DES OSTENS, DURCH DIE FLAMMEN VON BANAL UND DURCH HEKATE, KÖNIGIN DER HEXEN …
ICH BESCHWÖRE DICH, DU GEQUÄLTER GEIST …
SIR WILLIAM, ABSCHEULICH UND UNGERECHT GETÖTET, DEINE FAMILIE IST HIER UND MÖCHTE MIT DIR SPRECHEN …
WIRST DU KOMMEN?

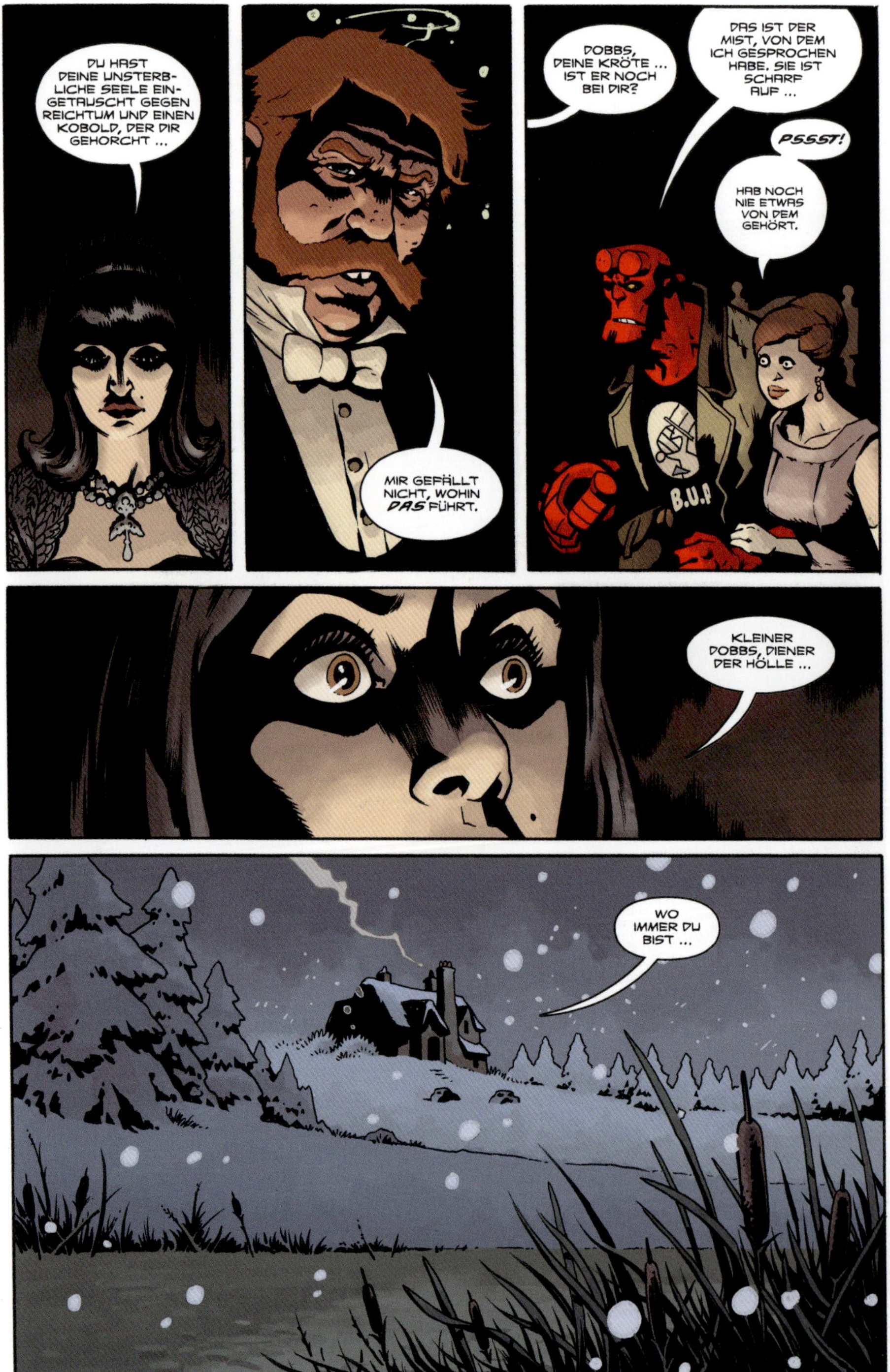
DU HAST DEINE UNSTERBLICHE SEELE EINGETAUSCHT GEGEN REICHTUM UND EINEN KOBOLD, DER DIR GEHORCHT ...
MIR GEFÄLLT NICHT, WOHIN *DAS* FÜHRT.
DOBBS, DEINE KRÖTE ... IST ER NOCH BEI DIR?
DAS IST DER MIST, VON DEM ICH GESPROCHEN HABE. SIE IST SCHARF AUF ...
PSSST!
HAB NOCH NIE ETWAS VON DEM GEHÖRT.
B.U.P.
KLEINER DOBBS, DIENER DER HÖLLE ...
WO IMMER DU BIST ...

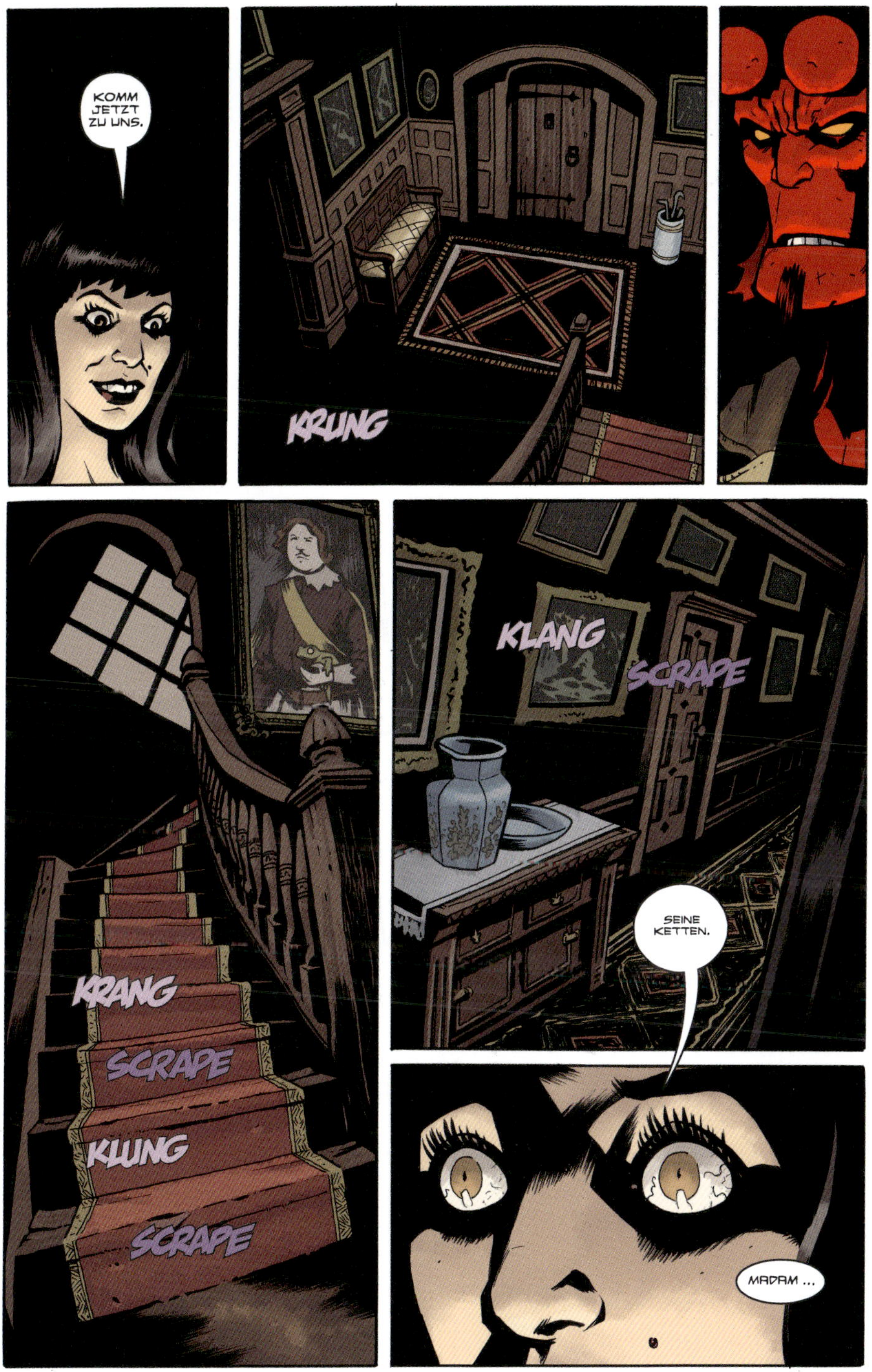
KOMM JETZT ZU UNS.
KRUNG
KRANG
SCRAPE
KLUNG
SCRAPE
KLANG
SCRAPE
SEINE KETTEN.
MADAM ...

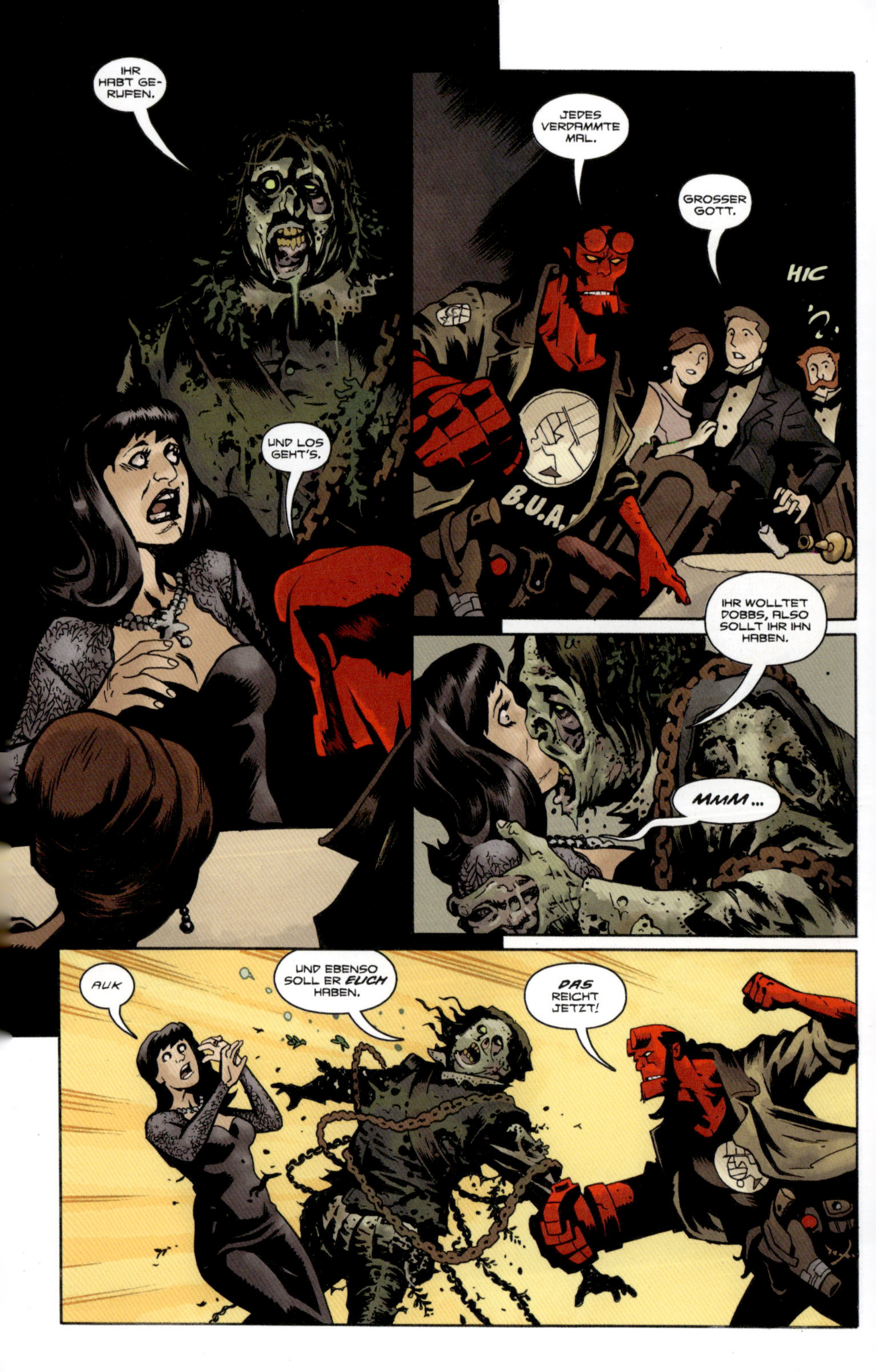
IHR HABT GE-RUFEN.
UND LOS GEHT'S.
JEDES VERDAMMTE MAL.
GROSSER GOTT.
HIC
IHR WOLLTET DOBBS, ALSO SOLLT IHR IHN HABEN.
MMM ...
AUK
UND EBENSO SOLL ER EUCH HABEN.
DAS REICHT JETZT!

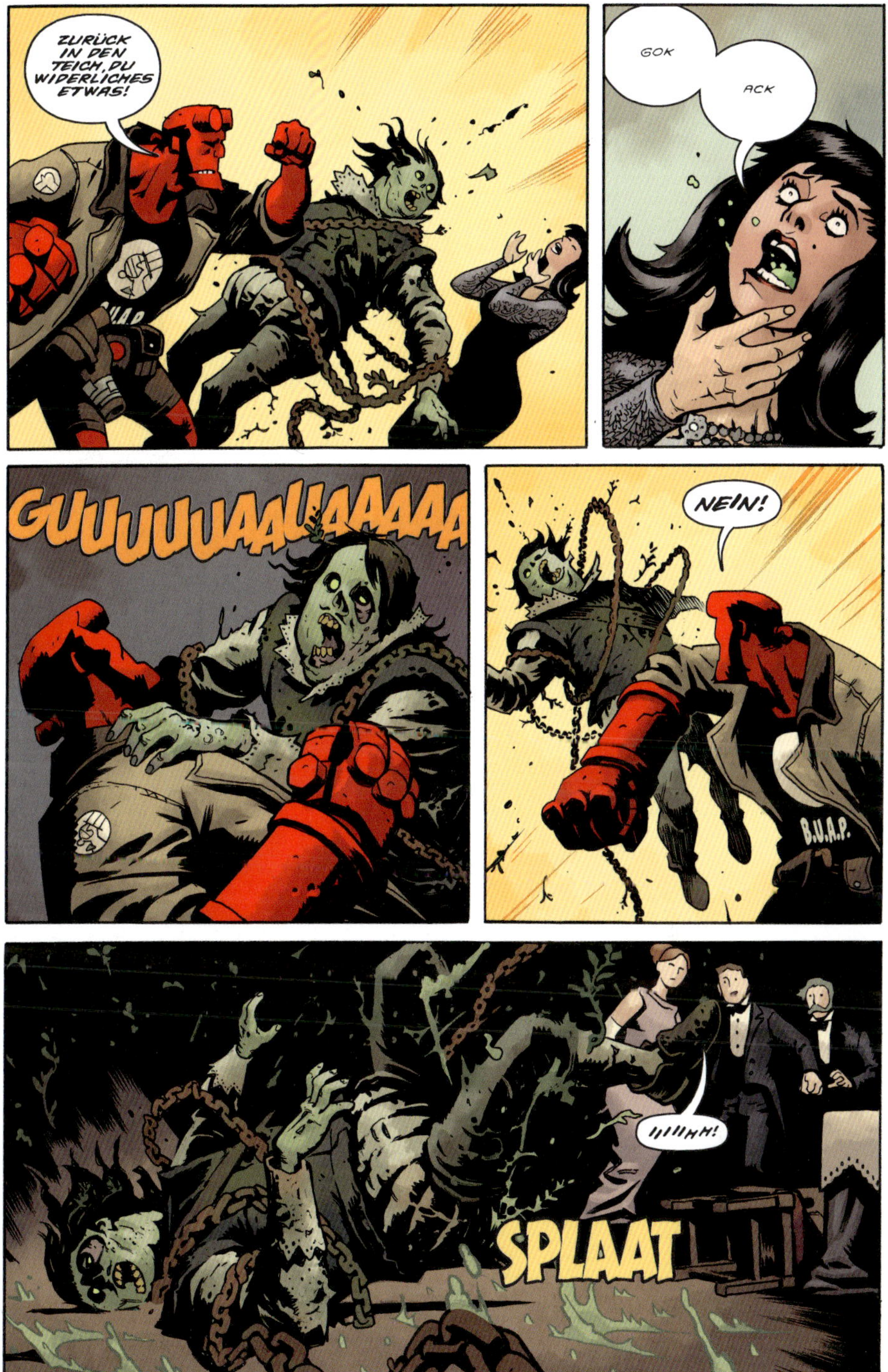
ZURÜCK IN DEN TEICH, DU WIDERLICHES ETWAS!
GOK
ACK
GUUUUUAAUAAAAA
NEIN!
IIIIIHH!
SPLAAT

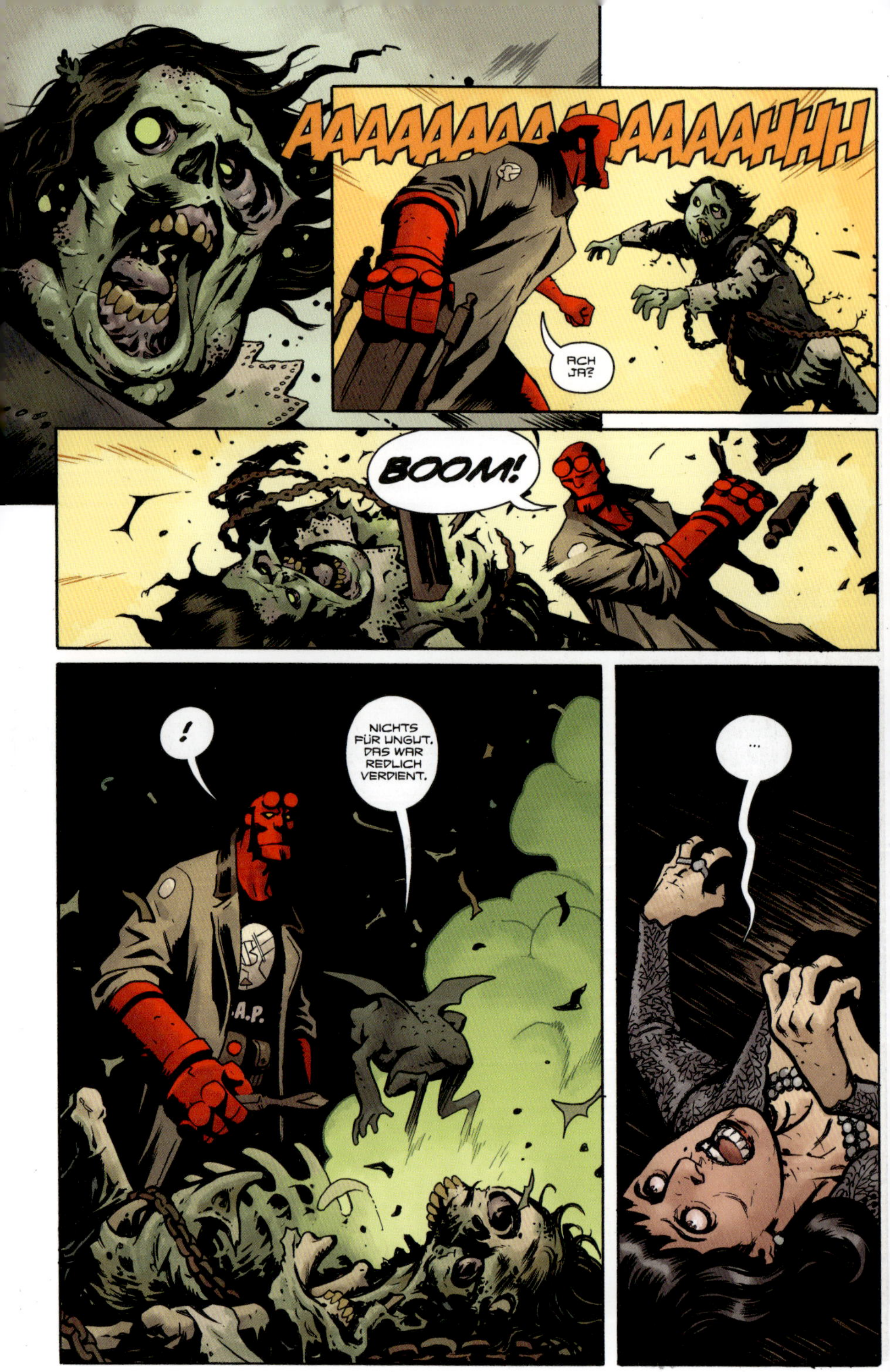
AAAAAAAAAAAAAAAHHH
ACH JA?
BOOM!
!
NICHTS FÜR UNGUT. DAS WAR REDLICH VERDIENT.
...

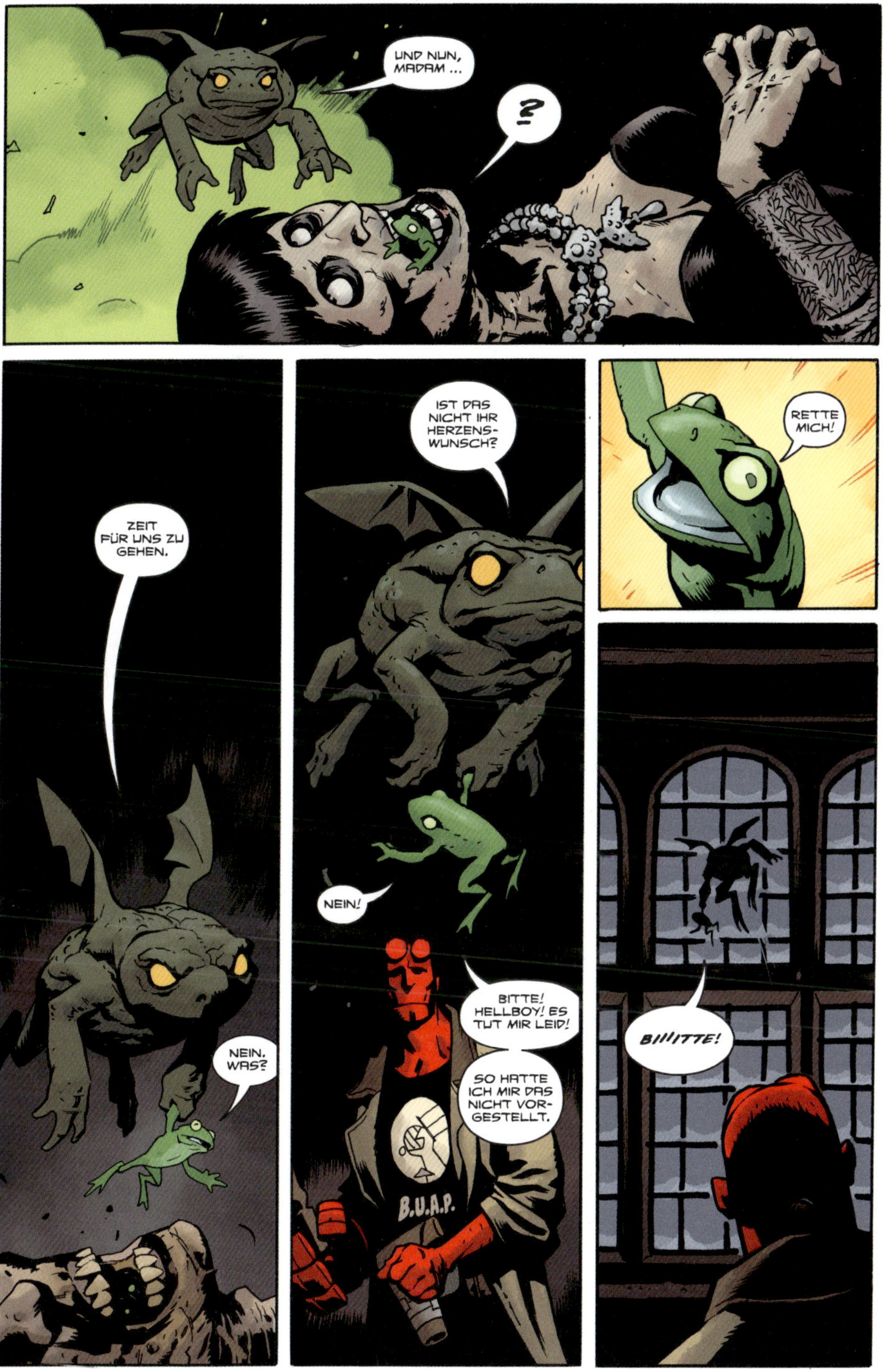
UND NUN, MADAM ...
?
ZEIT FÜR UNS ZU GEHEN.
NEIN. WAS?
IST DAS NICHT IHR HERZENSWUNSCH?
NEIN!
BITTE! HELLBOY! ES TUT MIR LEID!
SO HATTE ICH MIR DAS NICHT VORGESTELLT.
B.U.A.P.
RETTE MICH!
BIIIITTE!

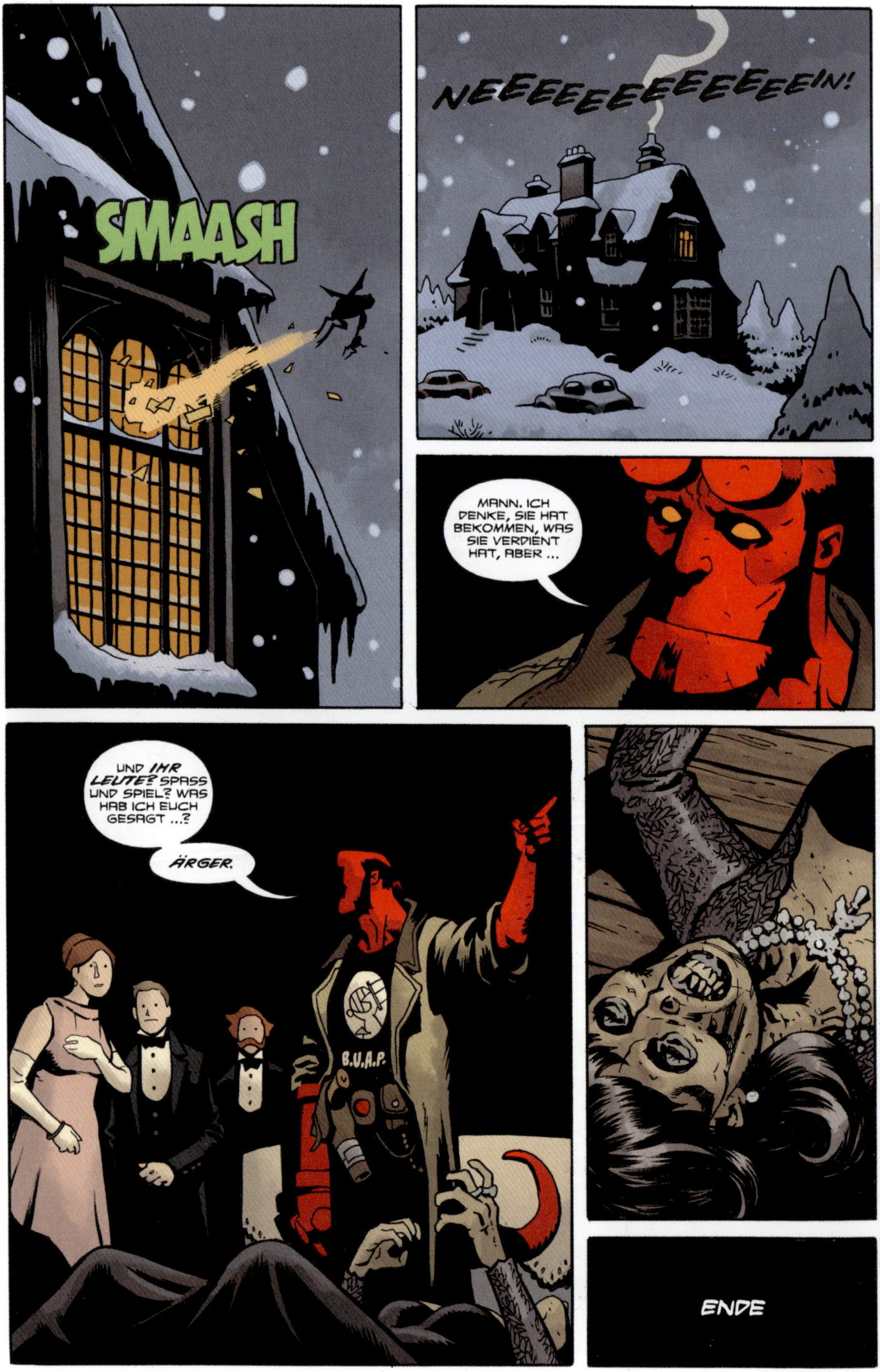
SMAASH
NEEEEEEEEEEEEEEIN!
MANN. ICH DENKE, SIE HAT BEKOMMEN, WAS SIE VERDIENT HAT, ABER ...
UND IHR LEUTE? SPASS UND SPIEL? WAS HAB ICH EUCH GESAGT ...?
ÄRGER.
B.U.A.P.
ENDE

HELLBOY UND DIE B.U.A.P. 1957

Skizzengalerie

Anmerkungen von
US-Editor Katii O'Brien.

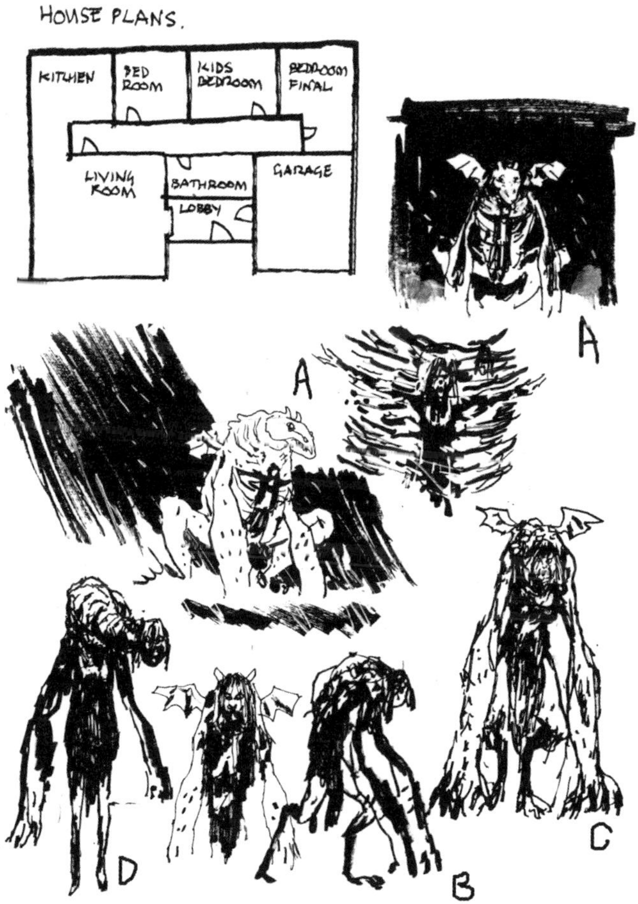

Laurence Campbell ist im *Hellboy*-Universum vor allem für seine Arbeit an B.U.A.P. bekannt, aber es war fantastisch, ihn für eine *Hellboy*-Geschichte an Bord zu haben. Er entwarf mehrere Versionen von unserer von Dämonen besessene Großmutter in „Familienbande". Wir mochten Version A, auf der die Großmutter selbst im Mittelpunkt steht und der Dämon scheinbar um sie herum wächst. Unheimlich und bedrohlich!

PAGE ONE

PANEL ONE
WE OPEN WITH AN EXTERIOR VIEW OF TREVOR BRUTTENHOLM'S BROWNSTONE IN BROOKLYN (SEE IMAGE REFERENCE BELOW), BY DAY.

1/CAPTION: Brooklyn, New York.

2/TREVOR/from upper floor of building: …I'm glad you stopped by.

PANEL TWO
CUT TO THE INTERIOR, AND WE SEE THAT TREVOR IS SITTING IN HIS STUDY, TALKING TO SOMEONE OFF PANEL. HIS OFFICE IS IN SLIGHT DISARRAY, NOT A BIG MESS BUT ENOUGH THAT READERS WHO HAVE SEEN HIS OFFICE WILL NOTICE. TREVOR IS WEARING HIS CUSTOMARY SUIT AND TIE.

3/TREVOR: I know that I haven't been much in evidence at headquarters recently.

4/TREVOR: But with Margaret handling so much of the day-to-day operations at the Bureau, I'm taking every available opportunity to pursue my own research projects.

PANEL THREE
OFF TREVOR LOOKING AT HELLBOY, WHO IS STANDING A SHORT DISTANCE OFF, LOOKING A LITTLE UNCOMFORTABLE.

5/HELLBOY: Yeah, okay. So, um, what kind of stuff are you researching?

PANEL FOUR
TREVOR HAS TURNED AND IS PICKING UP A NEWSPAPER FROM HIS DESK AS HE TALKS.

6/TREVOR: Oh, the usual passions, but at the moment I'm taking a particular interest in urban hauntings.

7/TREVOR: There was an incident reported in this morning's paper, in fact.

PANEL FIVE
TREVOR IS HANDING THE NEWSPAPER TO HELLBOY, WHO IS LOOKING DOWN AT THE PAGE.

8/TREVOR: I was thinking about looking into it.

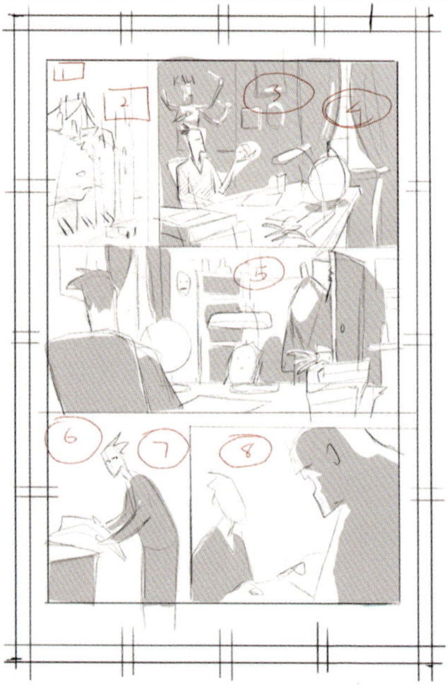

7/TREVOR: There was an incident reported in this morning's paper, in fact.

PANEL FIVE
TREVOR IS HANDING THE NEWSPAPER TO HELLBOY, WHO IS LOOKING DOWN AT THE PAGE.

8/TREVOR: I was thinking about looking into it.

PAGE TWO

PANEL ONE
OFF HELLBOY LOOKING AT THE NEWSPAPER, AND WE CAN SEE A BELOW THE FOLD ARTICLE WITH THE HEADLINE "STRANGE SIGHTING AT POTTER'S FIELD."

PANEL TWO
HELLBOY IS LOOKING UP FROM THE PAPER AND GLANCING OVER AT TREVOR.

1/HELLBOY: "Potter's Field"? Where's that?

2/TREVOR: More of a "what" than a "where," actually.

PANEL THREE
TREVOR IS TAKING THE NEWSPAPER BACK FROM HELLBOY, WHO IS HOLDING IT OUT TO HIM.

3/TREVOR: It's another name for a paupers' grave, originally a Biblical reference to the unhallowed ground were Judas Iscariot was buried.

4/TREVOR: In recent nights a number of eyewitnesses have reported seeing some sort of spectral apparition at a local burial ground for the indigent dead.

PANEL FOUR
TREVOR IS TOSSING THE NEWSPAPER BACK ONTO THE DESK, LOOKING SIDELONG AT HELLBOY AS HE DOES (AS IF GAUGING HELLBOY'S REACTION, CAUTIOUSLY).

5/TREVOR: I was just about to head there now.

6/TREVOR: Care to accompany me?

PANEL FIVE
HELLBOY IS GRINNING SLIGHTLY AS HE SHRUGS.

7/HELLBOY: Sure, why not? It'll be just like old times.

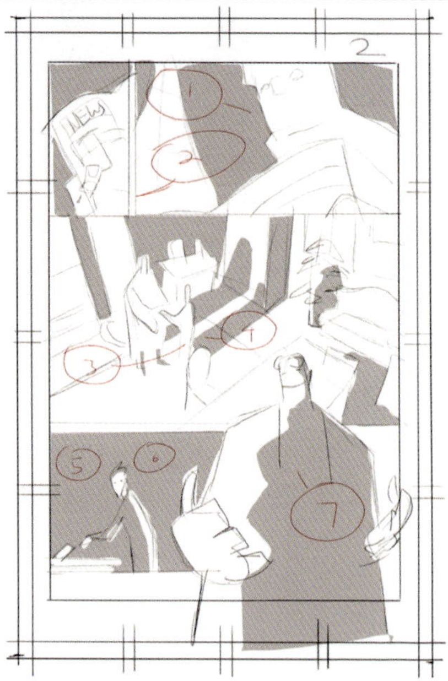

Wir waren sehr froh, dass Stephen Green diese Einzelgeschichte gezeichnet hat. Diese Episode ist stiller und emotionaler als die anderen in der Serie. Oben sieht man seine Layouts neben dem Skript von Chris Roberson für die Seiten 1-2; eine getuschte Seite auf der nächsten Seite.

HELLBOY FORGOTTEN LIVES p2

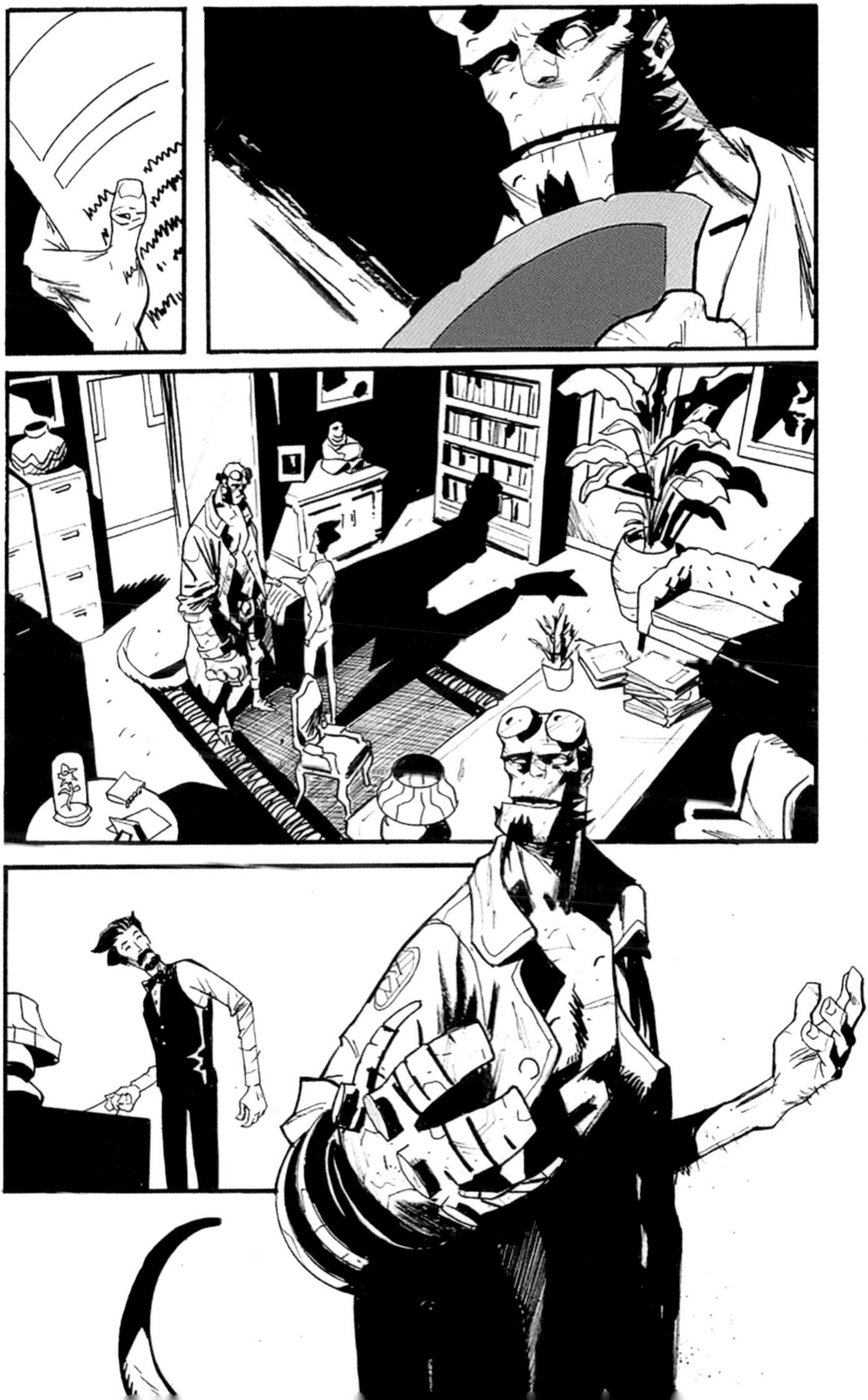

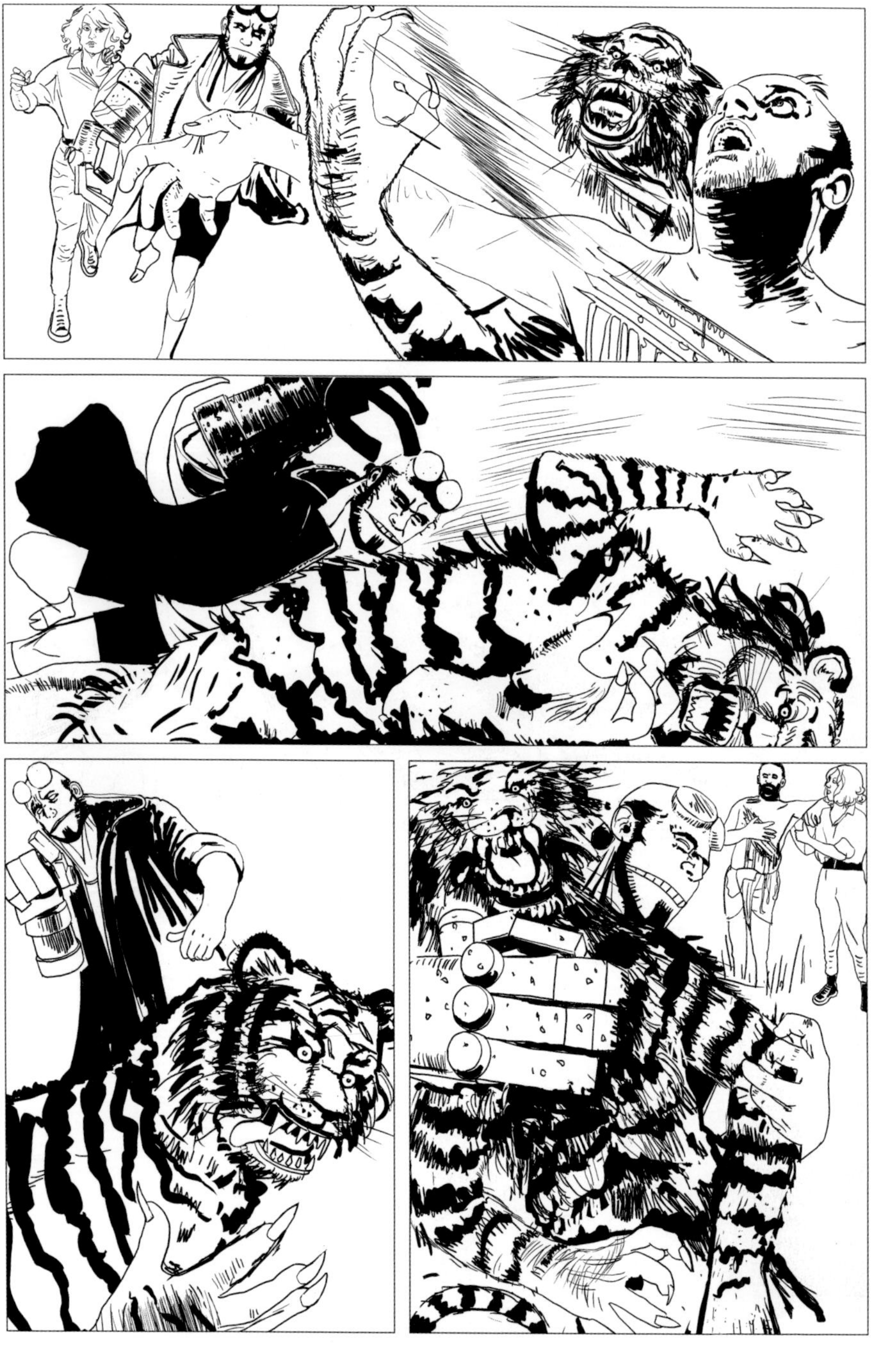

Dies war unsere erste Zusammenarbeit mit Alison Sampson, und sie hat uns nicht enttäuscht! Diese Doppelseite zeigt ihr Talent in Sachen Action und ihre handgezeichneten Soundeffekte, die sich organisch in die Zeichnung einfügen.

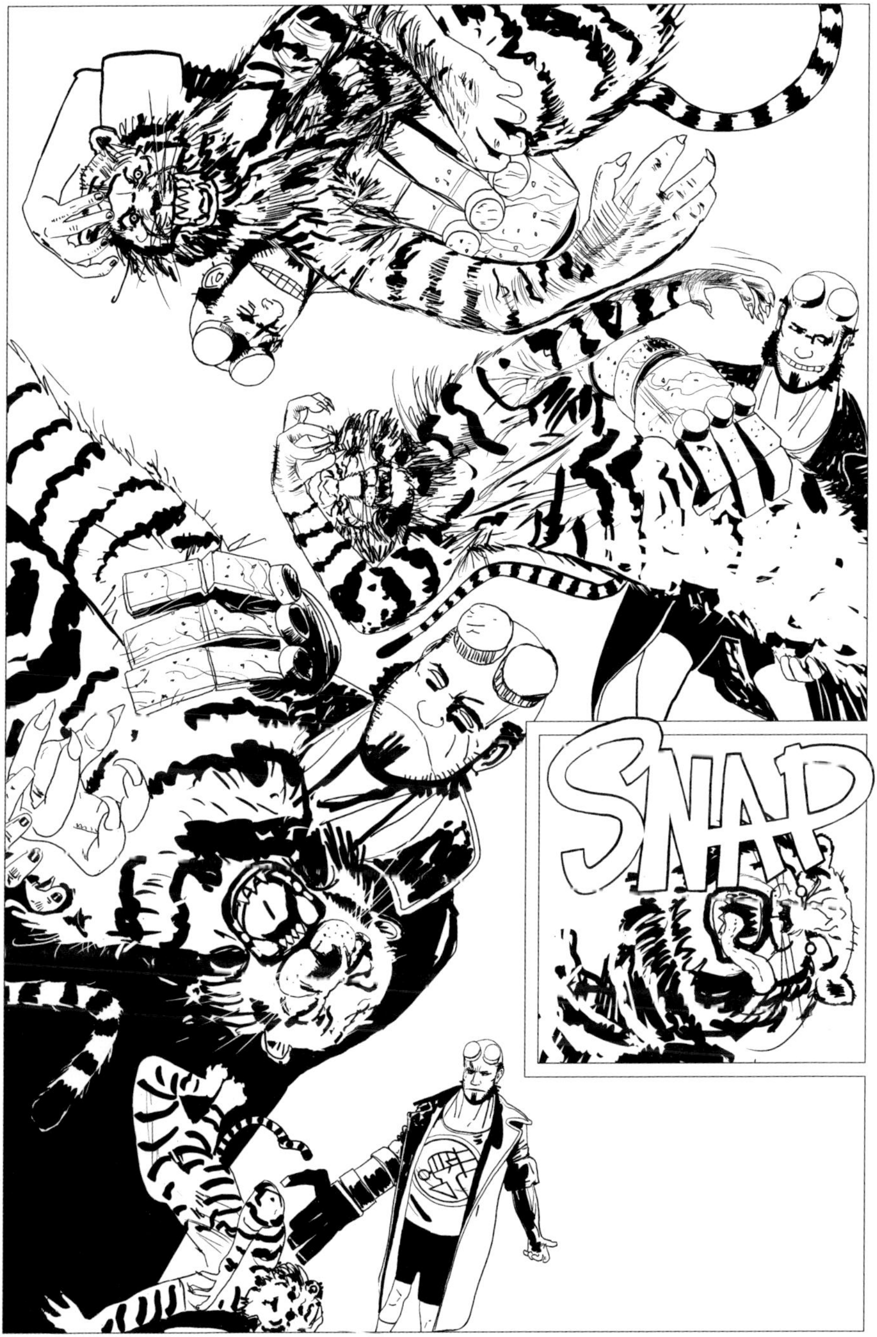
SNAP

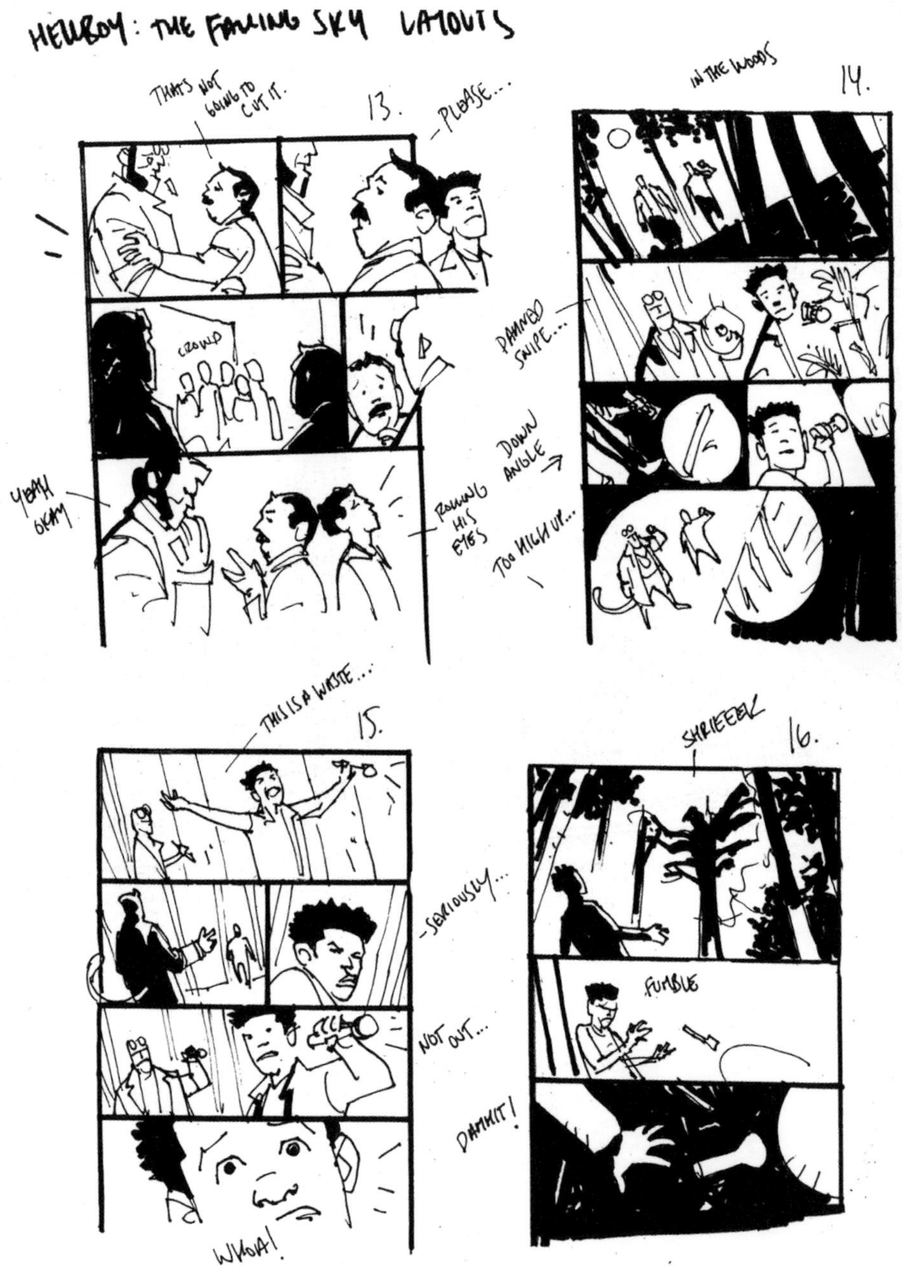

Shawn Martinbrough hat für uns eine Einzelgeschichte in *Hellboy und die B.U.A.P.: 1955* gezeichnet, und wir wollten ihn für eine weitere Geschichte mit dem Kryptozoologen Woodrow Farrier zurückholen. Bereits seine Layouts haben unglaublich viel Charakter und Dynamik. Die von ihm getuschte Seite 16 seht ihr auf der folgenden Seite.

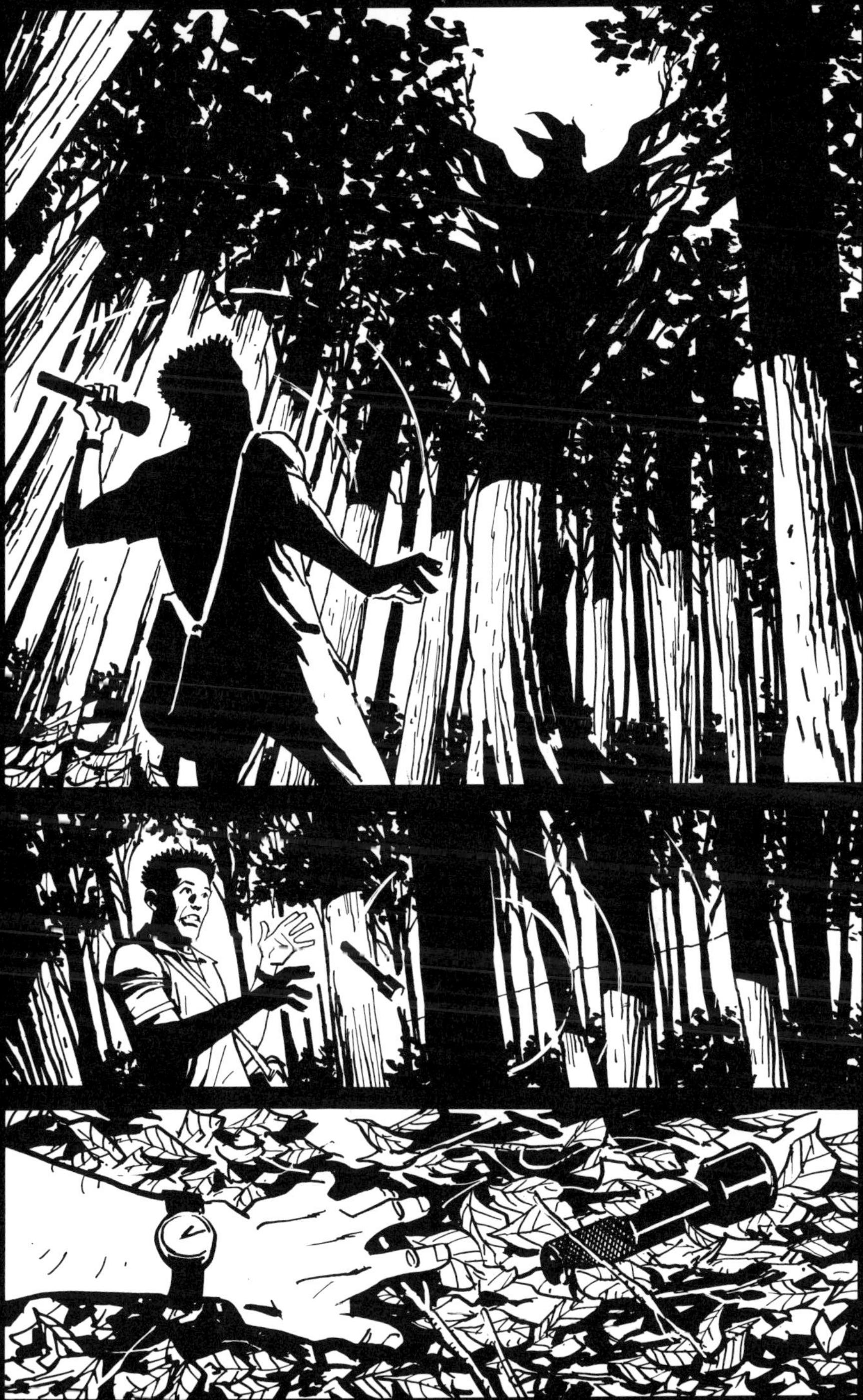

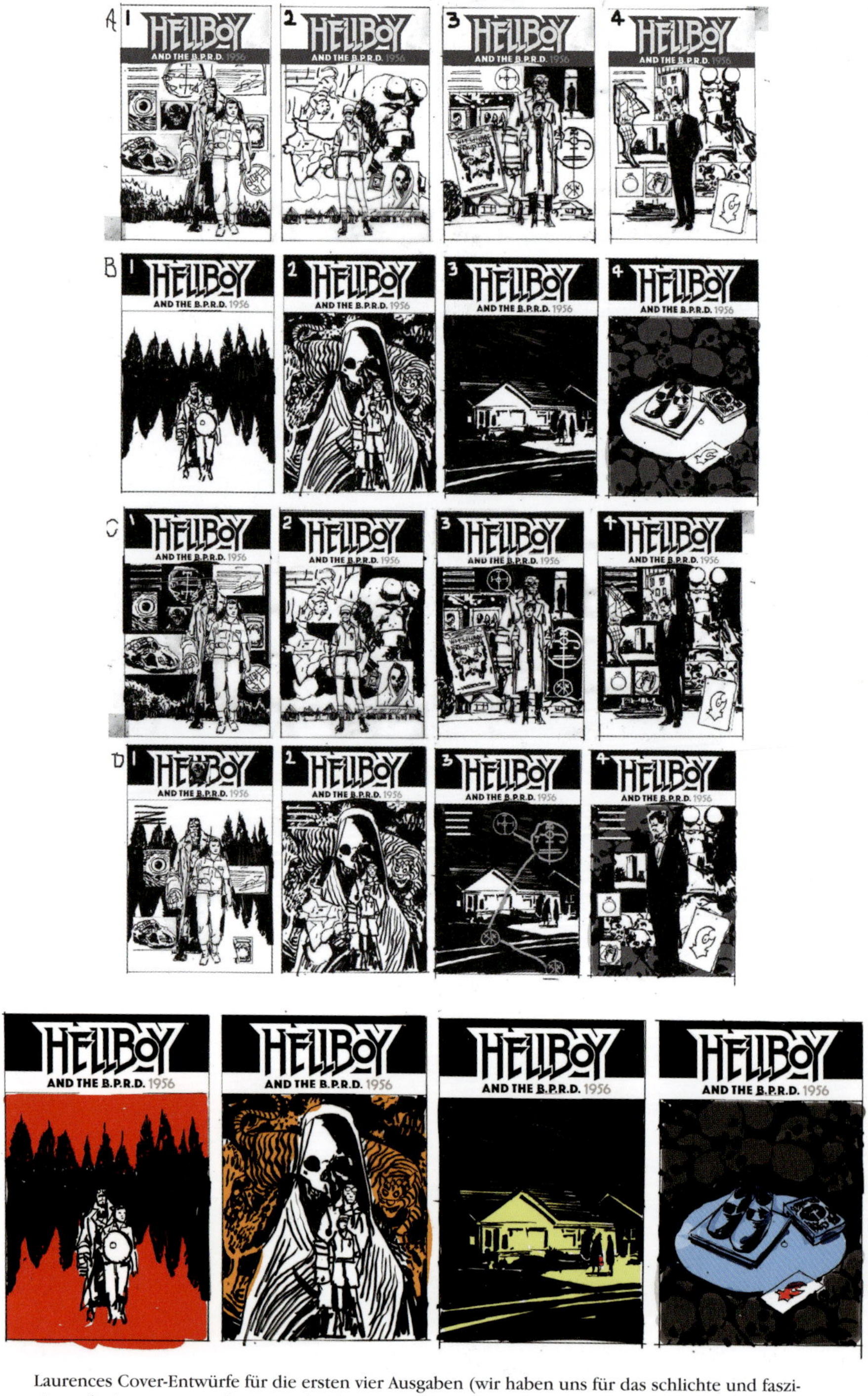

Laurences Cover-Entwürfe für die ersten vier Ausgaben (wir haben uns für das schlichte und faszinierende Quartett in Reihe B entschieden), gefolgt von seinen Farbvorschlägen für Dave Stewart.